GAODENG ZHIYE JIAOYU FANGDICHAN
JINGYING YU GUJIA ZHUANYE XILIE JIAOC

高等职业教育房地产经营与估价专业

U0670532

房地产市场调查与分析

FANGDICHAN
SHICHANG
DIAOCHA YU FENXI

主　编　尹卫红

副主编　张小军　郭艳桃

参　编　张远索　付　晓

重庆大学出版社

内 容 提 要

　　本书是高等职业教育房地产经营与估价专业系列教材之一。本书共 4 篇,分别是行业认识篇、企划设计篇、方法技巧篇和统计分析篇。主要内容包括:房地产市场调查的职能与内容、房地产市场调查的机构和人员、房地产市场调查方案企划、房地产市场调查中的抽样设计和问卷设计、房地产文案调查法、市场观察调查法、访问调查法、房地产市场调查资料的统计整理、房地产市场分析、房地产市场分析预测、调查结果的书面报告和口头报告、SPSS 软件在房地产市场调查分析中的应用。

　　本书每章都贯穿了大量案例,可操作性和实用性非常强。本书可作为高等职业教育房地产经营与估价专业的教学用书,也可作为从事房地产市场调查、信息收集、市场分析等工作人员的参考用书。

图书在版编目(CIP)数据

房地产市场调查与分析/尹卫红主编.—重
庆:重庆大学出版社,2008.8(2021.8 重印)
(高等职业教育房地产经营与估价专业系列教材)
ISBN 978-7-5624-2233-4

Ⅰ.房…　Ⅱ.尹…　Ⅲ.①房地产—市场—调查—高等学校:技术学校—教材②房地产—市场需求分析—高等学校:技术学校—教材　Ⅳ.F293.35

中国版本图书馆 CIP 数据核字(2008)第 111669 号

高等职业教育房地产经营与估价专业系列教材
房地产市场调查与分析
主　编　尹卫红
副主编　水小军　郭艳桃
责任编辑:刘颖果　郭一之　　版式设计:林青山
责任校对:谢　芳　　　　责任印制:赵　晟
＊
重庆大学出版社出版发行
出版人:饶帮华
社址:重庆市沙坪坝区大学城西路 21 号
邮编:401331
电话:(023)88617190　88617185(中小学)
传真:(023)88617186　88617166
网址:http://www.cqup.com.cn
邮箱:fxk@ cqup.com.cn(营销中心)
全国新华书店经销
POD:重庆新生代彩印技术有限公司
＊
开本:787mm×1092mm　1/16　印张:17.25　字数:373 千
2008 年 8 月第 1 版　　2021 年 8 月第 8 次印刷
ISBN 978-7-5624-2233-4　定价:45.00 元

编委会

特别鸣谢（排名不分先后）

清华大学建设管理系
重庆大学建设管理与房地产学院
黑龙江建筑职业技术学院
深圳职业技术学院
昆明冶金高等专科学校
洛阳大学
华北科技学院
四川建筑职业技术学院
广东建设职业技术学院
黄冈职业技术学院
浙江建设职业技术学院
东营职业技术学院
首都经贸大学
山东潍坊教育学院
浙江广厦建筑职业技术学院
甘肃建筑职业技术学院
沈阳建筑职业技术学院
北京联合大学
成都九鼎房地产交易评估有限公司
杭州万向职业技术学院
广东白云学院
大连职业技术学院
海口经济职业技术学院
重庆科技学院
温州职业技术学院
重庆鼎新房地产学校
重庆鼎力房地产咨询有限公司

　　房地产业是从事房地产开发、投资、经营、管理与服务的行业,包括:房地产开发经营活动、房地产买卖及租赁活动、房地产经纪与代理活动和房地产管理活动。中国房地产业从 20 世纪 80 年代末开始兴起,经过 20 多年的发展取得了令人瞩目的成就,已经发展成为国民经济的支柱产业。2006 年,全国房地产开发投资 19 382 亿元,商品房销售额 20 510 亿元,就业人数超过了 450 万人。随着中国经济持续增长和城市化进程的进一步加快,以及人们对居住质量要求的进一步提高,中国房地产行业仍然有着巨大的发展潜力。

　　房地产业的迅猛发展迫切需要大量房地产专业人才。然而,我国高等教育本科院校缺乏房地产专业的设置,使房地产专业人才仍然供不应求。以培养应用型专业人才为己任的高等职业院校,用极大的热情关注着房地产行业的发展。自 2004 年教育部将高等职业教育房地产专业调整为"房地产经营与估价专业"以来,已经有约 60 所高等职业教育院校开设这一专业,争先为房地产行业培养和输送各种应用型专业人才,这在一定程度上缓解了行业发展对人才的需求。许多教育工作者和专业人士,也编辑出版了一系列房地产专业教材和著作,在一定程度上满足了房地产专业职业教育发展的需要。

　　由于房地产经营与估价专业开设时间不长,至今仍然存在着专业定位不明确、培养目标与实际脱节、课程设置不合理等问题。学科体系和专业课的教学大纲始终处于不断修订、完善的过程中。房地产业的迅速发展,也不断催生了新的投资方式、服务产品和服务模式,出台和完善了各种法律、政策和规章。在这种新的形势下,编写出版一套《高等职业教育房地产经营与估价专业系列教材》,以适应房地产职业教育迅速发展和不断提高的需要,就变得十分必要和迫切。重庆大学出版社在广泛调研的基础上,邀请了来自全国 20 多家高等院校和单位的学者和专家,经过反复研究,决定在 2007 年秋季陆续推出一套定位准确、理论够用、突出应用、体例新颖、可操作性强的《高等职业教育房地产经营与估价专业系列教材》,以适应新形势下高等职业教育房地产经营与估价专业教学的需要。

本套系列教材的开发采用"校企结合"的方式进行。来自教育界、企业界的编委、主编、参编、主审,按照教育部《关于以就业为导向深化职业教育改革若干意见》提出的"高等职业教育应以服务为宗旨,以就业为导向,走产学研结合的发展道路"的精神,结合各自熟悉的领域,优势互补,大胆尝试,严把质量关,共同探究确定系列教材的框架体系、教材间的衔接、编写大纲和知识要点等,并由经验丰富的"双师型教师"和业界专家负责大纲和书稿的审定。旨在使学生通过本系列教材的学习,掌握房地产经营与估价专业的基本理论和专业知识,熟悉房地产经营与估价业务的实际操作方法与技能,真正成为应用型、技能型的专业人才。

本系列教材可以供高等职业教育应用型本科和专科学生使用,也可以作为房地产相关从业人员的参考用书。

中国房地产业方兴未艾,高等职业教育紧密结合经济发展需求不断向行业输送专业应用型人才,任重道远。我们有理由相信,在高等院校与房地产业的紧密合作和共同努力下,房地产专业的学科建设将取得丰硕成果和不断进步。高等职业教育将通过为房地产业不断输送优质专业人才,为我国房地产业的持续健康发展做出自己的贡献。

刘洪玉

清华大学房地产研究所所长、教授

中国房地产估价师与房地产经纪人学会副会长

2007 年 7 月于清华

前言
QIAN YAN

自 1978 年改革开放以来,市场经济逐渐取代原有的计划经济,中国的房地产市场逐渐形成和发展。随着房地产市场的日益完善,市场竞争也日渐激烈,市场调查工作对于房地产企业的作用也逐渐显得重要起来。近几年来房地产市场发生了重大变化,由卖方市场转变为买方市场,房地产市场竞争由价格竞争向包括非价格竞争的多方位竞争发展,对房地产市场信息的需要比过去任何时候都更为强烈。房地产市场调查是房地产投资、开发、营销策划的前提和基础,是房地产企业经营活动的起点,它贯穿于企业整体经营活动的全过程,是企业营销活动的重要组成部分。房地产企业要想在激烈的市场竞争中生产出符合市场需求的产品,提高产品的市场占有份额,就必须进行市场调查。实践证明,在十分复杂、激烈竞争的经营环境中,只有通过认真、细致、有效的市场调查,才能制订出切实可行的经营和营销战略,使企业立于不败之地。

北京联合大学应用文理学院是全国最早开设房地产经营与管理方向课程的高校之一,该学院在应用性大学办学宗旨指导下,教师积极参与房地产实际工作与应用性科研。在教学、科研和社会服务中,深深体会到进行市场调查研究的重要性,逐渐萌生了开设适应本专业的市场调查方法课程的想法,并最终于 2003 年得以实施。

目前有关市场调查的相关书籍虽多,但适用于房地产专业的几乎没有,当我们深感教材缺乏时,恰逢重庆大学出版社策划组织"高等职业教育房地产经营与估价专业系列教材",本书也趁此酝酿而成。为了适应教学需要,编写人员曾多次研讨本书的大纲及编写内容、编写特色,在体例设置方面也细心考虑,例如开篇案例首先让读者对本章有一个感性方面的认识,通过完成实训任务,达到理论与实践的具体结合。

木书主要面向高等职业教育房地产经营与估价专业学生。同时对从事房地产及相关工作而需要进行房地产市场调查、信息收集、市场分析的具体工作人员,也会有较大的帮助。

本书编写分工如下:尹卫红(北京联合大学)担任本书主编,并编写第1,9,13章以及第11章第2,3节;张小军(北京联合大学)、郭艳桃(海口经济职业技术学院)共同担任副主编,其中张小军编写第3,8,12章以及第11章第1节;郭艳桃编写第7,10章;张远索(北京联合大学)编写第4,6章;付晓(北京联合大学)编写第2,5章。陈文君、李文娟进行了大量的资料查找、修改及校核工作。

本书在编写过程中参阅了大量的文献资料,并且得到房地产相关公司和机构的大力支持,在此谨向"参考文献"的作者及王珂(原现代城)、许鸣飞(远洋地产)等一并表示衷心的感谢。

就像中国的房地产市场一样,房地产调查与分析在借鉴中快速发展。本书虽多方借鉴,但仍难免挂一漏万,加之编者学识有限,书中所存疏忽、错误之处,敬请读者批评指正。

编　者
2008 年 6 月

目 录
MU　LU

行业认识篇

企划设计篇

方法技巧篇

统计分析篇

行业认识篇

第1章
房地产市场调查的职能与内容

【本章导读】

　　本章通过一个开篇案例,使读者概要地了解房地产市场调查的基本内容与主要职责。本章主要介绍了房地产市场调查的概念、主要的调查方法和特点,房地产市场调查的内容以及房地产市场调查的主要步骤。希望通过本章学习,能掌握房地产市场调查的职能,并能够借鉴1.5节的案例,模仿完成实训任务。

　　房地产市场调查是房地产投资、开发、营销策划的前提和基础,是房地产企业经营活动的起点,并且贯穿于企业经营活动的全过程,是企业营销活动中的重要组成部分。房地产企业要想在激烈的市场竞争中生产出符合市场需求的产品,提高产品的市场占有份额,就必须进行市场调查。实践证明,在十分复杂、激烈竞争的经营环境中,只有通过认真细致、有效的市场调查,才能制订出切实可行的经营和营销战略,使企业立于不败之地。

　　下面,我们先从一个开篇案例中概要地了解房地产市场调查的职能和内容。

【开篇案例】

中国房地产市场调查报告[1]

- 居民住房私有化比例已达59.3%。
- 预购房以经济适用房和商品房为主。
- 居民可承受的房价以 1 000 ~ 2 000 元/m² 为主。
- 25 ~ 34 岁的人占购房人群的36%。
- 预购面积以 80 ~ 100 m² 的需求量最高。

---

[1]　来源:新生代市场监测机构。

- 主要房屋预购者家庭月收入在1 000 ~ 4 000元。
- 工薪阶层购房依然难,价格是最大瓶颈;高收入者将是市场生力军。

随着国家住房制度改革的不断深入及居民生活水平的提高,个人购房已成大势。新生代市场监测机构每年在中国的城市进行一项名为"中国市场与媒体研究(CMMS)"的调查,今年的"中国市场与媒体研究2000(CMMS 2000)"调查总体为居住在20个样本城市的15 ~ 64岁的人口,样本量50 000。以下是新生代市场监测机构根据CMMS 2000数据对中国房地产市场所得的调查结果。

城市居民目前住得怎样?

从CMMS调查所涉及的调查范围看,20个城市居民以居住楼房为主,87.7%的家庭住房为无电梯式楼房,只有3.7%的家庭住房为电梯商品房,还有8.2%住房为平房,另有一小部分处于卫生间或厨房共享的合住状态。

由于房改的不断深入,目前居民住房私有化比例已达59.3%,超过半数;18.2%向房管所租用房屋;11.5%租住单位的房子。住房面积多数在40 ~ 80 m²。

多少都市人准备买房,买什么样的房?

据调查,5年内准备购房的都市人占调查城市总体人口的21.9%,其中以经济适用房和商品房为主,预购面积在70 ~ 150 m²,可承受价格以1 000 ~ 2 000元/m²为主体,其次为500 ~ 1 000元/m²及2 000 ~ 3 000元/m²的价格。购房资金将主要来源于家庭储蓄,政府及银行贷款也占据一定比例。

有了产权房,还买房吗?

数据显示,调查总体中59.3%的家庭拥有住房产权,住房面积在20 ~ 80 m²不等,多为两口、三口或四口之家,其中以居住面积为50 ~ 80 m²所占比例最高,20 ~ 50 m²居住面积位居其次。还有小部分家庭或个人从单位或私人处租房。那么,是不是只有这一小部分的租房者才是房产预购对象呢?调查结果显示并不尽然。调查显示,在已拥有产权房的家庭中,23.3%预计在5年内购房,20.1%预计次年购房,商品房及经济适用房仍占预购主导地位。

购房者是什么样的人?

数据显示,25 ~ 34岁的人占购房人群的36%,位居榜首,而35 ~ 44岁的人群比例为20.3%,位居第二。总体购房人群以中学以上学历为主流,半数以上为全职工作者,重点分布于贸易、制造业、政府机关及教育文化领域,以制造业职工、中级技术人员、商业/服务业职员、公司中级经理居多,其次为其他行业人士,月薪在1 000 ~ 2 000元范围内为主体购房者。

目前,中国的家庭结构以三口或四口之家为主,购房计划多数定位在商品房及经济适用房,分别占预购比例的42.7%和39.2%;预购面积在70 ~ 150 m²不等,以80 ~ 100 m²的需求量最高。而主要房屋预购者的家庭月收入在1 000 ~ 4 000元。

谁更急于买房?

目前,从预购房者的人群结构来看,商业、服务业一般职工占预购总体的11.5%,居第二位,而这其中60.1%的预购者介于21 ~ 35岁;制造业职工占预购总体的12.8%,居首位,这其中46.5%的预购者介于21 ~ 35岁;而中级公司经理介于21 ~ 35岁的预购比例也超过了60%。由此可见,市场的重心在年轻一族。这一组人群中,63.6%为已婚,其中介于21 ~ 35岁的占43.7%,介于36 ~ 45岁的占30.4%;34.7%为独身,其中66.1%介于21 ~ 35岁,仅有1.4%介于36 ~ 45岁。从预购房者的年龄结构、职业特征及婚姻状况看,已婚的中、初级工作者构成预购主体,而年轻的单身族也是这一购房群体中不可或缺的一个重要部分。

应该说,21~45 岁的人群对购房最有兴趣,他们希望的房屋类型仍然是经济适用房和商品房,面积介于 50~150 m²,最好单价在 3 000 元以下,愿意花 3 000~4 000 元/m² 购房的也占有一定的比例。这一预期和市场价格的差距低于调查总体对房价的预期与真正市场行情的差距。

调查总体对价格的预期如下:500~1 000 元/m² 的占 22.9%,1 000~2 000 元/m² 的占 32%,2 000~3 000 元/m² 的占 19.6%,而 6 000 元/m² 以上的仅占 1.3%。可以看出,国人对房价的承受能力与实际的市场情况大相径庭。

【案例感悟】

该案例是新生代市场监测机构进行的一项有关房地产市场的调查。通过调查分析,我们可以了解到:目前的住房现状及"谁"(年龄、职业、收入)将买"什么样"(价格、面积)的住房。上述调查报告,反映了房地产调查的核心内容,即房地产市场需求状况。

通过借鉴该报告,一个全国性房地产开发企业可能将未来产品开发的重点放在 70~150 m²、1 000~2 000元/m² 的住房上面。这些住房的购买者(目标客户群)以 25~34 岁的年轻人为主、已婚占多数。这就反映了房地产市场调查的职能之一,即通过调查了解市场现状,为企业下一步的经营发展提供决策依据。

1.1 房地产市场调查概述

1.1.1 房地产市场调查的概念

1)房地产市场调查的定义

房地产市场调查,就是以房地产为特定的调查对象,对相关的市场信息进行系统的收集、整理和分析,通过对房地产市场进行研究与预测,最终为企业经营决策,特别是营销决策服务。

理解房地产市场调查的内涵,首先要理解房地产市场调查的地域性。由于房地产(土地和房屋)位置的固定性,房地产市场调查也有很深的地域特征。对房地产市场的切入,习惯上依据地域形态,由单个楼盘到区域市场,由区域市场到宏观环境,然后再从宏观环境回到区域市场、单个楼盘。三个层次不断循环往复,融会贯通,才可真正把握市场的脉搏。

理解房地产市场调查的内涵,还要把握房地产市场调查的广义性。一般而言,狭义的市场调查通常是指以科学方法收集消费者购买和使用商品的动机、事实、意见等有关资料,并予以研究。运用到房地产市场上,例如对住宅市场购买力的调查,通过对一定数量的各种年龄结构的人员进行抽样调查,来分析消费者的房地产购买力情况。广义的市场调查指商品或劳务从生产到达消费者这一过程中全部商业活动的资料、情报和数据,做系统的收集、整理和分析,以了解商品的现实市场和潜在市场。由于房地产市场的复杂性,对于房地产市场的调查通常不能局限于研究购买者的心理或行为,而是要对营销和经营活动中的所有阶段都加以研究。当然,购买者的心理或行为,仍然是房地产市场调查的核心内容。

2) 房地产市场调查的特征

房地产市场调查的区域性与广义性决定了它不同于一般耐用消费品的调查。房地产市场调查具有以下特征:

①调查对象具有特殊性。房地产具有区域性、类型多样等许多特征,不同区域、不同类型的房地产产品的购买和使用对象有很大不同,要做好房地产市场调查,就必须对房地产产品及其购买或使用者有深入了解。

②调查方法有自身的鲜明特色。由于调查对象本身的特殊性,在进行相关市场信息收集、整理、分析和研究时,就要根据调查对象的不同而采用不同的方法。房地产市场调查具有多样性和复杂性,贯穿整个房地产经营和营销个过程,每个阶段具有有限性,对于访问者情况需要甄别的难度高,如收入水平、预置业年限、预置业面积和访问者的配合等问题。这就可能导致需要调查的访问量是一般耐用消费品的数倍,并且准确性难以保证。

③服务对象既有阶段性也有全程性。房地产市场调查既包括研究购买者的心理或行为这一核心阶段,更包括为企业经营全过程服务。房地产市场受宏观政策、自然环境等系统性的风险影响比较大,市场调查需要让开发商清醒地认识到目前所面临的房地产整体开发环境。从宏观的政策环境、经济环境、区域市场、市场需求、消费者行为、房地产产品、房地产广告、营销渠道手段、重点竞争性项目等各个方面进行深入系统的研究,找出项目开发经营的最佳模式。

1.1.2　房地产市场调查的方法

房地产市场调查的方法有很多种,市场调查人员可根据实际情况来选择相应的调查方法。调查方法选择的合理与否,会直接影响到调查结果,进而影响营销策划水平和经营决策水平。

1) 按调查对象总体选择方法的不同划分

房地产市场调查按调查对象总体选择方法的不同,可分为普查、重点调查、典型调查和抽样调查。在房地产调查中,一般竞争性物业调查或较小范围内的区域调查,可以采用普查的方式。对于较大区域范围,或者全市甚至全国房地产市场,通常采用重点调查、典型调查或抽样调查的方式。

(1)普查

普查是指调查对象总体所包含的全部个体都进行调查。普查的优点:一是对市场进行全面调查,能获得非常全面的数据;二是能正确反映客观实际,效果明显。缺点在于:一是工作量大,需耗费大量的人、财、物力;二是调查周期长。因而普查一般适用于较小范围。

(2)重点调查和典型调查

重点调查和典型调查都是根据研究目的不同,依据调查者的判断,从总体中抽取一部分个体进行调查,进而推断出重要性或典型性的结论的方式。重点调查抽取的调查对象,一般是能反映研究内容的重要部分的样本,典型调查抽取的调查对象则是能反映出典型性的研究内容部分的样本。例如调查高档住宅需求情况,可以将一些具有购买力的财团或成功人士作为重点调查对象,其中还可以选择比较典型的若干单位或个人进行典型样本访谈。采用这种调查方式,由于被调查的对象数目不多,企业可以用较少的人力、物力、财力,在很短时间内完成。但是由此得出的结论需要审慎判断,有针对性地借鉴和采纳。

(3)抽样调查

抽样调查是指采用科学抽样方法,从总体中抽取一部分个体进行调查,进而推断总体的一般性结论的方式。抽样调查又分为随机抽样调查和非随机抽样调查。随机抽样在市场调查中占有很重要的地位,在实际工作中应用非常广泛。根据样本抽取的情况,随机抽样可分为简单随机抽取调查、分层随机抽样、分群随机抽样三种。非随机抽样指根据调查人员的直观判断,在选定的抽样范围内进行抽样的方法。每个样本抽取的机会不是相等的。常用的非随机抽样方法有方便抽样、判断抽样、配额抽样三种。

2) 按调查对象所采用的具体方法划分

房地产市场调查按收集市场信息的具体方法,可分为文案法、访问法和观察法等。

(1)文案法

文案法几乎是所有领域应用最广、最便捷的调查方法,房地产领域也不例外。

文案法主要通过搜集房地产领域各种历史和现实的文献资料,从中摘取与调查有关的情报,然后进行综合分析的调查方法。收集的信息资料包括房地产企业内部资料和外部资料两种。房地产企业的内部资料主要包括企业内部的各种报表、开发建设及售楼记录以及销售员和顾客的反馈信息等。房地产企业的外部资料主要包括各级政府、非营利机构、贸易组织和行业协会以及各种商业出版物所提供的信息资料。

房地产文案法的优点是可以充分利用第二手资料,节省调查费用。文案法要求调查人员必须要有较丰富的专业知识、分析能力、实践经验和技巧。这种方法可以为收集第一手资料的各种调查方法提供背景,有时还可以部分替代实地调查。因此,房地产文案法是在分析相关问题时首先要想到的一种方法。

文案调查的功能表现在:文案调查可以发现问题并为其提供重要参考;文案调查可以为实地调查创造条件;文案调查可用于经常性的调查;文案调查不受时空限制。

（2）访问法

访问法是房地产领域最常用的市场调查方法之一,是广泛使用的获取第一手资料的方法。科学设计调查表,有效地运用个人访问技巧是此方法成功的关键。调查表要反映企业决策的思路与思想,要反映出本企业经营和营销中最关心、最想得到的重要信息。

访问法形式多样,根据调查人员与被调查者之间接触方式的不同,又可分为面谈访问、电话调查、留置访问、网络在线调查等形式。

（3）观察法

观察法有时也称为实地调查,是指调查人员不与被调查者正面接触,而是通过去现场实地观察调查对象来收集信息资料的方法。如在房地产交易会上观察消费者对不同项目的反应与态度。

调查人员采用观察法,主要是为了获得那些被观察者不愿或不能提供的信息。但观察法只能得到一些表面现象,无法得到另外一些信息,如人们的感情、态度、行为动机等,因此调查人员通常将观察法与其他方法组合起来使用。

3）房地产市场调查方法组合应用与重点运用

以上调查方法实施起来各有利弊,调查结果也不尽相同,若单独应用则对总体调查实施过程难以控制,使得调查的整体实用性和针对性不强。实际上房地产市场调查更多的是使用以下调查方法的组合来实现最终调查。

（1）基本数据信息调查组合

基本数据信息调查组合指主要通过搜集区域内的相关房地产项目信息,汇总成为统一的表格,供数据分析和比较。如区域内供给量、销售价格、各种类型产品的比例、主力户型、户型配比、配套设施、产品品质、促销手段、各种类型产品的分布、发展趋势、区域内城市发展规划等,各类型产品的消费群体构成、消费倾向、需求特征、生活方式。通过这一部分的调查,对区域内的整体市场有一个清晰认识,对各种类型产品的基本特点有一个把握。这时主要采用文案法,少量难以获得的信息再采用观察法或访谈法。

(2)重点项目调查组合

对区域内有知名度、影响力和代表性的重点项目要从项目的开发建设理念、规划设计、园林特色、产品细节、设施设备、客户构成、销售价格、促销手段、广告策略等方面进行详细的重点调查。由于这些项目具有该区域普遍的代表性,因此对它们的深入研究和调查更有助于项目前期定位。这时主要采用观察法,当然可以采用文案法做前期铺垫,而采用访谈法获取客户构成等方面的数据。

(3)深度访谈重点运用

基础数据主要从销售人员和销售资料里取得,但更重要的是要和项目策划经理、销售经理级别以上的人员进行面对面深度访谈,以便进一步了解项目的定位依据,对区域市场的看法,产品规划和设计特色,客户构成和喜好,项目的不足和优势,项目的销售策略、广告策略、市场反馈等实质性的问题。

这里的深度访谈主要是指和目标消费群体、资深销售总监、策划人士、房地产专业人士进行长时间面对面的访谈。和目标消费群体的访谈主要是掌握和了解目标消费群体的真实需求。而资深销售总监、策划人士和房地产专业人士,因为长期从事项目的策划和销售,具有丰富的经验,对各种类型的产品和项目定位有独到的认识,能清醒地看到市场的未来动向,因此必须予以高度重视。

(4)专家小组座谈会

每个人看问题的角度不一样导致所得出来的结果也各不相同,在综合了以上三个方面的调查之后,应该邀请规划设计专家、建筑师、项目经理、策划师、销售经理、媒体记者、消费者进行小组座谈,对前期的调查结果进行充分的、面对面的讨论,以便充分估计到项目的有利和不利因素。

综合以上调查方法得出来的结果应该是真实并具有指导性的,调查的过程也是可以控制的,是最直接和有效的调查方法。

1.1.3 房地产市场调查的特点

房地产市场调查具有以下特点:

①房地产市场调查的内容是广泛的。房地产市场调查既包括简单的内容,如被调查者的性别、年龄、职业、文化程度等基本情况,也包括个人爱好之类的复杂问题。

②房地产市场调查具有很强的针对性。房地产市场调查针对不同的营销阶段,调查的内容也是不同的,在实际调查过程中需要具体问题具体分析。房地产项目调

查对时效性要求很高,随着时间的变化,一些动态营销信息,如销售率、价格等也会随之发生变化。

③房地产市场调查的方法是多样的。如实地调查、电话访谈、面访或文案调查等。

④房地产市场调查结果具有一定的局限性。与任何工作一样,房地产市场调查不可避免地会有误差和疏忽出现,应通过对方案的缜密设计和细心实施,最大程度地避免较大的失误和遗漏。只要对调查信息的结果没有造成严重损害,细小的偏差还是可以容忍的。

⑤房地产市场调查结果不能直接决定最终答案。调查结果是重要的决策参考依据,但不能直接决定最终答案。而必须通过参照经验、道理和其他信息对调查结果进行评价和思考,若与感性认识不能吻合,则需要及时做进一步的调查和分析。

1.2 房地产市场调查的基本职能

房地产市场调查的职能在于为房地产企业战略决策提供依据,降低房地产企业的决策风险,其承担的是信息收集、过滤的责任,负责提供目前市场的动态信息,掌握市场的发展趋势、消费者的潜在需求、可能的企业发展契机等。无论房地产市场调查所采用的技术有多先进,调查的内容有多详细,都不可能全面、客观地反映未来整个市场的走向。因此在进行市场调查时必须对调查的作用有清醒的认识。

1.2.1 房地产市场调查的基本职能

①市场调查有利于房地产企业不断发现新的市场机会。市场环境的变迁主要包括:消费者需求水平和基本特征的变化,如随着收入水平的提高,人们对住房需求的改变;产品设计和特征的变化,如普通住宅户型的变迁;应用技术水平的变化,如住宅小区智能化、智能化办公大楼等。置身其间的房地产开发企业,如果能够根据变迁的市场环境适时做出调整,就可以抓住市场机会,创造新的盈利点。而把握市场环境变迁主要依靠市场调研。

②市场调查有利于房地产项目的正确定位。如果想在越来越激烈的房地产市场中脱颖而出,只有通过认真细致、专业有效的市场调研,摸透消费者的心理,做出具有针对性的产品和独具一格的楼盘定位,才是制胜的关键途径。

③市场调查有利于房地产企业制订出可行的策划方案。市场调查是营销策划的前提,策划人只有了解市场供需情况,才能制订出可行的策划方案,为完成营销目标

打下坚实基础。

④市场调查有利于房地产企业开发新的房地产产品。通过市场调查,了解消费者对住房的需求,以及对现有住房的意见,以此找出住房开发的最佳切入点,开发出新的产品或服务来满足市场需求,以达到不断开拓市场、占领市场的目的,进而促进企业的发展。

1.2.2 市场调查在房地产项目中的应用

市场调查贯穿于房地产项目开发经营的全过程,下面从投资开发前期、开发建设中期和销售管理后期分别论述。

1)投资开发前期

这一阶段市场调查的主要目的是帮助房地产企业进行投资方向决策,涉及的内容相对比较宏观,主要有:

• 宏观形势判断 具体搜集政策法规、房地产经济指数、基础设施建设、城市规划、区域人口特征、金融市场等方面的基本信息,通过对这些宏观市场信息的分析,了解房地产市场的现状,更重要的是推断房地产市场的发展前景,为公司总体发展战略方向或具体房地产项目开发提供决策依据。

• 项目前期定位

①总体市场和典型项目分析:通过搜集包括本地所有的房地产项目数据库资料,即典型性项目数据资料,进行市场供应状况、价格、建筑风格、户型特点、装修情况、新工艺、新技术等方面的分析判断。

②区域市场分析:搜集包括本区域所有的房地产项目数据库资料,对特定区域市场进行定量分析,根据区域市场特点,初步形成本项目总体定位。

③竞争项目分析:对竞争项目进行跟踪性统计分析,形成本项目特色定位。

• 消费需求趋势研究 研究消费者的需求数量及需求趋势。主要包括需求动机、购买行为以及需求影响因素的研究。需求研究既包括总体研究——与宏观市场判断相对应,亦包括针对于某一类楼盘研究——与拟开发项目前期定位相对应。

• 品牌研究 品牌形象的塑造会为产品销售带来积极的促进作用。房地产开发商已逐步重视品牌的建设,而品牌研究将成为品牌建设的基础。

2)开发建设中期

通过前期的市场调查与分析,明确了投资前景,房地产项目就进入了具体的开发建设阶段。在此阶段,市场调查主要为以下工作服务:

- 消费需求研究　了解消费者对特定区域楼盘的需求细节、消费动机、消费行为与习惯、决策过程、媒体消费习惯,结合其家庭背景资料、置业阶段与用途、家庭的生活形态以及事业发展形态进行市场细分,并确定各细分市场的规模。
- 竞争项目研究　了解特定区域内竞争楼盘,尤其是典型楼盘的销售状况、主要卖点、吸引消费者的主要因素,为待建楼盘的定位提供参考依据。
- 项目产品定位　在前期区域市场研究基础上,根据具体区域特征,以消费者需求研究为基础,结合周边竞争项目的研究,确定目标客户群,对开发建设项目进行具体的产品定位。
- 产品测试研究　在产品定位之后,可以针对以下内容进行测试研究:社区配套设施与功能需求测试;建筑类型与容积率之间的匹配关系;房屋格局、面积与各功能区的使用习惯;对装修的意见与个性化实施;朝向、采光与居室功能之间的关系;特定需求的价格定位研究等。

3）销售管理后期

进入销售阶段,项目就进入了投资回报阶段。此时,市场调查具体进行以下工作:

- 楼盘媒体宣传分析　调查统计本地在售项目进行主要媒体的广告投放量,收集楼盘卖点、营销策划活动等市场营销方面的资料,根据资料对媒体投放及营销方式分析,作为竞争研究的有力补充。
- 销售现场研究　在楼盘的预售与公开发售阶段,将会有数量众多的、不同类别的消费者到销售现场关注产品。通过对销售现场的了解、意向购房人群的调查,为销售阶段的媒体策略、销售策略调整提供参考依据。其中主要包括对以下信息的收集和调查:一是,销售楼盘的信息来源以及最主要的影响渠道;二是,看房者所处购房的阶段,以及看房行为与习惯;三是,楼盘评价以及与竞争产品对比;四是,对销售中心以及人员的评价;五是,看房满意度研究等。
- 销售监测　随时收集销售现场的潜在消费者以及来电咨询的消费者的相关信息,并定期进行必要的回访,同时进行有效的统计分析,这样将能准确地掌握客户的反馈信息、销售成功状况、销售周期等重要数据,通过纠正不理想的工作内容,减少客户流失。
- 业主满意度研究　现实业主的居住状况,在一定程度上会影响到具体楼盘以及开发商的声誉,因此,提高现实业主的居住满意程度将会提升开发商的良好的品牌形象,并为其带来有效的销售业绩。此时,需要通过市场调查,了解消费者对开发商、特定楼盘以及物业等方面的满意程度。

1.3 房地产市场调查的主要内容

由于影响房地产项目的因素是多方面的,因此进行市场调查的内容也是广泛的。房地产市场调查的内容一般包括以下几个方面:

1.3.1 房地产宏观环境调查

房地产企业的生存发展是以适应房地产市场环境为前提的,对房地产企业来说,市场环境大多是不可控制因素,房地产企业的生产与营销活动必须与之相协调和相适应。

1)政治法律环境调查

政治法律环境调查主要是了解对房地产市场起影响和制约作用的政治形势,国家对房地产行业管理的有关方针政策、法律法规等。

①国家、省、城市有关房地产开发经营的方针政策。如房改政策、开发区政策、房地产价格政策、房地产税收政策、房地产金融政策、土地制度和土地政策、人口政策和产业发展政策、税收政策等。

②政府有关法律法规,如环境保护法、土地管理法、城市房地产管理法、广告法等。

③有关国民经济社会发展计划、发展规划、土地利用总体规划、城市建设规划和区域规划、城市发展战略等。

④政府有关方针政策,如产业政策、金融政策、税收政策、财政政策、物价政策、就业政策等。

⑤政局的变化,包括国际和国内政治形势、政府的重大人事变动等。

2)经济环境调查

经济环境调查主要是了解财政、金融、经济发展状况和趋势等。经济环境调查应把握企业所在地区的总的经济发展前景,具体包括:

①国家、地区或城市的经济特性,包括经济发展规模、趋势、速度和效益。

②项目所在地区的经济结构、人口及其就业状况、就学条件、基础设施情况、地区内的重点开发区域、同类竞争物业的供给情况。

③一般利率水平,获取贷款的可能性以及预期的通货膨胀率。

④国民经济产业结构和主导产业。

⑤居民收入水平、消费结构和消费水平。

⑥项目所在地区的对外开放程度和国际经济合作情况,对外贸易和外商投资的发展情况。

⑦与特定房地产开发类型和开发地点相关因素的调查。

⑧财政收支。对于不同的物业类型,所需调查的经济环境内容有很大不同,须结合具体项目情况展开有针对性调查。这部分可以参考第 10 章。

3) 社区环境调查

社区环境直接影响房地产产品的价格,这是房地产商品特有的属性。优良的社区环境,对发挥房地产商品的效能,提高其使用价值和经济效益具有重要作用。社区环境调查分为文化环境和自然环境两方面,具体包括:社区繁荣程度,购物条件,文化氛围,居民素质,交通和教育设施,安全保障程度,卫生、空气和水源质量及景观等方面。

4) 技术发展调查

房地产企业要密切注意对科技动态的调查,尽快把新科技应用到房地产开发经营上去,才能在市场上立于不败之地。

5) 房地产市场发展态势调查

掌握本地区乃至全国房地产开发建设的总体情况,才能克服投资的盲目性,并有助于市场定位准确。需要了解的内容包括:近几年各类房地产开发项目完成投资额、竣工面积、施工面积、新开工面积、销售面积、销售价格、空置面积、市场变化情况,以及今后几年对各类物业潜在需求与有效需求的分析。

1.3.2　房地产区域环境调查

1) 房地产区域总体分析

区域总体分析是指在特定区域中,对影响房地产市场的交通路线、区域特征和发展规划这三方面因素的综合分析。它区别于单个楼盘的地理位置分析,更侧重于整体分析和宏观评估。

2）房地产区域市场供给分析

区域市场供给分析主要包括了解和分析在某个特定的区域范围内,楼盘的总量、类别、位置、产品、价格、总价结构、各类营销方法的市场反应和市场空白点的捕捉等。分析区域产品关键在于认真研究区域产品的共同性与特异点,以及它们市场反应强弱的缘由。

3）房地产区域消费者需求分析

需求分析是指区域人口数量和密度,人口结构和家庭规模,购买力水平,客户结构与特征,人口素质和习惯嗜好等。需求特征是从客户的角度对产品的一种审视,把握需求特征是不断创新的动力与源泉。

1.3.3　房地产市场需求和消费行为调查

房地产市场需求和消费行为调查包括:

①消费者对某类房地产的总需求量及其饱和点、房地产市场需求发展趋势。

②房地产市场需求影响因素调查。如国家关于国民经济结构和房地产产业结构的调整和变化;消费者的构成、分布及消费需求的层次状况;消费者现实需求和潜在需求的情况;消费者的收入变化及其购买能力与投向。

③需求动机调查。如消费者的购买意向、影响消费者购买动机的因素、消费者购买动机的类型等。

④购买行为调查。如不同消费者的不同购买行为、消费者的购买模式、影响消费者购买行为的社会因素及心理因素等。

1.3.4　房地产营销组合情况调查

1）房地产产品调查

①房地产市场现有产品的数量、质量、结构、性能、市场生命周期。

②现有房地产租售客户和业主对房地产的环境、功能、格局、售后服务的意见及对某种房地产产品的接受程度。

③新技术、新产品、新工艺、新材料的出现及其在房地产产品上的应用情况。

④本企业产品的销售潜力及市场占有率。

⑤建筑设计单位及施工企业的有关情况。

2）房地产价格调查

①影响房地产价格变化的因素，特别是政府价格政策对房地产企业定价的影响。
②房地产市场供求情况的变化及趋势。
③房地产商品价格需求弹性和供给弹性的大小。
④开发商各种不同的价格策略和定价方法对房地产租售量的影响。
⑤国际、国内相关房地产市场的价格。
⑥开发个案所在城市及街区房地产市场价格。
⑦价格变动后消费者和开发商的反应。

3）房地产促销调查

①房地产广告的时空分布及广告效果测定。
②房地产广告媒体使用情况的调查。
③房地产广告预算与代理公司调查。
④人员促销的配备状况。
⑤各种公关活动对租售绩效的影响。
⑥各种营业推广活动的租售绩效。

4）房地产营销渠道调查

①房地产营销渠道的选择、控制与调整情况。
②房地产市场营销方式的采用情况、发展趋势及其原因。
③租售代理商的数量、素质及其租售代理的情况。
④房地产租售客户对租售代理商的评价。

1.3.5　房地产市场竞争情况调查

市场竞争对于房地产企业制订市场营销策略有着重要的影响。房地产市场竞争情况的调查内容主要包括：
①竞争者及潜在竞争者（以下统称竞争者）的实力和经营管理优劣势调查。
②对竞争者的商品房设计、室内布置、建材及附属设备选择、服务优缺点的调查与分析。
③对竞争者商品房价格的调查和定价情况的研究。
④对竞争者广告的监视和广告费用、广告策略的研究。
⑤对竞争者销售渠道使用情况的调查和分析。

⑥对未来竞争情况的分析与估计等。

⑦整个城市,尤其是同(类)街区同类型产品的供给量和在市场上的销售量,本企业和竞争者的市场占有率。

⑧竞争性新产品的投入时机和租售绩效及其发展动向。

1.4 房地产市场调查的主要步骤

房地产市场调查是一次有组织、有计划的行动,其步骤一般有调查准备、调查实施、市场分析和撰写报告4个阶段,如图1.1所示。

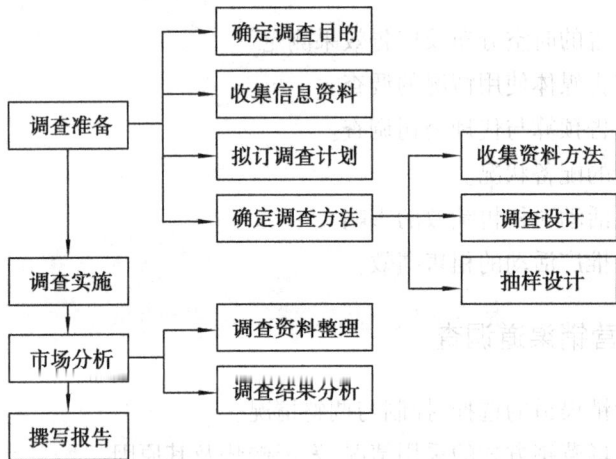

图1.1 房地产市场调查程序图

1.4.1 调查准备阶段

1)确定市场调查的目的

房地产市场调查的目的在于帮助房地产企业准确地做出经营战略和营销决策。在市场调查之前,须先针对企业所面临的市场现状和亟待解决的问题,确定市场调查的目标和范围。也就是说,调查人员应明确为什么要进行市场调查,通过调查要解决哪些问题,有关调查结果对于企业有什么作用。一般来说,确定调查目的要有一个过程,根据问题性质的不同,可以采用探测性调查、描述性调查、因果性调查、预测性调查来确定调查目的。

（1）探测性调查

当企业对需要研究的问题和范围不明确，无法确定应该调查哪些内容时，可以采用探测性调查来找出症结所在，然后再做进一步研究。例如某房地产公司近几个月销售下降，公司一时弄不清楚原因，是宏观经济形势不好所致，还是广告支出减少、销售代理效率低、消费者偏好转变造成的。在这种情况下，可以采用探测性调查，从中间商或者消费者那里收集资料，以便找出最有可能的原因。从此例可以看出：探测性调查只是收集一些有关资料，以确定问题所在。至于问题应如何解决，则有待于进一步调查研究。

（2）描述性调查

描述性调查只是从外部联系上找出各种相关因素，并不回答因果关系问题。例如在销售过程中，发现销售量和广告有关，并不说明何者为因，何者为果。也就是说描述性调查旨在说明什么、何时、如何等问题，并不解释为何的问题。与探测性调查比较，描述性调查需要事先拟订计划，确定收集的资料和收集资料的步骤，对某一专门问题提出答案。

（3）因果性调查

因果性调查是要找出事情的原因和结果。例如价格和销售之间的因果关系如何？广告与销售间的因果关系如何？通常对于一个房地产公司经营业务范围来说，销售、成本、利润、市场占有量，皆为因变量。而自变量较为复杂，通常有两种情况：一类是企业自身可以加以控制的变量，又称内生变量，例如价格、广告支出等；另一类是企业市场环境中不能控制的变量，也称外生变量，例如政府的法律、法规、政策的调整，竞争者的广告支出与价格让利等。因果关系研究的目的在于了解以上这些自变量对某一因变量（例如对成本）的关系。

（4）预测性调查

预测性调查是通过收集、分析、研究过去和现在的各种市场情报资料，运用数学方法，估计未来时期内市场对某种产品的需求量及其变化趋势。由于市场情况复杂多变，不易准确发现问题和提出问题，因此，在确定研究目的的阶段，可进行一些情况分析。例如前面所述的房地产公司发现最近广告没有做好，造成消费者视线转移。为此便可做若干假设，如认为该公司房屋设计方案较差，售房的广告设计太一般，房屋的四周环境不够理想等。拟订假设的主要目的是限制研究或调查的范围，以便使用今后收集到的资料来检验所作的假设是否成立。

2）收集信息资料

市场营销调查需要搜集大量的信息资料，其中有些资料需要经常不断地搜集，有些需要定期搜集，大多数是需要时才进行搜集。

3）拟订调查计划

初步调查的目的是了解产生问题的一些原因，确定问题及研究的范围，并经过研究，拟订出一套计划。可以分为三个步骤：

（1）情况分析（了解市场情况）

消费者对本公司所开发经营的房产态度，是反映企业市场营销水平的重要标志，是初步调查的关键内容。如为什么消费者不购买本公司商品房，需要对用户进行调查研究，拟订正式调查计划之前，市场调查人员必须对公司的历史、产品、竞争者、分配渠道与方法、消费者购买习惯、广告、销售和促销方法等情况加以了解。

（2）预备调查（与企业有关领导进行非正式谈话）

与领导人谈话寻找市场占有率下降的原因，如市场营销经理可能认为房产价格定得太高；工程部经理可能认为设计并不十分合理，材料供应质量不高；材料部经理可能认为，物价指数上涨太快，所划拨的经费不能全部采用进口或国内各种名牌材料等。对目前调查范围有关资料进行分析，分析同业与政府的资料、专家的意见等，分析调查本身的问题及发展出来的假设，作为正式调查的基础。

（3）决定研究范围（研究搜集的信息材料）

研究企业外部材料：从各种信息资料中，了解一些市场情况和竞争概况，从中了解目前市场上哪类房产最好销？其价格如何？当地消费者对房产有什么偏爱？分析企业内部资料：对公司的各种记录、函件、订货单、年度报表等内部资料进行分析，从而找出产生问题的原因。

经过情况分析与非正式调查后，可以使假设减少到几个，甚至一个，从而确定出研究的计划与范围。同时对所有假设进行仔细且又系统的分析，如果在研究计划的初期就能够确定和解决所要研究的问题，就可以节省人力、物力和财力。

（4）确定市场调查方法及进行调查设计和选样

• 确定收集资料的方法　资料可以分为两类：初级资料（或原始资料），指专为某项计划而收集或实验而得的资料；次级资料（或二手资料），指原始资料经过整理后所形成的可为他人利用的资料。如有适当的二手资料可以利用，可节省大量人力、财力。

• 进行调查设计　根据收集的信息资料以及初步调查的结果，可以提出调查的命题及实施计划。比如近期的房地产业不太景气，资金积压过多，建造好的房子销售不畅，是什么原因呢？经过分析先拟订问题产生的原因有两点：一是国家宏观控制，银根收紧，消费者收入没有好转；二是广告效果不大，没有引起消费者足够的兴趣，消费者储蓄待购。为了证实此命题的正确与否，决定采用重点调查法，并配合个人访问法和电话调查法来进行调查研究。在收集原始资料时，一般需要被调查者填写或回答各种调查表格或问卷。调查表及问卷的设计既要具有科学性又要具有艺术性，以利于市场调查工作的条理化、规范化。一项房地产市场调查工作至少应设计以下 4 种调查表格：

①当地房产资源统计表，包括房地产分布、面积、类型、单位价格、单位总价、开发程度、居住密度、交易状况和规模、使用期限、抵押保险、政策限制、竞争程度、发展远景、其他具体情况和调查日期等项目。

②房地产出租市场统计表，包括出租房地产名称、所在地区、出租面积、租金水平、出租房的类型和等级、室内设备状况（暖气、煤气、电话、家用电器、厨卫设备）、环境条件等项目。

③房地产出售统计表，包括已售和待售房地产的名称、所在地区、开发商、数量、结构类型、成交期、成交条件（预付款、贷款额和利率、偿还约束、其他附加条款等）、出售时的房龄和状况、客户资料和调查日期等项目。

④房地产个案市调分析表，包括案名、区位、投资公司、产品规划、推出日期、入伙日期、基地面积、建筑密度、土地使用年限、单位售价、付款方式、产品特色、销售策略、客源分析、媒体广告、调查日期等项目。

●进行调查选样　由于消费者的数目庞大，想要调查全部消费者是不现实、不经济的。因此要在全部消费者中，选择一部分具有代表性的进行调查，即选样或抽样调查。

房地产市场调查中普遍采用抽样调查，即从被调查总体中选择部分样本进行调查，并用样本特性推断总体特性。在实地调查前，调查人员应该选择决定抽查的对象、方法和样本的大小。　旦明确下来，参加实地调查的人员必须严格按照抽样设计的要求进行工作，以保证调查质量。

1.4.2　调查实施阶段

现场调查，即按调查计划，通过各种方式到调查现场获取原始资料和收集由他人整理的次级资料。现场调查工作的好坏，直接影响到调查结果的正确性。为此，必须重视现场调查人员的选拔和培训工作，确保调查人员能按规定进度和方法取得所需资料。

1.4.3　调查资料整理与分析阶段

①编辑整理。就是把零碎的、杂乱的、分散的资料加以筛选，去粗取精，去伪存真，以保证资料的系统性、完整性和可靠性。在资料编辑整理过程中，要检查调查资料的误差，剔除错误资料；之后要对资料进行评定，以确保资料的真实与准确。

②分类编号。就是把调查资料编入适当的类别并编上号码，以便于查找、归档和

使用。

③制表。将已经分类的资料进行统计计算,有系统地制成各种计算表、统计表、统计图。

④分析与解释。即对各项资料中的数据和事实进行比较分析,得出一些可以说明有关问题的统计数据,直至得出必要的结论。

从被调查者处收集来的资料千差万别,在编制调查报告之前,必须先进行资料的整理,这样做也有利于资料的保存。

1.4.4 撰写和提交调查报告

市场调查之后,必须制作调查报告,供决策参考与应用。报告必须详尽,扼要而属实。报告书内容的组织要目标明确、有条不紊、重点分明,使读者在短时间内就能够得到一个总体印象。撰写调查报告应做到:客观、真实、准确地反映调查成果;报告内容简明扼要、重点突出;文字精练、用语中肯;结论和建议应表达清晰,可归纳为要点;在做出结论以后,调查部门必须提出若干建议方案,写出书面报告,提供给决策者。在撰写调查报告时,要指出所采用的调查方法、调查目的、调查对象、处理调查资料的方法,通过调查得出的结论,并以此提出一些合理建议。

以上房地产市场调查程序对房地产市场调查工作只具有一般性指导意义。在实际工作中,可视具体情况,科学合理地灵活安排调查工作的内容。

1.5 相关案例

重庆市房地产市场调研报告[2]

目录

一、重庆市房地产市场环境概况

1. 人口概况

2. 经济发展概况

3. 居民生活水平

4. 城市规划

二、重庆市房地产消费市场特征

1. 2001 年重庆购房者人口结构特征

2. 重庆市房地产市场消费需求总体状况

---

[2] 来源:中国营销咨询网。

3. 重庆市主城区域住宅需求特征

4. 重庆市消费群体特征与购房行为

三、重庆市房地产市场形势及发展趋势

1. 重庆市房地产市场形势

2. 重庆市房地产发展趋势

四、结语

正文

一、重庆市房地产市场环境概况

1. 人口概况

根据 2000 年 11 月 1 日进行的第五次全国人口普查数据显示,重庆市总人口为 3 090.45 万人(包括外来人口,不包括外出人口),年平均增长率为 0.66%,自然增长率为 0.29%,城市化率为 33.09%。

人口年龄结构:0～14 岁的人口为 677.78 万人,占 21.93%;15～64 岁的人口为 2 168.57 万人,占 70.17%;65 岁及以上的人口为 244.10 万人,占 7.90%。

城乡人口结构:城镇人口为 1 022.78 万人,占 33.09%;乡村人口为 2 067.67 万人,占 66.91%;平均每个家庭户的人口为 3.21 人。

人口受教育结构:大学(大专以上)86.58 万人,占 2.80%;高中(含中专)265.67 万人,占 8.60%;初中 909.02 万人,占 29.41%;小学 1 340.85 万人,占 43.39%;文盲 214.78 万人,占 8.9%。

2. 经济发展概况

2001 年全市实现国内生产总值 1 750 亿元,比上年增加 161 亿元,是重庆直辖以来经济总量增加最多的一年。按可比价格计算,比 2000 年增长 9%,高于全国 1.7 个百分点。增长速度列全国第 18 位,在全国的位次比上年提高了 5 位。

2002 年以来,全市经济增长速度明显加快,呈现出效益与速度同步增长的良好态势,整体经济运行明显好于预期。初步测算,上半年全市完成国内生产总值 875.56 亿元,按可比价格计算,比上年同期增长 10.1%,增幅同比提高 1 个百分点,高于全国水平 2.3 个百分点。第一产业增长 3.0%,第二产业增长 13.1%,第三产业增长 9.1%。从运行态势看,今年以来全市经济增长速度稳步攀升。从月度累计增幅观察,除 1 月份受不可比因素影响增长 9.8%,其余几个月增幅渐次走高。2 月份为 9.1%,3,4 月份上升到 9.2% 和 9.3%,进而达到 5 月份的 9.6%,上半年又进一步上升到 10.1%,这也是 2000 年 3 月以来连续 28 个月增幅最高的月份。从季度走势上观察,上半年增长 10.1%,比一季度提高 0.9 个百分点,也是自 1998 年以来同期增幅最高的。

从经济增长匹配的相关因素看,一些与经济增长密切相关的指标同步增长,呈现出近年少有的一致性。1—6 月,发电量增长了 11.0%,创了近几年同期最好水平,内河与空港货物吞吐量分别增长 11.0% 和 13.2%。

从经济增长的地区结构看,上半年都市发达经济圈实现增加值 345.94 亿元,比上年同期增长 8.8%,占全市的 39.5%;渝西经济走廊实现增加值 271.57 亿元,增长 12.8%,占 31.0%;三峡库区生态经济区实现增加值 258.05 亿元,增长 9.0%,占 29.5%。

重庆市主要经济指标数据(略)。

3. 居民生活水平

"九五"时期是重庆市社会、经济、城市建设发展较快的时期,在短短的几年内使重庆市的城市建设、社会经济迈上了新台阶。经济增长为改善人民生活,提高市民收入打下了基础。

据重庆市城市社会经济调查队对主城区 300 户城市居民的抽样调查资料显示,"九五"期间,城市居民的生活水平有了实质性提高:据统计,城市居民的人均可支配收入由 1995 年的 4 413 元增加到 2000 年的 6 276 元,增长了 42.2%,每年以 7.3% 的速度稳定增加,扣除价格因素,实际增长6.3%。人均消费支出由 1995 年的 3 932 元上升为 2000 年的 5 475 元,增长了 39.2%,扣除物价因素,每年实际增长 6.8%。最能反映居民家庭生活水平的恩格尔系数由 5 年前的 48.7% 下降为40.4%,主城区居民的生活水平已基本实现"小康"。2001 年城乡居民收入继续增长,根据《2001 年重庆市国民经济和社会发展统计公报》显示:全年城市居民人均可支配收入 6 721.09 元,比上年增长 7.1%。城市居民人均消费支出 5 765.07 元,增长 5.3%。根据重庆市统计局日前披露的数据显示,2002 年上半年城市居民人均可支配收入 3 614.94 元,比上年同期增长 5.9%,6 月末城乡居民存款余额达到 1 475.18 亿元,增长 11.9%。

从以上数据可以看出,重庆市经济正向良好方向发展,居民的购买力正在逐年增长,随着收入水平的提高,居民的消费性支出在不断增加的同时,非消费性支出也日益成为居民支出的重要组成部分。

4. 城市规划

根据重庆市的城市规划,未来的重庆将是一个以主城区为中心的由中等城市、卫星城市等共同组成的城市群,未来的城市发展一方面是主城区的扩大,另一方面是中等城市、卫星城的形成。对房地产业来说,这就意味着发展机遇不仅仅停留在主城区,各中等城市、卫星城都将有很好的发展空间。

二、重庆市房地产消费市场特征

1. 2001 年重庆市购房者人口结构特征

根据《2001 重庆市房地产展示交易会住宅需求调查报告》资料显示,重庆市购房者呈现下列人口结构特征:

(1)消费者年龄构成:50 岁以下年龄段有较强的购房欲望,占整个购房者的比例为 86.2%。30岁以下购房者占整个购房者的比例达到 48%,该年龄段正是消费者成家立业的阶段,购房需求较大;41~50 岁年龄段在整个购房者中的比例居次席,该年龄段的购房行为主要是二次置业,为子女买房。

(2)消费者文化程度构成:具有较高文化程度的消费者超过半数,说明消费者文化程度越高,购房愿望越强烈。

(3)消费者家庭月收入构成:由于购房行为在支付能力和支付期限等方面不同于普通商品消费行为,购房群体的收入水平明显高于居民平均收入水平。采样样本平均家庭月收入 2 325.5 元,与 2000 年相比增长 18.33%。其中家庭月收入为 1 500 元以下的样本比重同比下降 6.24%;1 501~2 500 元,2 501~3 500 元的样本比重分别增长 7.02%,12.32%。

2. 重庆市房地产市场消费需求总体状况

根据重庆市国土与房屋管理局最新信息表明:重庆市的房价呈现稳步增长的态势,广大消费者对价格的承受力也在稳步增强。

2001 年全市个人购房比重已经达到 97.6%。从消费市场来看,房地产经济经过近年来的快速发展,消费者对房价现状有了理性认识,对日渐提高的房价,广大消费者的承受力也在稳步增强,与以往简单追求低价住房的状况已有较大改观。据去年 11 月房交会问卷调查,52.4% 的被调查者表示,在抵押贷款的支持下,可承受住房单价在 1 500 ~ 2 000 元/m²(以往此类调查,选择 1 000 元/m² 以下房价者占大多数)。这种与市场进程同步增强的心理承受能力,为产业发展提供了广阔空间。

重庆市经过直辖以后数年的发展,影响住宅产业发展的三大因素已经发生了极大的变化。消费水平:重庆市总体收入水平逐年增长,中高收入的经营者、白领、银领阶层的人数在扩大,对住宅产生了更高档次的需求;消费理念:受先进地区及国际化居家方式和理念的影响,住宅阶梯式消费观念已被普遍认可;市政环境:随着城市化进程的发展和半小时主城区的实现,中远郊的交通状况将得到极大的改善,生活、出行更加便捷,居家在郊区已成为可能和现实,且将成为一种时尚。

从市场容量考察,人口规模的增加必将带来更大的需求。目前重庆市的城市化率为 33%,而全国平均城市化率为 37%,这一状况将在未来 10 年内彻底改变。预计 2010 年内重庆市城市化率将达到 50%,城市人口将增加 600 万人,如果按每人 20 m² 的市场需求,600 万人则有 1.2 亿 m² 的住房需求;再加上现有 1 000 万人并没有达到人均 20 m²,形成约 4 000 万 m² 的市场需求。10 年重庆大体上要建差不多 1.6 亿 m² 住宅,这就意味着在未来 10 年内,每年可能有 1 700 万 m² 的市场需求。

同时重庆市政府已经把房地产业作为支柱产业来发展,为了保证这个极具带动力的产业良好发展,将会有很多利好的消费政策出台,对于消费需求将具有很大的引导作用。

3. 重庆市主城区域住宅需求特征

根据《2001 重庆市房地产展示交易会住宅需求调查报告》资料显示,重庆市住宅需求主要特征概括如下:

(1)北部城区需求持续上升,渝中区退居其次。

(2)对现房需求比重下降,期房接受程度提高。

(3)小区深受市民喜爱,单体建筑销售进度相对较慢。

(4)房屋类型需求呈多元化格局,平层仍是购房首选。

(5)注重室内个性化装饰,清水房仍是市场需求主流。

(6)三居室成为市场需求的主力户型。

(7)房价依然是影响市民消费的第一要素。

4. 重庆市消费群体特征与购房行为

根据《2001 重庆市房地产展示交易会住宅需求调查报告》资料显示,重庆购房群体呈现下列消费特征:

(1)住宅需求消费群体的类别:

第一类:年龄 40 岁以下,文化程度为高中以下,该群体住房状态为公房或租房的占 67.8%。

第二类:年龄 35 岁以下,文化程度为大专以上,该群体住房状态为公房或租房的占 61.8%。

第三类:年龄 41 ~ 50 岁,文化程度为高中以下,该群体住房状态为公房的占 67.9%。

第四类:年龄 36 ~ 50 岁,文化程度为大专以上,该群体住房状态为公房的占 49%,住商品房的占 27.9%。

第五类:年龄 50 岁以上,文化程度为中专以上,该群体住房状态为公房的占 57%。

(2)各类消费者群体欲购房面积比较:70 ~ 130 m² 的住宅得到各类消费群体超过 70% 样本的认同。

(3)各类消费者可接受单价比较:单价在 1 800 元/m² 以下的分段成为各类消费群体的主要选

择区域。

(4)各类消费者对配套设施要求的比较:第五类消费群体对医院、花园和林木花草看重程度超过了其他消费群体,对超市和学校的看重程度则低于其他消费群体;前四类消费群体最看重菜市和超市;第一类消费群体对学校的选择比重高于其他消费群体;菜市对第三类消费群体则更为重要。

(5)购房决定因素:重庆市消费者购房决定因素排序依次为价格合理、交通便利、户型合理、环境良好、周边配套完善、有增值潜力、物管规范。交通便利、价格合理和户型合理依然是影响消费者购房的最重要的决定因素。

三、重庆市房地产市场形势及发展趋势

1.重庆市房地产市场形势

当前重庆市房地产的总体形势是:房地产投资规模持续快速增长,商品房销售价升量增,产业发展的理性化程度进一步提高,房地产市场秩序进一步好转。

(1)房地产投资迅猛增长,城镇住房告别短缺时代。

重庆直辖以来房地产投资呈现持续增长的走势,2002年1—6月,重庆市累计完成房地产开发投资82.19亿元,同比增长29.4%,占全市投资总量的22.9%,其中住宅建设完成投资49.7亿元,增长30.2%。房地产开发施工面积3154.53万m²,同比增长38.6%,其中住宅施工面积2194.38万m²,增长41.4%;房地产开发新开工面积795.21万m²,同比增长22.4%,其中住宅新开工612.46万m²,增长24.3%。房屋竣工面积206.32万m²,同比增长7.7%,其中住宅竣工162.79万m²,增长22.6%。

1—6月累计销售(不含预售)商品房面积220.86万m²,同比增长23.8%,其中住宅189.78万m²,增长28.9%。两项指标继续呈现出销售量大于竣工量的可喜局面。1—6月商品房销售额31.71亿元,同比增长13.5%,其中住宅销售额21.72亿元,同比增长21%。与此相对应,截止6月末,全市空置一年以上的商品房面积216.28万m²,同比下降3.2%,其中空置一年以上的住宅面积79.81万m²,同比下降2.8%。在这种持续发展形势下,城镇住房告别了短缺时代,人均居住面积达到11.59m²。居民住房需求由单纯"数量型"转变为"质、量并重型"。

(2)相关政策互动,引发楼市销售升温。(略)

(3)整顿房地产市场秩序,改善住房消费环境。(略)

(4)商品房开发转向"集约经营",产品呈现"精品化"趋势。(略)

(5)银行信贷向房地产业全面渗透。(略)

2.重庆市房地产发展趋势

基于重庆市政府将房地产业作为带动经济增长的支柱产业,同时结合重庆市房地产实际状况,重庆市房地产发展趋势将体现在:土地市场化进程加速,房地产市场监管力度加强,市场服务日臻完善,房价继续上升,市场竞争加剧,小区和楼盘品位进一步提高。

(1)土地市场化进程加速,市场透明度显著增强。(略)

(2)房地产市场监管力度增强,市场行为进一步规范。(略)

(3)政策性效应逐步显现,房价稳中有升。(略)

(4)市场竞争加剧,小区楼盘个性化特点突出。(略)

四、结语

随着城市化和房地产市场化进程的加速,重庆市房地产市场发展空间很大,通过市场结构调整和市场秩序的整顿,增量市场和存量市场互相促进,互相补充,未来的市场会继续供需两旺。这主要是因为:①目前重庆城市化率为33%,2010年的目标为50%,每年增长将近2个百分点,将对重庆房地产业发展带来很大的需求空间;②土地市场化进程加快,市场透明度增强,将推动房地产市场发展;③加速危旧房的改造,将长期拉动房地产业发展;④二手房上市门槛进一步降低,中介机构日趋成熟规范,必将进一步活跃房地产市场。

目前重庆市房地产业所取得的发展是在房地产业真正意义上进入市场经济的情况下(停止住房实物分配、个人成为买房主体)由销售热带动的,也就是由消费拉动投资,且这种消费是以居民购房自住消费为主。

城市房地产市场形势的发展,取决于多方面的因素。一是经济发展因素。上海、北京、广州经济基础好,人均收入高,居民的购买能力较强,房地产市场发展速度就快些,浙江省的民营经济发展很快,大大加快了居民的致富速度,必然支撑较高的购房能力,造成房地产的较快提升。二是政策因素。上海的房地产市场活跃、有序,政府采取了一系列刺激和鼓励居民住房消费的政策和措施,尤其是二手房市场活跃,住房金融服务到位,因而出现了广大居民的购房热。天津市前三年采取了加快危房改造巨大工程,在这一"刚性需求"拉动下,使天津房地产市场出现连续三年的购销两旺。三是市场因素。主要指产品的供求情况。

在看到重庆市房地产市场巨大发展潜力的同时,我们也应清楚地看到其存在的风险因素,包括:重庆市二手房市场发展与一手房市场不能协调发展;土地成本存在上涨趋势,效益降低的风险加大;重庆市居民收入处于较低的水平,没有足够的有效需求支持房价的持续上涨。因此如果我们决心介入重庆房地产业的话,必须高度重视产品的结构问题。在市场经济下,只能由产品的供应结构去适应产品的消费结构,而不可能让消费者去购买不适应他们消费水平和爱好的产品。同时,在具体项目的选择上,应考虑到重庆市土地价格的上涨对资金供应的要求和利润空间的压缩。

实训任务

实训任务:请搜集相关资料,分析我国或某一地区房地产业的发展现状及发展趋势。

调查方式:分组进行。

任务要求:撰写调查报告,包括题目、作者、概要(调查目的内容、调查方法、调查时间过程、组织分工、费用等)、正文、附件;附件罗列搜集到的文献资料,并注明作者、来源与时间。

任务提示:参考第1.5节相关案例,按本书介绍的"市场调查的步骤"、"市场调查方案企划"等主要内容,按部就班地进行工作;参考第3章"书面调查报告的格式"撰写调查报告。

复习思考题

1.名词解释

房地产市场调查　房地产市场重点调查与典型调查

2.简答题

①房地产市场调查的特征有哪些?

②房地产市场调查的特点是什么?

③简述房地产市场调查的基本职能。

④简述房地产市场调查的主要步骤。

3.思考与讨论

①简述房地产文案调查法、访问法与观察法的异同点。

②为什么要进行组合房地产市场调查?常用的组合房地产市场调查的方法与内容有哪些?

③市场调查在房地产项目中有哪些应用?

④房地产市场调查包括哪些主要内容?

【阅读材料】

北京市亚奥地区住宅市场报告书

一、2004 年回顾

1.市场供销

现房:销售面积 2 285.8 万 m^2,同比增长 29.1%;竣工面积 2 344.0 万 m^2,同比增长 12.6%;销售面积/当期竣工面积为 97.5%,比 2003 年同期高 12.4 个百分点。

期房:批准预售面积 2 862.85 万 m^2,同比增长 5%;预售登记 2 642.1 万 m^2,同比增长 56.5%;预售率为 92.3%,比 2003 年同期高 30.4 个百分点。

空置:空置一年以上的商品房 298.8 万 m^2,同比下降 20.9%,其中,商品住宅空置面积同比下降 27%。

2.销售价格

现房:均价 4 747 元/m^2,同比上涨 291 元/m^2,涨幅 6.5%。

期房:均价 5 629 元/m^2,同比上涨 376 元/m^2,涨幅为 7.2%。其中,价格低于 7 000 元/m^2 的占期房成交总套数 80.67%,低于 5 000 元/m^2 的占 54.41%。

另外,2004 年下半年北京 17 区(县)普通住宅类项目平均成交均价 6 048 元/m^2,比 2003 年同期增长 540 元/m^2,同比增长 9.8%。新建普通住宅价格主要集中在低于(含)7 000 元/m^2 的中低价位,占总套数 78.0%。

3.户型结构

期房单套建筑面积主要集中在 81~160 m^2/套,主力户型为二居或三居,占成交总套数的 67.94%,其中下半年占 65.7%;经济适用房主要集中在 81~120 m^2/套,占经济适用房成交总套数的 55.88%,其中下半年占 58.0%。

4.市场需求

据调查显示:2004 年 4 季度的购房以合理化需求为主;居民收入水平提高,购房可支付能力增强,推动了我市商品住宅有效需求增长。

购房对象的主流趋势:

年龄趋于年轻化,以 40 岁以下为主。同时,21~30 岁、31~40 岁的增幅居前,50 岁以上的降幅最大。

家庭年收入以 10 万元以下为主。同时,家庭年收入 5 万~10 万元、10 万~20 万元的增幅居前,5 万元以下的降幅最大。

可支付月还款额以 2 000 元以下为主。同时,月还款额 3 000~4 000 元,2 000~2 500 元的增幅居前,1 000 元以下、1 000~1 500 元的降幅最大。

可承受价位以 7 000 元/m² 以下为主。同时,可承受 5 000~7 000 元/m²、4 000~5 000 元/m² 的增幅居前,3 000~4 000 元/m² 的降幅最大。

以改善居住条件和解决基本居住需求为主。同时,改善性购房、投资性购房的增幅居前,考虑孩子上学、解决基本居住要求的购房降幅较大。

二、2005 年展望

1. 定性判断

北京房地产市场还处于一个由过去需求压抑型向需求开放型过渡的转型期,尚不是一个稳定市场。

目前的高速增长是由于诸多供求要素阶段性集聚而形成的,随着需求的不断释放,加之宏观调控的滞后显现和逐渐增强,增速会逐渐回落到一个相对合理的区间。因此,未来几年,供求关系有可能出现较大波动,市场风险日益增强。但是,综合诸多因素考虑,至少可以判断,到 2006 年上半年,市场还将处于一个惯性增长及高位盘升阶段(除非更加严厉的调控政策出台)。

2. 大致预测

供应:下半年将出现集中放量,并将持续到 2006 年上半年,同期供应量将有较大幅度增加。

需求:依然旺盛,同时一、二级市场的联动会进一步增强,促使市场交易量会有所上升。一方面宏观调控的影响滞后,另一方面诸多因素还将促使一部分需求进一步加速集中释放,加息、调贷对需求影响不大。

价格:稳中会持平或略升,供需结构矛盾会有所缓和。建安成本的刚性增长、融资成本逐渐增大、土地供应的阶段断档、投资增速的日益放缓、宏观调控的全面介入、购房对象的惯性预期等因素相互作用,都将制约价格会在一个较小范围内波动,大致持平或小幅盘升,不会大起大落。

另外,北京市总体规划的修编将进一步促使房地产格局发生较大变化。随着城市建设的发展,以 CBD、中关村和亚奥地区为首的八大城市功能中心将重新标定城市区位价值和价格定位,环线对房价的影响减弱。

三、区域市场简析

1. 销售方面

2004 年下半年,朝阳区北五环外区域普通住宅供销情况如下:平均成交均价 5 901 元/m²,其中最低成交均价 4 356 元/m²,最高成交均价 12 019 元/m²。总成交面积 314 355 m²,成交总套数 2 471 套,套平均成交建筑面积 127 m²,套平均成交金额 750 720 元。价格同比增幅 18.5%,高出全市平均水平(9.8%)近 1 倍,同时在奥运村周边部分三个监测区域(另有海淀上地马莲洼、西三旗两区域)中涨幅最高。

2. 供应方面

据有关预测,2008 年前,亚奥地区的供应总规模将超过 300 万 m²,其中商品住宅接近200 m²,并将在 2006 年上半年之前集中入市。

据了解,2005 年亚奥地区的住宅项目供应情况如下:在奥运中心区东部和北部,预计将各有一个 30 万 m² 的较大规模项目开盘。

山水奥园,位于来广营地区,由在东南三环成功开发了山水文园的加拿大 LVC 集团投资开发,预计一期将在上半年开盘,10 月入住。项目容积率仅为 1.36,全部是 6 层带电梯精装修板楼。主力户型为 90 m² 和 130 m² 的两居、三居,开盘均价 6 800 元。

世茂奥林花园(翠堤春晓二三期),位于北五环仰山桥西北,是世茂集团整合之后在北京的第一个项目,预计下半年开盘。项目占地 1 100 m²,产品以高层板楼为主,主力户型为 150 ~ 170 m²,精装开盘均价超过 10 000 元。

其他具体项目介绍略。

3. 市场特点

①经过近几年的发展,亚奥地区住宅项目日益显现功能差别的趋势。从南北向看,以亚运村为中心至紫玉山庄以南日益显现商住特色,北五环以南日益显现高档住宅特色,北五环外区域日益显现中高档住宅特色,立水桥以北至小汤山日益显现中低档住宅特色。奥运中心区未来将是该地区的综合商务区。从东西向看,以奥运中心区为中心,离中心区越近,项目的档次、价位越高,基本按别墅、高档住宅、中档住宅的顺序向东西两侧延伸。

②相比 CBD、中关村,区域环境、交通状况最为看好,更适于居住,区域辐射半径不断延伸,对于北部(也包括中关村、CBD)的大部分购房群体越来越具有吸引力。

③价格跨度大,产品类型多,购房群体广泛。从 5 000 元到上万元,别墅、住宅,高档、中档,大户型、小户型,地段内外等,满足了购房群体的不同需求。其中,大部分为符合市场主流需求的中、高档产品。

④相对于整个北京市场来讲,区域的供应量还是很小的,因此,即使今年项目的集中入市,也不会对现有市场价格造成冲击和波动。相反,由于土地资源的稀缺性、区域环境的完善,区域诸多项目仍将会被继续看好,有望在两年内全部消化。

⑤新增项目基本以别墅和高档住宅为主,新老项目的差异性竞争日益明显,共同支撑着地区市场的繁荣。

⑥区域的房地产开发全面展开并临近完成,项目规模普遍不大,开盘均价有整体走高的趋势。

【讨论】

结合阅读材料,讨论一下为了分析、研究一个区域市场,需要哪些数据资料? 这些数据资料可以通过哪些市场调查方法获得?

第2章
房地产市场调查的机构与人员

【本章导读】

通过本章的学习,可以了解房地产市场调查机构的结构与层次,认识各种类型房地产市场调查机构的性质与特点,了解房地产市场调查机构的职能部门组成,了解战略合作和全球化背景下市场调查机构的发展趋势,熟悉房地产市场调查机构的人员组成和人员选派及培训等。

著名的国际营销大师菲利浦·科特勒在《营销管理》中提到,可口可乐公司知道消费者最喜欢喝4 ℃的可口可乐,平均一年看69条可口可乐的广告,每年人们花费大约20美元购买鲜花,阿肯色州是美国花生酱消费最低的州,51%的男人走路时先迈左脚,65%的女性先迈右脚——调查做到如此细的程度,这样的企业怎么会不成功?

市场调查机构为房地产业提供的服务,在房地产开发与经营的各个环节中表现得日益突出。目前,越来越多的房地产公司在项目决策前会委托调查公司进行调查。由于房地产行业的本地化特点,使得房地产市场调查一般是由本地的调查机构来完成,除了一级城市房地产市场调查机构发展迅速外,二级城市的房地产市场调查机构也逐步发展起来。

2.1 房地产市场调查机构

市场调查机构是受业主委托,专门从事市场调查的单位或组织。市场调查机构是一种服务性的组织机构,市场调查业占第三产业的份额十分可观。据有关资料显示,当今,全球花在市场调查、广告调查、民意调查服务上的费用每年超过 90 亿美元。

按照国家统计局的分类标准,市场调查机构按照其职能归属大致可分为三种类型:各级政府统计组织建立的调查机构;新闻单位、大学和研究机关的调查机构;专业化市场调查机构。专业化市场调查机构又大致分为综合性的市场调查公司、咨询公司、其他的调查公司。在以上三种类型市场调查机构中,均有从事房地产市场调查的机构,其中尤以第三种专业化的市场调查机构更多的从事房地产市场调查工作。

2.1.1 房地产市场调查机构的结构与层次

由于房地产市场调查过程的特殊性和复杂性,通常调查过程可以分为 4 个层次。不同类型的机构处于不同的层次,有不同的活动、功能和服务,见表 2.1。处于层次 1,2 的机构是市场调查数据的最终使用者,即信息使用者,他们需要的信息取决于应答者。处于层次 3 的企业是调查设计者和提供者,处于层次 4 的企业是数据收集者[3]。市场调查行业结构层次示意如图 2.1 所示。

表 2.1　房地产市场调查机构的结构与层次

机构层次	活动、功能和服务
层次 1:房地产公司的营销部门(消费型)	企业中的营销部门,直接使用调查数据
层次 2:广告代理公司(混合型)	广告代理商,直接使用调查数据
层次 3:辛迪加服务企业(咨询型)	营销调查数据的收集和报告。收集很多公司都感兴趣的数据,但不特别针对某一家公司。任何人都可以购买他们收集的数据
层次 3:定制或专项调查企业(研究型)	针对具体问题开展特定的市场调查项目
层次 4:现场服务公司(单纯执行)	仅收集数据。主要经营企业市场调查部门、广告代理商、定制调查公司或辛迪加式调查公司的转包合同
专业服务公司①	为市场调查行业提供专门的辅助服务,例如,亚特兰大的公司专门提供先进的定量分析服务
其他:(综合型)	政府机构、大学调查机构、大学教授、数据库提供者等

注:①这类机构通常在前 3 个层次上经营。

〔3〕 小卡尔·迈克丹尼尔.当代市场调查[M].范秀成,等译.北京:机械工业出版社,2000:17-19.

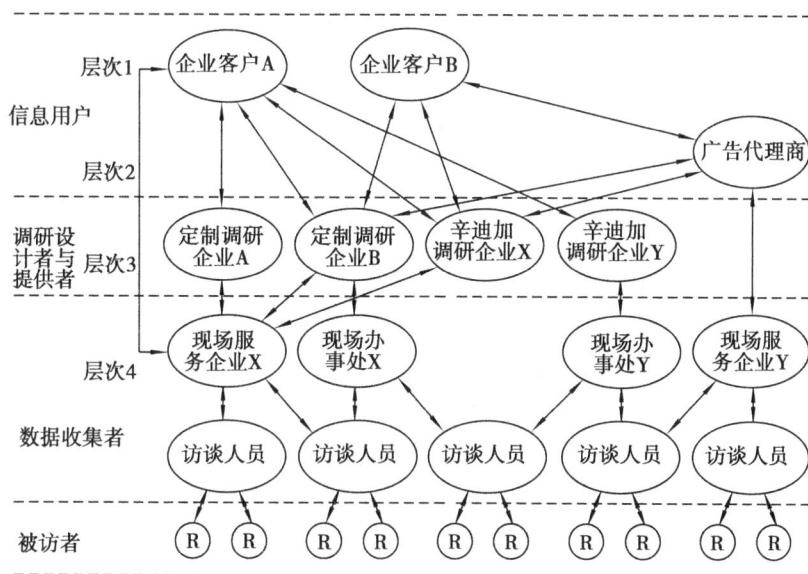

图 2.1 市场调查行业结构示意图

2.1.2 房地产调查机构的类型

由于我国的市场调查行业处于发展的初级阶段,行业集中和专业分工的程度不够深入,因此不能将调查机构进行截然的划分,而是依据它的主要活动、功能与服务来定义。目前在专业分工和行业集中程度不高的情况下,从事房地产市场调查的机构大致可以划分为房地产开发公司、综合服务市场调查公司、房地产经纪公司、广告公司、专业房地产调查公司、其他专业机构等。

1)房地产开发公司

房地产开发公司是大多数房地产市场调查的最终消费者,多数开发公司都有自己的调查部门。一些开发公司把市场调查和开发战略结合起来,市场调查部门的规模一般都比较小,将调查的任务下放给其他部门。

2)综合服务的市场调查公司

综合服务的市场调查公司是指专营市场调查业务,提供综合服务的大型市场调查公司。这类公司市场调查的涉及面很广,房地产营销调查只占业务的一部分,如美国的盖洛普市场调查公司、中国的零点调查公司等。这类公司提供全套的综合服务,调查的程序比较规范,有良好的人力支持和技术支撑。但由于这类机构多数由外企或其他调查行业起家,有时不能适应房地产本地化的特点,市场调查的费用也比较高。

3)房地产经纪公司、房地产广告公司

房地产经纪公司、房地产广告公司是目前北京房地产市场调查的中坚力量。多数经纪公司、广告公司可以既是信息的消费者又是信息的采集者。一般房地产经纪公司都配备有市场调查部门,较之开发公司,它的规模较大,且熟悉房地产的各个环节。

4)专业房地产调查公司

这类公司一般是从综合市场调查公司中分离出来,专门从事房地产市场调查的公司,如北京勺海润土地产咨询公司。虽然规模不大,但比较专业,可以根据客户的特殊要求进行定制服务,深入跟踪调查项目。

5)信息服务公司

信息服务公司通过收集公开的媒体资料及售楼资料,为客户服务,但不是专门为某个客户专业定制的,任何人都可以购买这些资料。这类公司数量少,但规模大,如焦点地产、中原地产等。

6)其他专业机构

其他专业机构包括政府信息统计部门、高校调查研究中心、科研单位的研究中心,例如北京大学不动产鉴定中心、清华大学房地产研究所、北京联合大学人居研究中心等。由于公益的特点,能够很好地保证信息的公正性。另外,高校研究机构拥有大量的学生,其人员优势明显,是房地产市场调查中不可忽视的一股力量。

2.1.3 专业化市场调查公司的职能部门

随着市场调查业的不断发展,专业化的市场调查机构越来越成为第一手资料的主要提供者。不管是政府机构或商业性组织,对专业化市场调查公司所提供的数据资料的依赖性也越来越强。专业化的市场调查公司,由于服务性质、范围不同,公司各部门的构成以及名称也不完全一样。但是作为一个专业化的市场调查公司,一般来说都要设有以下几个职能部门(如图2.2所示):

①总经理室:通常有总经理、副总经理、总经理助理及秘书组成。负责整个公司的协调、运作和人事管理。

②客户服务部:业务人员或项目经理若干人。负责与客户的联络、推广、销售公

司的产品。

　　③研究开发部:负责市场调查的技术问题和业务的开发、制订市场调查计划。

　　④调查部:执行市场调查的资料采集工作。该部门通常包括执行主任一人,督导若干人,专职访问员若干人和许多兼职的访问员。

　　⑤统计部:负责数据资料的统计处理工作。

　　⑥财务部:负责公司的财务计划和各种财务管理。

　　⑦资料室:负责各种一般性的商业资料的搜集、分类、整理和归档,以便查询[4]。

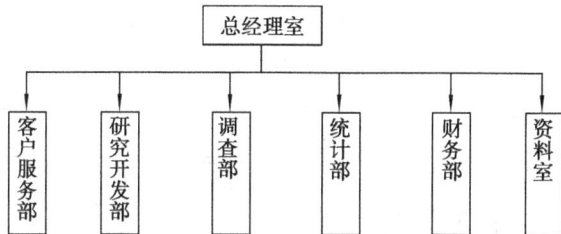

图 2.2　专业市场调查机构的职能部门简化结构图

图 2.3 所示为友邦顾问公司的组织结构。

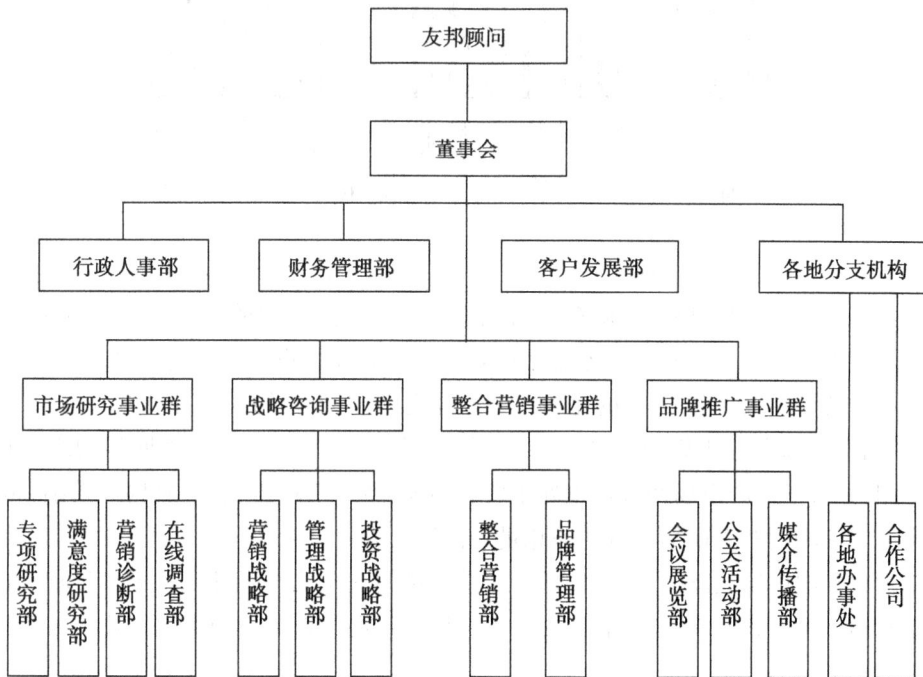

图 2.3　友邦公司组织结构

〔4〕　黄合水.市场调查概论[M].北京:东方出版中心,2000:21.

2.1.4 房地产市场调查机构的发展趋势

社会主义市场经济条件下,利益主体的多元化与行为选择的自主化,决定了对市场信息需求的多样化。市场信息调查这一营销手段在发达国家已经非常成熟,在中国有着巨大的发展空间。国家统计局提供的数据显示,目前中国提供市场信息服务的各种机构已达3万余家。图2.4所示为2005年房地产业在市场调查中的份额。

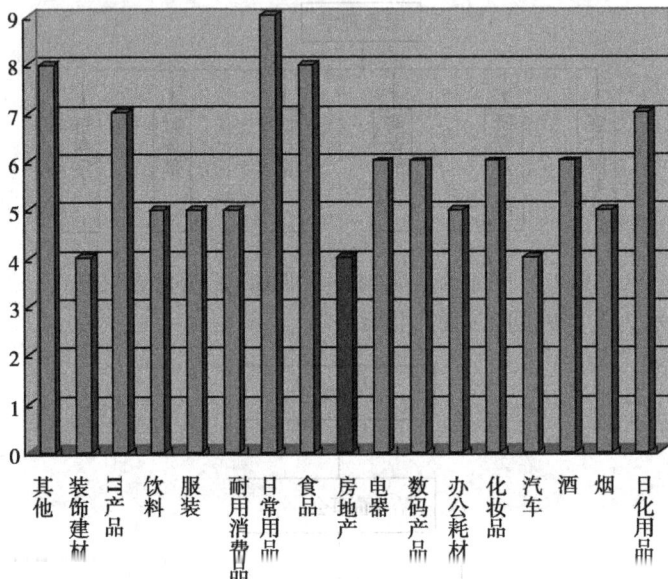

图2.4 2005年房地产业在市场调查中的份额(单位:%)

然而,目前中国市场信息调查业的规模与经济总量不相适应。以中美两国2002年的数据进行比较,中美GDP之比为1∶8,而市场研究总投入之比为1∶21;美国市场研究业的营业收入占其GDP的比重约为万分之六,而中国约为万分之二。与国外相比,中国市场调查行业集中程度小,专业分工程度还比较低,处于发展的初级阶段。与之相对应,房地产市场调查业也处于发展初期,所占市场份额少,机构规模小,2005年房地产市场调查占市场调查业务总量的比例仅为4%~5%。

随着我国市场经济的发展,房地产业及市场调查业的发展日新月异,房地产市场调查机构也将蓬勃发展。当前,我国从事房地产市场调查的机构正向行业集中、专业分工的方向发展。

2.2　房地产市场调查人员与培训

2.2.1　人员组成

不同的市场调查机构,因其规模大小、专业分工不同,其组织机构的形式不尽相同,但人员的组成却大同小异。一般包括以下人员:

1) 管理人员

管理人员通常对市场调查业务运作的各个方面都十分熟悉,有从事市场调查的经验,并具备较强的管理能力与组织能力。管理人员的职责是组织管理整个调查运作,协调下属各部门之间的关系,制订公司的管理规则、人员的职责等。高级管理人员的职位一般是公司的总经理或各部门的经理。

2) 研究人员

研究人员包括高级研究员和一般的研究人员。研究人员通常是经济学、市场营销学、社会学、心理学、统计学、管理科学等领域的专家、学者。研究人员的职责是拟订调查方案和数据处理计划,进行抽样设计、问卷设计、数据分析以及撰写调查报告,此外还负责向客户汇报调查结果,提供咨询服务。高级研究人员的职位通常是项目经理、客户经理或研究总监。

3) 督导

督导是调查员的管理者,负责调查员的招聘、培训以及对调查员的工作进行指导、监督和检查。一般在经验丰富的调查员中产生。

4) 调查员

调查员或称为访问员,包括专职调查员与兼职调查员。调查员的工作是采集资料,对指定的被调查者进行调查访问,获取原始数据资料。专职调查员是全日制的工作人员,他们的职责除了进行调查访问外,还要协助督导对新招聘的调查员进行培训,担任一般调查员难以胜任的工作,比如对别墅客户的调查,以及担当回访或复访的任务。兼职调查员是临时聘用的调查员,一个调查公司一般招聘一两个专职的调查员,但兼职的调查员有时多达几十个甚至几百个。兼职调查员在公司需要实施调查时,执行调查访问。目前国内的兼职调查员大多是在校的大学生或居委会人员。

5)资料员

资料员负责各种一般性资料的收集、分类、整理和归档,以便于研究人员查询。房地产业市场调查的资料可以分为土地与楼盘信息、客户信息、广告营销信息、宏观统计信息、政策法规与规划建设信息、竞争企业信息、人员信息、研究报告及其他资讯八大数据库,资料一般来自各大媒体,各个售楼处等。资料员通常要求具备档案管理方面的经验。一个公司至少需配备1或2名资料员。

6)电脑录入员

电脑录入员负责调查数据的电子处理,对原始数据进行编码、录入及一般资料文件的编辑、打印等工作,以便研究人员做统计分析和处理。

2.2.2 人员选派和人员素质

1)人员选派

督导和调查员作为市场调查的基层人员,是大学生经常担纲的角色。一般低年级的同学担任调查员,高年级的有访员经验的大学生也可担任兼职督导。

调查员是学生实践中担任的第一个最基础的职业岗位角色。不能肤浅地认为调查员是低层次的,低技巧含量的工作,实际上这是营销人员接触市场、接触目标消费者最前沿、最敏感、最能锻炼人的工作之一。许多在营销方面的成功人士往往就是从调查员开始做起的。

大学生的素质较高,容易培训,但不便于管理,而且访问的质量受大学生责任心的影响。因此,调查员选择的总体原则是仪表大方、口齿伶俐、吃苦耐劳、善于沟通、责任感强。在调查员的分组上应注意以老带新、男女结合、优势互补。

2)人员素质

对于调查人员特别是研究人员的素质,不少专家认为敏感性是调查人员必备的素质,调查员要善于捕捉社会各种矛盾,适应市场的要求,并做出灵活的反应,包括对方针政策的理解执行。要求调查员必须有丰富宽厚的知识面,较强的归纳和综合能力,对指标体系的设计能力、统计能力、计划设计能力和写调查报告能力等。

组织高效、灵敏的市场调查工作是一门重要的经营艺术,其首要条件是需要配备一支素质较高的市场调查人员队伍。房地产市场调查人员的基本素质要求如下：

（1）创新能力

市场竞争常常是以新制胜，谁首先认识和顺应了新的消费动向，谁就有可能占据有利的市场地位。因此要求调查者对房地产开发、交易、消费和服务诸环节有深刻认识，具有较强的职业责任感、敏锐的市场观察能力以及勇担风险的胆略。只有这样，才能在市场调查工作中，不断开拓丰富的信息资源，使房地产市场调查工作走上健康发展的新路。

（2）良好的知识结构

把握房地产信息是一种知识型劳动，要求调查者具有良好的知识结构和经验，要精通房地产有关法规政策、开发经营、行政管理、城市规划、市场竞争、建筑施工、综合开发战略等方面的知识。

（3）对市场信息的分析能力

市场调查人员的工作决不是简单地提供调查资料，还应做适当评议，透过现象探讨本质的综合分析，就有关现象分析利弊和长远趋势，帮助决策者对市场需求和市场动态做出正确判断。这些工作的水平高低是与调查人员的分析能力、语言表达能力分不开的。

（4）较强的社交能力

调查人员在个人形象上要显得干练、稳重，给人以可信赖感，同时要善于同房地产市场相关人士交往，打通社会各方面的信息渠道，在社交中了解市场动态信息。这样做不仅有利于完成信息的搜集和反馈工作，而且有利于在实践中增长才干，更深刻地认识社会与市场。

【阅读材料1】

调查人员之良莠，左右全部调查的成败，必须重视其所具备之条件和训练问题。以调查员之条件而言，学识与经验同等重要。教育程度知识须高中以上，性格外向但须稳重柔和，善于和陌生人交谈，头脑灵敏长于随机应变，勤勉耐劳，忠实笃厚。对于所接受的工作，绝对按照指示，一丝不苟地如期完成，不论遭遇任何阻碍，不做不实之填报而欺瞒主办调查当局。至于专门知识，如果不懂市场学，对一般商业常识亦应丰富。至于语言，必须国语、闽南语能全部精通。否则在调查工作进行中，必定困难横生，易做出有亏职守的行为。

由于目前对市场调查学验俱佳的人才不多，要求每一调查员均能合乎以上各项条件，殊不可能。如能在训练阶段，对某方面缺陷者特别加强训练，或可弥补。唯负责人员包括领队在内必须有实际经验，例如，虽非"市场调查"但参加过"贫民调查"、"工商调查"、"户口普查"、"民意调查"等调查工作者，亦得认定符合调查员的条件。

目前本省各调查机构所采用的调查员，皆非专职，多是聘用各大专院校二、三年级的在校同学担任。按所调查之问卷份数，论件计酬。

——台湾学者樊志育

2.2.3　人员培训

1)调查员的基本技术要求

以市场调查中最常见的访问调查为例,说明调查员的基本技术要求。

(1)调查员的仪表

仪表是给人的第一印象,是被访者是否愿意合作的先决条件。访员要重视自身仪表,选择大方得体的衣装,佩戴表明身份的胸卡等。

(2)选择适宜的调查时间

为了能顺利地实施市场调查,特别是入户访问,选择适当的时间是非常必要的。入户调查不适合安排在可能干扰被访者工作、学习和休息的时间,否则会遭到被访者的拒绝。

(3)准确的自我介绍

自我介绍是访员与被访者的第一次沟通,是取得被访者信任的关键。事先需要练习自我介绍词,包括简单介绍自己的身份,调查目的及信息保密承诺等。自我介绍要求语言清晰、流利,切莫机械记忆,照本宣科。对被访者使用尊称,展示自信与诚恳,希望对方配合的神情,要有应变能力,巧妙回答并打消被访者的疑虑。

(4)访问位置的选择

为了有效开展调查,应当选择便于访问、便于记录、较少干扰的位置,例如对于潜在购房者的调查,可以选择售楼处门口较为安静的角落。

(5)访问气氛营造与情绪调节

在访问进行过程中,成功调动被访者的情绪,使其始终对访谈有兴趣并关注访问过程是访问成败的关键。因此,要注意两个方面的问题:一是对被访者要全神贯注,不能照本宣科,不顾及被访者的感受,以致被访者出现厌烦情绪,使其访问效率下降而草草结束。二是要正确处理可能出现的他人干扰性参与。一般在访问过程中,家人或朋友也会积极发表意见。这时应礼貌说明访问一般只是针对性的,其他人的意见可以在访问结束后再听取。

(6)提问技巧与追问技巧

访问是由一连串的提问组成的,因此,提问技巧成为访问最重要的一环。提问要有逻辑性,不能信马由缰,应该遵循下列原则:

①忠于问卷,按照问卷直接谈出问题,需要解释时不能加上自己的意思。

②要按顺序提问,不可随意跳过某些问题不问。若问卷设计是有跳问的,应按提示执行。

③当被访者对问题不理解或有疑问时,应按规则术语解释,切忌不恰当的提示和

解释。

在访问中,有时被访者如不能全面回答提问,这时需要追问,重复提出问题,要求被访者回答。应注意,追问应选择适当的时机,并使用中性追问用语等。

2)调查员的培训方法

人员培训是市调工作正式开展之前的必要工作,调查员的培训和考核一般由项目经理及督导担任。访员的培训主要包括职业道德培训、访问技术培训、访员试访及访员工作评价 4 个环节。

（1）调查员的职业道德和工作态度教育

访问的价值在于信息的真实性,市场调查有着严格的科学依据,任何弄虚作假的行为都是一种不道德的行为。调查员一定要遵守市场调查的各项要求,按一定的规定程序操作,不能随意更改调查样本,更不能自行填写。

访问的信息具有私密性,应恪守保密原则,不能随意泄漏被访者的信息。

（2）访员的技术培训

首先,项目经理要向督导及全体访员全面介绍项目的背景、意义、内容和方法。在此基础上,督导要对学生进行具体的访问技术培训,内容包括:

①对问卷的设计进行全面说明,包括问卷的结构、题目的逻辑关系、提醒逻辑跳跃的位置。

②要求访员阅读整篇问卷,加深对问卷的理解。

③进行模拟训练,培训老师扮演被访者的角色,要求访员对培训老师提问。设置种种障碍要求访员来解决,比如扮演不太配合的被访者,或者故意答非所问,或似是而非,回答"不知道、不清楚"等。培训老师最后给予总结点评,给予指导。

④角色转换,换位思考。让访员扮演被访问者,培训老师扮演访问者,通过接受访问,访员能够站在被访者的角度来思考问题,使访员意识到访问技巧的重要性。

⑤相互练习,切磋技艺。访员之间相互扮演访问者与被访者进行练习,可以提高访问的熟练程度。

（3）调查员试访

试访是正式访问前,在有经验的访员带领下,调查员访问少量被访者。试访完全处于一种真实环境,可考查访员对访问技巧的掌握程度。

（4）访员工作评价

对访员进行工作评价,是提高能力的重要一环,评价要综合访问过程和访问结果两方面进行。

【阅读材料 2】

至于训练事宜,须有市场调查实际经验者主持,首先说明此次调查之有关规定、工作须知以及调查内容,并为受训人员解答疑难或备询。

在训练实施过程中,应注意两项工作:教导受训人员"人与人之间成功的沟通术"。因为市场调查系调查消费者之心性以及意见,被调查者是否忠实吐露心声,关系调查结果甚大。而此境界之达成,有赖于调查人员之口才和手腕,人与人之间有很多微妙的应对关系。主持训练者,必须告诉受训者"必须如此"和"不可如此"等注意事项。如果聘用大专院校的学生充作调查人员,这项教育尤不可少,因为大学生有关方面的经验十分缺乏。

采用模拟训练方式。市场调查工作,看似简单,其实不然,个中变化及滋味,如人饮水,冷暖自知。经验之有无,其结果差别很大。

为保证调查结果之准确性,必须防范或设法克服因缺乏实际经验可能产生各种不良影响,故在尚未派出实地调查之前,使他们先有经验,因此必须加以磨炼,其方法是由有经验之训练者,扮演被调查对象,令受训人员调查访问,在访问过程中,扮演被调查者应将亲身经历可能产生之困难情况表现出来,以考验其应对技巧,并从中解说或纠正。经过此种演练,方能对未来可能遭遇之情况,迎刃而解。

——台湾学者樊志育

3)市场调查职业人员培训与资格认证[5]

为进一步深度开发全国市场营销职业人员培训认证项目,加快培养和造就一批职业化、现代化、国际化的专业市场调查人员,满足企业对市场调查人才日益增长的需要,中国商业技师协会市场营销专业委员会在广泛调查、专家论证的基础上,自2003年开展了市场调查人员资格培训认证工作。

全国市场调查职业人员培训与资格认证分为三个层级:即市场调查员、助理市场调查师、市场调查分析师。市场调查人员资格培训认证实行统一认证标准、统一教材、统一试卷、统一考试评估,合格者取得由中国商业技师协会颁发的《中国市场调查职业人员资格证书》。

(1)市场调查员

①申报条件:中等专科学校应届毕业生。

②培训认证内容:《中国市场调查分析职业人员资格培训认证培训大纲》上半部分中第一、第三部分的内容。

(2)助理市场调查师

①申报条件(具备下列条件之一):

a. 取得中国商业技师协会市场营销专业委员会颁发的《中国市场调查职业人员资格证书》后从事相关工作1年以上。

b. 大专以上学历及相关专业应届毕业生。

②培训认证内容:《中国市场调查分析职业人员资格培训认证培训大纲》上半部分的内容。

---

〔5〕 http://www.cmarn.org/gdwj/sys/scdcrz.doc.

（3）市场调查分析师

①申报条件（具备下列条件之一）：

a. 取得中国商业技师协会市场营销专业委员会颁发《中国市场调查职业人员资格证书》后从事相关工作 3 年以上。

b. 取得中国商业技师协会市场营销专业委员会颁发《助理市场调查师资格证书》后从事相关工作 2 年以上。

c. 大专学历从事相关工作 2 年以上。

d. 大学本科以上学历从事相关工作 1 年以上。

②培训认证内容：《中国市场调查分析职业人员资格培训认证培训大纲》的全部内容。

4）房地产市场调查人员培训手册

（1）市场调查的工作内容

①市场调查的目的：正确制订营销计划、改善经营管理，提高竞争能力，开发新产品及开拓新目标市场。

②调查的种类：

a. 探索性调查：对企业或市场上存在的问题无法确定时所进行的调查，如问卷调查。

b. 描述性调查：找出市场各种因素之间的内在联系，对客观情况如实加以描述。

c. 因果调查：对市场上出现的某些现象之间的因果关系或测试假设的因果关系的正确性而作的调查。

d. 预测性调查。

③调查的基本原则：准确、及时、计划、适用、经济合理。

④市场调查内容：

• 市场环境调查

a. 经济环境：人口及结构、收入增长情况、宏观购买力、家庭收入及消费结构变化、物价水平及通货膨胀、基础设施。

b. 政治环境：有关方针政策，如财政、税收、金融等方面的方针政策；政府的有关法令，如环境保护、土地管理、城市房地产管理、反不正当竞争等法规；政局变化，包括国际和国内政治形势。

c. 社会文化环境：居民职业构成、教育程度、文化水平、家庭人口规模及构成、居民家庭生活习惯、审美观念及价值取向、社会风俗。

• 消费者调查

a. 消费者构成调查：消费者的数量、年龄、性别、地区、经济收入、实际支付能力，对潜在消费者的调查和发现以及其经济来源。

b.消费者购买行为调查:购买商品房的欲望、动机、习惯、购买数量及种类,消费者对房屋设计、价格、质量及位置的要求,对企业商品的信赖程度和印象,购买决策者和影响者的情况。

● 市场情况调查

a.市场的需求和销售量。

b.本企业在市场中的状况。

c.可开发的领域、潜在需求量。

● 价格调查

a.影响房产价格的因素。

b.消费者对价格的反应。

c.企业的不定期价和消费者的反应。

d.价格的波动。

e.价格政策带来的影响。

● 广告调查

a.企业促销方式、广告媒介的比较及选择。

b.广告费用及广告量的调查。

c.广告效果的调查。

● 竞争情况调查

a.竞争企业的数量、规模、实力。

b.竞争企业的市场营销及开发情况。

c.竞争产品的设计、结构、质量、服务状况。

d.竞争产品的市场反应。

e.消费者对竞争产品的态度和接受情况。

● 配合营销的调查

a.1千米范围内的楼盘调查。

b.同价位的楼盘调查。

c.同一销售时期的楼盘调查。

d.将推出楼盘的调查。

e.成功楼盘的调查。

(2)市场调查的工作程序

市场调查的工作程序:确定调查主题→确定调查范围→确定调查方式→确定调查人员→学习调查主题的相关知识→展开调查→分析与研究→提出报告。

(3)市场调查经验及技巧

①以不同身份介入调查。

②提问技巧。

③观察的着眼点选择。

④以解决问题的方式开展调查。

⑤循序渐进地调查。

⑥一次调查只设定一个主题。

⑦建立同行间的友谊。

⑧以理论支持对调查成果进行总结。

⑨发挥电话的功能进行调查。

（4）竞争与销售分析

①竞争楼盘的分析案例。

②竞争对手销售对比分析：销售速度、宣传推广、销售特色、销售环境、销售措施、人员情况、销售政策调整、促销情况、价格情况、销售产品类型特征、销售创新、新产品推出情况。

（5）本地房地产市场评论

评论内容以实际整理的当地资料为准。

2.3　相关案例

勺海润土——专业的房地产市场研究公司[6]

勺海营销集团 1996 年 9 月成立于北京，由 5 位毕业于北京大学的硕士研究生共同创建。经过 11 年的发展，今天勺海营销集团已成为全国性的、涉及多个行业领域的、提供从市场研究到营销决策支持的专业市场研究集团性公司。勺海营销集团自成立之初就注重于房地产市场的研究，是中国本土较早从事房地产专业市场研究的公司。

勺海润土房地产研究与咨询公司成立于 2002 年，其前身是勺海集团房产研究事业部。基于房地产市场研究与调研实地操作的特殊性，勺海营销集团将房地产研究业务从集团业务中独立出来，专门从事房地产市场的研究。

勺海润土公司聚集了房地产及相关行业领域的市场研究、咨询等方面的专业人才，致力于成为一流的房地产专业研究公司。

产品服务主要包括房地产研究、商业定位及商圈研究、基础性研究、房地产关联研究和市场研究培训等。

勺海润土凭借长期对房地产的关注与理解，从客户需求角度出发，提供更具深度与实操性的研究成果，不局限于消费者需求的研究，还包括宏观市场研究、区域市场供给状况研究、竞争楼盘研究、典型个案分析等，通过研究人员实地考察来获取更为真实准确的信息。

---

〔6〕　http://www.realwise.com.cn/index.asp.

勺海润土根据项目所处的不同阶段,提供具有针对性的服务。

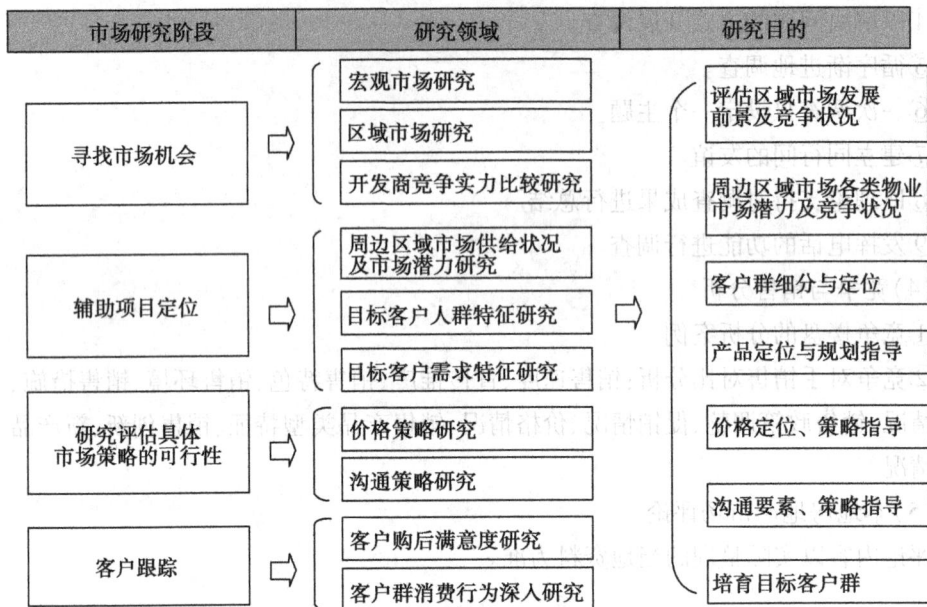

市场研究阶段	研究领域	研究目的
寻找市场机会	宏观市场研究 区域市场研究 开发商竞争实力比较研究	评估区域市场发展前景及竞争状况 周边区域市场各类物业市场潜力及竞争状况
辅助项目定位	周边区域市场供给状况及市场潜力研究 目标客户人群特征研究 目标客户需求特征研究	客户群细分与定位 产品定位与规划指导
研究评估具体市场策略的可行性	价格策略研究 沟通策略研究	价格定位、策略指导 沟通要素、策略指导
客户跟踪	客户购后满意度研究 客户群消费行为深入研究	培育目标客户群

勺海润土服务领域涵盖普通商品房市场研究、公寓市场研究、写字楼市场研究、别墅市场研究等。它有丰富的研究经验,如住宅项目研究经验、商业项目研究经验、公建项目研究经验、基础性研究项目经验、其他项目研究经验。其成功策划案例主要有中海南海滨花园前期定位、美的集团美的海岸花园项目、北京庄维房产项目定位研究、北京太合地产小区风格定位等。

实训任务

请搜集活跃在本地区的房地产市场调查机构的资料,分析他们的业务范围,了解他们的人员状况与人员素质特点。

复习思考题

1. 名词解释

市场调查员　督导　市场调查分析师

2. 问答题

①按照职能归属,市场调查机构可以分为哪几类?

②按照房地产市场调查的过程,房地产市场调查机构的层次分为哪几种?

③市场调查机构的人员由哪几部分组成?

3. 思考与讨论

市场调查人员培训应注意哪些方面的问题?

【阅读材料3】

我国市场信息调查业急需专业人才[7]

随着我国国民经济持续稳定向前发展,无论是宏观经济中的 GDP 测算、经济景气预测,还是某一行业或机构要对自身的发展做预测和决策,都需要调查分析的专业人员。政府要收集社会经济资料,对国民经济、科技进步和社会发展等情况进行调查、分析、预测和监督,提供统计信息和咨询建议;企业需要推出新产品,研究竞争对手,进行广告效果检验,做满意度调查等;政府和民间有关机构要了解社会民众对政府新政策和社会热点难点问题的意见、态度等,这些资料的取得以及进一步的资料分析,需要大量调查分析专业人才,特别是我国市场调查信息业对"调查分析师"这一专业人才的需求更为迫切。2006 年 4 月 29 日,劳动和社会保障部对全社会发布"调查分析师"成为我国又一新职业。日前笔者就大家关注的有关问题对中国市场信息调查业协会常务副会长王吉利同志进行了简短采访,让我们一起来听听专家的观点。

笔者:您好,请您谈一谈"调查分析师"是如何定义的,调查分析师主要工作内容有哪些?

王吉利:"调查分析师"是指运用有效的定性和定量调查方法,收集有关信息,进行数据处理和分析,形成报告以供客户决策参考的人员。其从事的主要工作内容有:①确定调查项目;②设计调查方案;③搜集有关信息资料;④设计调查问卷;⑤进行抽样设计;⑥指导和培训调查员;⑦进行预调查;⑧组织实施实地调查;⑨调查数据处理和分析;⑩撰写调查分析报告;⑪评估和形成调查分析报告等。

笔者:作为中国市场信息调查业协会的主要负责人,您怎么看待"调查分析师"这一新职业?

王吉利:我国的市场信息调查行业是从 20 世纪 80 年代开始起步,与一些发达的市场经济国家相比可以说起步比较晚,市场还不是很大,从规模上看还有相当大的发展空间。从这个行业的从业人员构成来看,我认为还是应该有一个认证的门坎,有了这样的认证,一方面,企业单位可以检验员工和求职者专业素质的高低,促进市场调查行业的专业化和职业化进程。目前协会也正在考虑制定相关的行业规范,要求调查公司要具有一定数量的调查分析师;另一方面,个人也可以正确估价自己,凭着自己的专业特长,获得更好的就业机会和职位,"调查分析师"的称谓还是比较适合从事调查咨询等行业的人员的。从目前的情况看,社会上虽然有不少调查机构从事调查活动,统计部门也进行一些调查工作,但提供市场信息的层次和深度,以及信息的可靠性和有效性往往达不到要求,究其原因,主要还是缺少调查与分析的专业人才。随着市场竞争的加剧,调查分析行业随之迅速走俏,而对人才的需求也迅速增加。市场调查分析行业是企业了解和掌握市场现状、判断发展趋势、制订营销战略和策略的基础和有效工具。但从目前招聘情况看,大量的市场调查分析人员属于没有经验的"书本"人才或仅从事消费品市场调查的操作性人才。那些既能够进行市场调查策划、组织实施,又能够进行市场分析的专业化人才非常稀缺。不过,社会上越来越多的咨询机构加大了对调查分析人才的需求,其薪酬也逐步提高。刚毕业的大学生年薪五六万元的不少,有一定工作经验后年薪可达 20 万元,甚至更多。可以说,市场竞争使调查分析行业人才走俏。

---

[7]　http://www.stats.gov.cn/tjyj/jypxxm/dcyfxzy/t 20070123_402381815.htm.

笔者:请您介绍一下目前国外调查分析行业的有关情况。

王吉利:据有关资料显示,目前,美国有 1 300 多家公司直接从事市场调查与咨询服务业务,年营业额达到 70 亿美元;英国有各种市场调查与咨询服务公司 300～400 家,在海外的咨询专家有1 000 多人,分布在世界几乎所有的国家和地区,1995 年他们使英国出口增加了 160 亿英镑;日本有600 多家市场调查与咨询服务公司和 8 万多名"诊断士"队伍,每年为成千上万家工商企业服务。另外,国外非常重视对调查分析行业的机构资格认证,一般都有一个威望较高的行业协会来协调和规范市场。正如有关专家所分析的,国外对"市场调研"人员的要求是很高的,不仅对他们的专业水平有很高的要求,而且对他们与人沟通的能力、管理协调能力等都有很高的要求。虽然国外目前还没有专门设置调查分析师证书,但是美国 SAS 专业认证和 SPSS 数据分析师认证都拥有较高国际声誉,是目前信息分析行业最具影响力的国际认证之一。随着竞争的加剧和市场走向专业化,调查分析师的作用会越来越明显,具有调查、预测、分析能力的调查分析人才也将日益受到企业的重视。我想,作为我国的一个新职业,调查分析师将会非常受到市场的欢迎。

笔者:您认为调查分析师职业的发展前景怎样?

王吉利:从我国劳动力市场供需情况来看,目前我国有一定规模的专业调查咨询机构有 1 500多家,有关的研究机构上万家,大中型企业数百万家,但是缺乏专业的调查分析人才。各级统计局布置进行的各种调查、普查,对调查人员也只是进行简单的培训,其专业程度还有待于进一步提高。随着市场的进一步开放,加入 WTO 后的发展形势,专业的调查分析人才将是大中型企业、外资企业、专业调查机构的急需人才。这显示市场调查与咨询服务业具有巨大的市场潜力和发展潜力。

调查分析师正是目前市场上如政府机构、事业单位综合研究部门和企业(公司)等许多部门非常需要、非常受欢迎的人才,这些人才具备较强的调查研究与综合分析能力,能够从事调查、研究、统计、预测、营销、咨询、分析、管理、统筹、策划、广告等多种工作。因此仅从市场需求这个角度来看,这个职业的发展前景也是广阔的。另外,随着市场经济的不断发展和科学技术的进步,市场调查和统计分析越来越得到重视,社会上的调查公司、咨询公司越来越多,因此这个专业的就业率相对较高;由于从事此行业的人员不仅要具备一定的专业知识和技能,而且要求其沟通、协调等方面的工作能力很强,不是任何人都能够做的,因此该行业的专业人才收入比较高;许多大企业都需要能够建立数据模型、具有调查数据的分析和应用能力的人才,所以说调查分析师就业面宽。另外,从竞争力这个角度来说,调查分析人员竞争力更强,因为不仅市场调查业、咨询业需要这个专业的人才,只要你具备了数据分析、模型分析等知识和能力,很多行业都会需要的。

笔者:非常感谢您,同时也希望有更多的调查分析师从事于我国的各个行业。

【讨论】

通过阅读以上材料,请思考"调查分析师"这一新兴职业是如何产生的? 与传统的市场调查人员相比,其特点是什么? 从事的主要工作有哪些? 与国外相比,我国的调查分析师还存在哪些差距? 你是如何看待调查分析师这一职业的?

企划设计篇

重大版·建筑

第 3 章
房地产市场调查方案企划

【本章导读】

　　房地产市场调查方案的企划是重要的前提工作,一个成功的企划将决定调查结果的真实性、可靠性与科学性。本章主要介绍房地产市场调查方案企划的概念、基本内容、格式,房地产市场调查方案企划的执行,调查方案的内容和撰写。学完本章,要求学生能够分小组完成某房地产项目的市场调查方案企划书。

3.1　市场调查方案企划的基本概念

3.1.1　市场调查方案企划的定义

　　企划即策划。市场调查方案企划是指为保证企划创意能够得以执行,而将企划思路与执行计划有机揉和在一起形成的企划计划执行文案。

　　市场调查方案企划通常包括企划运作、市场调研、分析、制订市场运作思路、选择可行性方案等。也就是说,作为公司的企划人员或销售经理,不仅要完成日常事务性的企划工作,还要从宏观上把握公司、市场部的企划运作执行,从而提高市场调查方案企划水平。

　　从市场调查所获得的市场资料与情报,是拟定市场调查企划案的重要依据。

3.1.2　市场调查方案企划的要素

　　市场调查方案企划有三个要素:

①必须有崭新的创意。如刚开始的专刊是黑白的,后来逐步改为彩色,再后来为吸引消费者又开始加入故事性的图片、参与性的活动等。只有崭新的创意才能不断拉近产品与消费者的距离,才能达到产品销售的目的。

②必须是有方向的创意。市场调查方案企划的目的就是达成、促进产品销售。

③必须有实现的可能性。市场调查思路再好,人力、财力、物力达不到,也没有任何意义。

3.1.3　市场调查方案企划的设计

①把企划用文字完整地书写出来,就是企划案,如市场调查方案企划案、广告企划案等。

②市场调查方案企划,就是利用现有的资源,充分发挥创意,有效地运用具有促销力的手段,达到一定销售目标的组织过程。营业员销售企划案就是表现这一过程的文字性的方案。

③市场调查方案企划与计划的综合是一个公司市场部工作的主线,没有市场调查方案企划,计划就不可能运作好。市场调查方案企划计划书就是日常用来表述市场调查方案企划方案的文案。

3.2　房地产市场调查方案企划的步骤与内容

3.2.1　房地产市场调查方案企划的步骤

1)界定问题

①关注重要问题。影响市场运作好坏的因素有许多,如人员素质、人员培训、外部环境、企划能力、落实能力、价格问题等。作为经理和企划负责人必须在这诸多因素中找出最重要的并加以解决。

②细分问题。在房地产市场调查中,要细分调查任务,注重细节,合理安排调查进度。

③改变原来的问题,通常换个角度去思考问题或许会给出新的解决方案。

④运用"为什么"的技巧,找到问题根源。

2）收集文献资料

主要是从书籍、杂志、报刊、交流资料、政府部门统计资料、图片、参考资料等获取相关信息。

3）市场调研

由于市场竞争激烈,同类产品较多,所以必须直接面向消费者、经销商、竞争同行、生产厂家等了解、调查研究,以掌握市场状况。

4）将资料整理成情报

将收集的资料进行整理和分析,在一些看起来不相同的事物中找到相同和相关的东西。

5）进行创意

组合——创意就是旧元素的重新组合。

改良——创意性模仿者并没有发明产品,他只是将创始产品变得更完美,或使创始产品具备一些额外的功能,或使市场区域欠妥的创始产品调整以满足另一市场。

6）选择可行性方案

——充分考虑现有的人力、财力、时间等因素。

——好的创意固然重要,但可行却更重要。

——如果你的方案必须依赖其他条件配合才能实施,或是交给别人推行就不易成功,那表示该方案的可行性低。

——制订的方案恰当与否,要考虑很多问题,需注意取得各部门支持和认同。这样在方案运作过程中就好协调。

7）实施与检讨

模拟布局——运用图像思考法,把企划方案的布局与进度在大脑中反复过几遍,预见一下企划方案实施的过程、发展和结果。

分工实施——把各部门的任务详加分配,根据预算表与进度表,严密控制企划案的推进。市场调查方案企划案不是独立的,财务、人事和外事是其支持点。

检讨评估——市场调查方案企划案推行结束后,必须检讨与评估其成效,以备拟订新的市场调查方案企划时做参考。

进行检讨过程中应注意的几个问题：

①预算是否准确(资金运用、销售额预计等)？

②整个企划是否按计划进行了实施？

③成果和预测一致吗？

④各部门配合密切吗？

⑤情报准确吗？

3.2.2　房地产市场调查方案企划的内容

1)市场状况综合分析

①市场分析:市场占有率、市场潜力、销售渠道、竞争对手情况等。

②消费者分析:决策者、影响决策者、购买者、使用者分析,消费者特征,购买时间、地点、动机,资料来源,品牌转换情况,指名购买率,品牌忠诚度,产品使用情况等。

③产品分析:产品的生命周期、产品的品质与功能、价格、包装、旺季与淡季等。

④企业分析:企业的优势、劣势与形象等。

⑤推广分析:主要是与竞争品牌的各方面的比较。

⑥问题与机会点分析。

⑦分析的方法:SWOT 分析法,即优势、劣势、机会、威胁分析。

2)市场调查方案企划框架

①制订主要思路(重点、原则、方向):如目标定位、利润定位、广告的表现和预算、公关活动。

②销售目标:一个完整的销售目标应把目标、费用、期限全部量化,它既是检讨评估的依据,也是制订不定期方案的基础。

③制订策略:广告策略,包括目的、目标对象、利益点、支持点;媒体策略,包括如何选择、各占比例、到达率等。最常用的媒体有 DM(直递宣传品)、电视、广播、报纸、户外广告、宣传或促销活动等。

④具体计划:广告表现计划,包括稿样设计、脚本及完成时间等;媒体运用计划,包括版面、日期、次数等;活动计划,包括前期准备、现场组织、后期延续。

⑤市场调查计划:每月都应列出对消费者、竞争对手、媒体等的详细计划。

⑥销售管理计划:若把市场调查方案企划看成一个海陆空的联合登陆战,则销售目标——登陆的目的地,市场调查——后勤,推广计划——海、空军,销售管理——陆军。

⑦损益预估：市场调查的最终目标是追求利润，所以在事前就必须进行损益预估。包括：预计销售回款、经营费用、广告促销费用、费效比等。

3.3 房地产市场调查方案企划的执行

3.3.1 执行的意义

1) 执行力的意义

对企业来说，有了好的企划案，只是万里长征走完第一步，因为，"企划"只是企划作业流程中的一个环节，它虽然具有产生创意、设计行动方案以供决策的功能，但其本身还远不是企划作业行为的全部。如果没有"执行力"与其相匹配，那么，"企划"只能是"白搭"，甚至比没有更糟。

成功的企业，一定有相应的人员行为质量，正是企业从干部到员工的整体行为质量，决定了"执行力"的强弱，决定了企业运行的实际品质。所以，企业领导人关注的首要问题就是在提升自身"决策力"的同时，必须努力去解决"执行力"与"企划力"的匹配问题。

企划执行的评价标准主要是："想到的能否说到，说到的能否看到，看到的能不能做到"。"三到"之间，差距实在太大。自己"想"不到的可以请别人来"想"，自己"说"不清的也可以请别人来"说"；但是"看"与"做"，却不能央人代劳。

2) 执行的关键问题

执行，简单来说就是"做"。执行的关键是看执行的力度和效果。在实际工作中，经常由于执行不力，在执行过程中产生各种偏差，甚至错误，给实际运作效果乃至最后的结果将产生极大影响，或大打折扣，甚至导致项目的失败，方案的"流产"。

房地产市场调查的目标就是制定各种市场调查政策、市场调查方案，通过实施这些政策、方案，以求消费者认可产品，最终产生购买行为。因此，在这个过程中，执行力问题就显得尤为关键。

3.3.2　调查方案企划产生执行偏差的原因

1) 政策问题

这里所说的房地产市场调查政策是一个大的概念,可以指房地产市场调查过程中出台的各种有关房地产市场调查政策,如销售政策、返利政策、奖励政策、税收政策等;也可指各种房地产市场调查方案,比如宣传推广、促销、产品上市等。

制定政策的主要目的就是要适应市场、指导销售、促进销售。政策应体现为全面性、权威性、指导性、前瞻性、效益性的集合体。就这个意义上来说,所制定政策的合理、清楚、易行就显得尤为关键了。但是由于种种原因,所制定政策往往存在很多问题。

①政策不合理:主要指政策本身是错误的,或者存在很大的漏洞,或者执行难度过大。如政策的制定者不是在充分调研市场的基础上,根据市场的实际发展状况制定政策,而是凭着自己的经验、想象。这就容易出台许多"形而上学"的政策,直接导致政策的变形,最后执行效果可想而知。

②欠缺整体的规划和前瞻性:政策由于具有权威性、全面性和指导性的特点,实施以后对市场的发展、产品的销售会产生很大影响。但是由于一些决策者出于各种原因,比如片面追求短期的个人业绩、自身综合素质偏低、对公司的忠诚度不高、个人工作积极性影响、行业发展状况比较复杂等,制定出的政策更多体现的是典型的片面行为、短期行为和暂时行为,并没有考虑到一个品牌的长期良性发展。如果实施这样的政策,虽然能够解决一些眼前问题,但只是暂时的,从长远来看,它将影响产品在当地或整个市场区域的长远发展。

所以,这里所强调政策的整体规划和前瞻性是非常重要的,中、长期发展规划有助于决策人员更好地把握市场、发展市场;短期销售计划有助于及时地、更好地解决市场发展中存在的各种问题;考虑政策的市场前瞻性有助于更有计划、更有目标地发展,尤其是各种资源,包括人、财、物的最佳组合应用,最终使产品茁壮健康地成长。

③政策含糊或模棱两可:制定的政策要人去执行,如果一个政策别人看不懂或理解不了,那执行起来就会产生很多偏差,最后的效果可想而知。

2) 制度问题

这里所说的制度主要是指一个公司运作必需的、成义的、有规范作用的用以约束公司和公司成员行为的各种章程、规章管理制度。

公司需要制定各种各样的规章制度,如考勤制度、薪酬制度、福利制度、日常管理制度、销售制度、升降级制度、考核制度、财务管理制度等。

制度化的管理对于一个正规化、规模化的公司来说相当重要。各种相关的管理制度把公司所有人员的行为都规范在公司既定的管理章程里;把所有的公司行为都规范在公司既定目标的允许范围内,然后加以衔接、协调,使各方面的力量形成合力,为实现公司目标而努力。

产生执行偏差的制度问题,通常有:

①制度不合理。

②制度不健全,不成体系。

③制度不够完善,有各种漏洞。

④制度的贯彻实施存在尺度、宽紧不一的现象,严重影响员工的积极性。

3) 管理问题

管理问题涉及面比较广,包括行政管理、财务管理、生产管理、人事管理、物流管理、销售管理等。保证执行的力度和效果,主要包括以下几点:

①管理的原则:公平、公正、公开。

②管理的制度化:有"法"可依,有"法"必依,违"法"必纠,执"法"必严。

③管理的规范化。

④管理的系统化。

⑤管理的全面化。

⑥管理的细节化:防微杜渐,切记"千里长堤溃于蚁穴"。

⑦管理的人性化:做事有理,做人有情。

4) 实施流程问题

执行的过程就像生产车间的流水线一样,是一环套一环的,必须讲求顺畅,如果流程不合理或不畅通,就会直接影响实际的执行。市场调查流程主要存在的问题有:

①职责分配不合理。

②职责不明晰。

③流程设计不合理,表现为不够全面,环节太多、太烦琐,不够细化,效率太低,权限过大,能动性太小,缺乏有效控制,流程成本太高。

④缺乏合理、高效的反馈机制:在流程运作中,反馈是相当重要的,及时、准确地反馈既反映了流程的顺畅,也有力地保证了执行的效果。

5) 监控机制问题

监控实际上是一种前馈控制与事中控制相结合的控制方式,它的最大好处是监

督的时效性,可以把很多问题解决在萌芽之中,在很大程度上杜绝了时间的拖延和资源的无端浪费。监控机制主要存在的问题有:

①缺乏系统、完善、规范的监控机制。很多房地产市场调查公司没有制定系统、完善、规范的监控制度和规范,这就容易造成"无法可依"的严重后果。只有在制度的约束和有效监控体系的督促下,再加上个人的主观能动性,才能更有效地实现房地产市场调查执行。

②缺乏合适、有效、到位的监控手段。即使有了完善的监控体系,但如果没有相应的监控手段,那也只是空谈。因为有些行为有很强的行业特点,而且所涉及的问题可能也非常敏感,那么,在实际监控中,就要非常讲究监控手段的多样性和艺术性,否则,不但起不到有效监控,反而适得其反。

③缺乏实实在在的、细节化的监控行为。监控行为应该实实在在,贯穿到执行的每一个环节,每一个细节,只有这样,才能真正起到监控的作用。

6)执行者的问题

执行者的问题主要有以下几个方面:

(1)能力素质问题

在市场调查的执行中,执行人的个人能力、个人综合素质决定了他是否能准确理解并把握政策,正确及时执行政策。鉴于个人能力问题在房地产市场调查执行中的关键作用,最根本的解决办法就是想方设法提高整个调查队伍的整体素质。

首先,严把进门关,应本着宁缺毋滥的原则,严格把关,严格挑选。

其次,强化培训工作。根据不同的人员在不同的时期、不同的岗位、不同的职位制订出差别化的培训方案,使之岗位技能、管理水平、业务能力、沟通、谈判等相关能力迅速提高,以适应公司、部门、市场的需要。

再次,完善市场调查人员考核机制,加大优胜劣汰力度。

(2)忠诚度问题

①创造一种积极向上的公司文化,宣扬个人发展规划与公司发展规划的结合,使员工产生一种真正的归属感。

②加大绩效考核力度,多产多得,少产少得,不产不得,公正、公平的绩效考核工作对于培养员工忠诚度、稳定销售队伍的作用是比较大的。

③在公司内部创造良好的工作氛围。只有员工的忠诚度普遍提高了,整个队伍才是团结的、高效的、有战斗力的,政策的执行效果才能保证。

(3)品质问题

员工的品质问题对房地产调查方案的执行将产生较大的影响,因此公司在招聘调查人员时,必须严格把关,同时加强员工思想教育,加大监控机制,加强奖惩制度等的执行力度。

3.4 房地产市场调查方案的内容和撰写

3.4.1 房地产市场调查方案的主要内容

①确定调查目的。

②确定调查对象和调查单位。调查对象是指依据调查的任务和目的,确定本次调查的范围及需要调查的对象的总体。调查单位是指所要调查的对象总体所组成的个体,也就是调查对象中所要调查的具体单位,即要进行调查的一个个具体的承担者。

③调查内容和调查表:是将调查课题转化为调查内容,把已经确定了的调查课题进行概念化和具体化。

④调查方式和方法。

⑤调查项目定价与预算。

⑥数据分析方案。

⑦其他内容:包括确定调查时间,安排调查进度,确定提交报告的方式,调查人员的选择、培训和组织等。

3.4.2 房地产市场调查方案的撰写

1)调查方案的格式

一份调查方案通常包括摘要、前言、调查的目的和意义、调查的内容和范围、调查采用方式和方法、调查进度安排和有关经费开支预算、附件等部分。

2)撰写调查方案应注意的问题

①一份完整的调查方案,上述①~⑦部分的内容均应涉及,不能有遗漏。否则就是不完整的。

②调查方案的制订必须建立在对调查课题背景的深刻认识上。

③调查方案要尽量做到科学性与经济性的结合。

④调查方案的格式可以灵活,不一定要采用固定格式。

⑤调查方案的书面报告非常重要,一般来说,调查方案的起草与撰写应由课题的负责人来完成。

3.4.3　房地产市场调查方案的可行性研究

1) 调查方案的可行性研究方法

①逻辑分析法:逻辑分析法是指从逻辑的层面对调查方案进行把关,考察其是否符合逻辑和情理。

②经验判断法:经验判断法是指通过组织一些具有丰富市场调查经验的人士,对设计出来的市场调查方案进行初步研究和判断,以说明调查方案的合理性和可行性。

③试点调查法:试点调查法是通过在小范围内选择部分单位进行试点调查,对调查方案进行实地检验,以说明调查方案的可行性。

2) 调查方案的模拟实施

调查方案的模拟实施只对那些调查内容很重要,调查规模又很大的调查项目才采用,并不是所有的调查方案都需要进行模拟调查。模拟调查的形式很多,如客户论证会和专家评审会等。

3) 调查方案的总体评价

调查方案的总体评价可以从不同角度来衡量。但是,一般情况下,对调查方案进行评价应包括 4 个方面的内容:调查方案是否体现调查目的和要求;调查方案是否具有可操作性;调查方案是否科学和完整;调查方案是否调查质量高、效果好。

3.5　相关案例

【案例 1】

房地产市场调查企划书格式 I

1. 房地产市场调查企划书名称

房地产市场调查企划书的名称必须写得具体清楚。

2. 企划者的姓名

企划者的姓名、工作单位、职务均应一一写明。如果是集体企划的话,所有相关人员的姓名、工作单位、职务均应写出。

3.房地产市场调查企划书完成时间

依照房地产市场调查企划书完成的年月日据实填写。如果房地产市场调查企划书经过修正之后才定案的话,除了填写"某年某月某日完成"之外,还要加上"某年某月某日修正定案。"

4.企划目标

企划的目标要具体明确。

5.企划的内容

这是企划书中最重要的部分。包括企划缘由、前景资料、问题点、创意关键等方面内容。具体内容因企划种类的不同而有所变化,但必须以让读者一目了然为原则。切忌过分详尽、庞杂,否则会令读者感到枯燥无味。此外,还要注意避免强词夺理的内容。

6.预算表和进度表

企划是一项复杂的系统工程,需要一定的人力、物力和财力,因此,必须进行周密的预算。使用各种花费时,最好绘出表格,列出总目和分目的支出内容,以方便核算及以后查对。

企划进度表则是把企划活动的全部过程制成时间表,何月何日要做什么,加以标示清楚,以便日后检查。

7.企划实施所需场地

在企划案实施过程中,需要提供哪些场地、何种场地,需提供何种方式的协助等,均要加以说明。

8.预测效果

根据掌握的情报,预测企划案实施后的效果。一个好的企划案,其效果是可预期可预测的,而且结果经常与事先预测的效果相当接近。

9.参考的文献资料

凡申有助于完成本企划案的各种参考文献资料,包括报纸、杂志、书籍、演讲稿、企业内部资料、政府统计表、调查报告等,均应一一列出。这样做一来表明企划者负责的态度,二是可增加企划案的可信度。

10.其他注意事项

为使本企划顺利进行,其他重要的注意事项应附在企划案上,诸如:执行本企划案应具备的条件;必须取得其他部门的支持协作;希望企业领导向全体员工说明本案的重要意义,借以达成共识,通力合作。

【案例2】

房地产市场调查企划书格式Ⅱ

1.封面

(1)房地产市场调查企划书名称

(2)企划者的姓名

(3)房地产市场调查企划书完成时间

2.正文

(4)企划的目标

(5)企划的内容(房地产市场调查企划书的主要内容)

（6）预算表与进度表

3. 细化内容

（7）企划场地

（8）预测效果

4. 附件

（9）参考的文献资料

（10）其他注意事项

实训任务

分小组完成某一房地产项目的市场调查方案企划书的设计；由教师负责组织对其设计方案进行评价，并完成企划书的修改。

复习思考题

1. 名词解释

房地产调查企划　市场调研　调查方案

2. 简答题

①房地产市场调查方案企划的内容有哪些？

②房地产市场调查方案的主要内容是什么？

③房地产市场调查方案企划包括哪些主要步骤？

3. 思考与讨论

房地产市场调查方案的企划过程中，领导者的决策力如何体现？

第4章
房地产市场调查抽样设计

【本章导读】

本章主要讲述房地产市场调查中的抽样问题,包括抽样相关概念、随机与非随机抽样调查技术、抽样误差的计算以及样本量的确定方法,并以"北京市城八区普通住宅价格调查"为例进一步强化对抽样调查技术的理解和应用。

4.1 抽样调查的基本知识

4.1.1 抽样调查的相关概念

1)总体与总体单位

总体是统计学的一个名词,是指统计所要研究对象的全体。总体单位是指组成总体的个别事物。例如,研究 2007 年 9 月份北京市新开楼盘建筑规模时,若将该月份所有新开楼盘作为一个总体,则每一个新开楼盘都是该总体中的一个总体单位。总体单位是构成样本的基础。

总体按其所包含的总体单位是否穷尽,分为有限总体与无限总体。有限总体中包含的单位是可以一一列举的,如北京市某地区一月份出售的二手房。无限总体所包含的单位在一般情况下难以一一列举,如各房地产开发商分发的售楼书等宣传资料。

2）标志与指标

标志是用于说明总体单位特征的概念。如为说明某一楼盘的特征,可以从楼盘建筑面积、平均售价、楼型、付款方式等方面来描述,这些概念就成为用于说明该楼盘特征的标志。其中,凡是用于说明总体单位数量特征的,称为数量标志,如建筑面积、平均售价等,这类标志可以用数值表示;凡是用于说明总体单位质的特征的,称为品质标志,如楼型、付款方式等,这类标志不可以用数值表示,只能用文字描述。

指标是用于说明总体数量特征的概念,如为说明某城市普通住宅项目销售情况,可以从该类项目的销售套数、单位面积价格、价格上涨幅度等来描述。其中:用于说明总体规模大小和数量多少的统计指标,称为数量指标,如销售套数;凡是用于说明总体内部或总体之间数量关系、反映总体单位一般水平的指标,称为质量指标,如单位面积价格、价格上涨幅度等。

3）样本与抽样

样本是抽样总体的简称,是指从总体中抽取来作为直接观察对象的全部单位。样本数目总是有限的,相对于总体单位数来说其数目比较小。但在抽样调查中,样本单位要有一定的数量才能保证抽样资料的准确性。一般来说,样本单位数达到或超过 30 个称为大样本,30 个以下称为小样本。社会经济现象的抽样调查多取大样本,抽样即指对样本的抽选过程。

4）抽样调查

抽样调查也称为抽查,是指从调研总体中抽选出一部分要素作为样本,对样本进行调查,并根据抽样所得的结果推断总体的一种专门性的调查活动。抽样调查是一种被广泛使用的有效方法。

抽样调查可以分为两类,即随机抽样和非随机抽样,又称概率抽样和非概率抽样。概率抽样是按照随机原则进行抽样,不加主观因素,组成总体的每个单位都有被抽中的概率(非零概率),可以避免样本出现偏差,样本对总体有很强的代表性。非概率抽样是按主观意向进行的抽样(非随机的),组成总体的很大部分单位没有被抽中的机会(零概率),使调查很容易出现倾向性偏差。

4.1.2　抽样调查的特点

抽样调查是通过对样本的调查,达到对总体的认识。抽样调查最主要的特点在于其应用了科学的调查方法,在总体中抽取具有代表性的调查对象进行调查,克服了普查的组织困难和费用高、时间长的缺点,也克服了传统调查方法(如重点调查、典型调查)的主观随意性和样本代表性不强的弱点,具有较强的代表性和科学性,是比较客观的一种调查方法。

1)抽样调查的优点

①时间短、收效快。抽样调查涉及面较小,取得调查结果比较快,能在较短的时间内获得同市场普查大致相同的调查效果,还可以运用抽样调查技术来检验普查及有关资料的正确性,并给予必要的修正。

②质量好、可信程度好。抽样调查是建立在数理统计基础之上的科学方法,只要由专门人才主持抽样调查,严格按照抽样调查的要求进行抽样,就可以确保获取的信息资料具有较好的可靠性和准确性,对那些无法或没有必要进行普查的项目具有很好的适用性。

③费用省、易推广。由于抽样调查的对象降低到较小程度,又能保证调查的有效性,从而可以大大减少工作量,降低费用开支,提高经济效益。同时,由于抽样调查需较少的人力、物力,企业容易承担和组织。

2)抽样调查的不足

由于抽样调查所调查的对象是调查对象中的一部分,抽样调查的结果是从抽取的样本中获取的信息资料推断出来的,所以抽样调查客观上也存在抽样误差,这无疑会影响抽样调查的正确性。所以,对误差的控制是抽样调查的一个课题。关于抽样误差的相关内容,请参见4.4节内容。

4.1.3 抽样调查的程序

1)确定总体

确定总体,即明确调查的全部对象及其范围。确定调查总体是抽样调查的第一步,是抽样调查的前提和基础。只有对象明确,才能有的放矢,取得真实、可靠、全面的信息资料。只有明确调查总体,才能从中正确地抽样,并保证抽取的样本符合要求。

2)个体编号

个体编号,即对调查总体中的个体进行编号。在采用随机抽样的情况下,需要对总体中的每一个个体进行编号,以使抽样选出的个体更具代表性。如果调查的范围过大,总体中的个体过多,则编号的工作量太大,为此,要尽量压缩调查范围,简化编号工作。如果调查总体很大且无法压缩,则可以将随机抽样中的分层随机抽样和分群随机抽样方法结合使用,以减少编号工作量。当然,也可以采用非随机抽样方法,加入调查者的主观因素,以减去编号这个环节。

3)选择样本

选择样本,即在调查总体中选定具体的需对其进行调查的样本。该步骤的具体做法是:首先,确定抽样的技术,即确定是采用随机抽样,还是非随机抽样;其次,在总方法确定后,要确定具体的抽样方法,比如是简单随机抽样,还是分层随机抽样等;最后,还要确定样本的数量。

4)实施调查

实施调查,即运用不同的调查方法对业已选定的样本进行逐个调查,取得第一手信息资料。如果被访问的样本不在或拒绝接受采访,应设法改变访问技巧,再次访问。如进行房地产新盘情况调查时,可以采用电话回访等方式作为现场访问结果的有益补充。确实无法访问时,才能考虑改变访问对象。对随机抽样,一般不允许随意改变样本或者减少样本数,以保证样本资料的准确性和客观性。而对于非随机抽样,如遇原定调查对象不在或拒绝接受等,调查人员可以调整自己的主观标准,改变访问对象,以达到预期目的。

5)测算结果

测算结果,即用样本指标推断总体指标的结果。用样本的调查结果推断总体是调研的最后一个步骤,也是实现调研目的的重要环节。具体做法可以按百分比推算法进行推算。例如,从 1 000 个对象中抽选出 100 个样本进行访问调查,请他们对普通住宅未来价格走势进行预测,若其中 70 人认为普通住宅未来价格上涨,即占抽样总数70%的样本对此价格看涨,按百分比推算法,则调查总体 1 000 个对象中将有700 人认为未来普通住宅价格会上涨。也可按平均数推算法进行推断,即将调查的群体结果加以平均,求出样本平均数代入如下公式即可:总体 = 总体个数 × 样本平均数。例如,对某地区 100 个普通住宅项目套数调查,科学抽取 20 个样本,调查后发现每个项目平均套数为 700 套,则该地区 100 个普通住宅项目的套数为:700 套 × 100 = 70 000套。

4.2 随机抽样技术

根据抽样原则的不同,抽样调查分为随机抽样和非随机抽样。目前广泛应用的抽样调查是随机抽样。随机抽样是根据调查的目的和任务要求,按照随机原则,从若干单位组成的事物总体中,抽取部分样本单位来进行调查,用所得到的调查标志的数据来推断总体。此时,总体中的每个单位,都有同等的被抽取的机会。例如,在10万人中,选出1 000人作为样本,则每一个人被抽选为样本的几率都是1%。

4.2.1 随机抽样的分类

1)简单随机抽样

简单随机抽样,是指对调查总体不做任何分组、划类、排序等先行工作,完全按照随机原则抽取样本。这种随机抽样简单易行,但样本分布可能不均衡。如果总体内各调查单位之间差异太大,样本代表性就差,影响调查的准确性。只有调查单位差异较小,或者总体情况不明,难以做出任何划分,才宜采用。如调查某一类型的物业平均售价时,如果各物业项目售价差别很大,则不宜采用该方法进行调查。

简单随机抽样有三个步骤:一是,将总体所有单位依次编号;二是,确定样本数量;三是,用抽签法或随机数表法抽取样本。

(1)抽签法

抽签法是先对总体 N 个抽样单位分别编上1到 N 的号码,再制作与之相对应的 n 个号签并放进一个容器内,充分摇匀后,从中随机地抽取 n 个号签(可以是一次抽取 n 个号签,也可以一次抽一个号签,连续抽 n 次),与抽中号签号码相同的 n 个单位即为抽中的单位,由其组成简单随机样本。具体的抽签方法有以下两种:

①人工抽签法。这种方法是指利用人工,不加任何选择地从容器内的整体中,任意摸拿样本的方法。为了比较公平和机会均衡,每次摸拿之前,都应该摇动容器,并且注意不要在同一个部位进行摸拿,直到摸拿出要求的样本数目为止。

②抽签机抽取法。抽签机是一种可以使放在里面的个体分子完全搅拌均匀的机器,有的是使用吹气的方法,使所有的个体在容器内充分翻滚;有的采用滚动的方法,使个体在容器内最大限度搅拌,当个体分布均匀后,机器会采取逐一漏出的方法抽取样本。如果把总体的各个单位编号写在一个个珠子上,则称为滚珠抽签法,因为珠子在滚动的过程中,分布更加均匀,于是有人认为抽签机滚珠抽签法可能是最好的抽签

方法。如目前体彩、福彩等中奖号码的产生多是采用这种方法。

（2）随机数表法

①随机数表。随机数表又称为随机号码表、乱数表。它是把 0 至 9 的数字随机排列,列成的一张表,无论横行、竖行或隔行读均无规律,使表内任何号码的出现都有同等的可能性,同时重复的概率很小。抽样时利用这张表,可以大大简化每次抽样的繁琐手续。随机数表在很多统计计算类的书籍后面有附录,有一些功能较全的计数器和电脑中也有附录,可以任意摘录使用。下面从实用手册上摘录的 50 个随机号码数字（见表 4.1）,用以说明利用随机数表进行样本抽取的方法。

表 4.1　随机数表（摘录）

748	189	951	755	834	782	599	282	417	396
486	423	618	184	922	561	818	409	469	483
008	175	985	309	536	626	286	772	243	046
250	439	212	450	974	723	023	432	083	876
391	327	135	005	701	710	359	693	311	185

②随机数表的使用。使用随机数表的数字应该不受任何限制,可以任意指定一个数字。例如可以用抽签法、抛硬币法和掷骰子法确定,也可以闭上眼睛用手指或者笔尖在乱数表上任意点一下确定。然后按照一定的顺序（左右顺序、上下顺序、按一定间隔顺序等）读起,按排列顺序读数字,可以满足不同位数号码的需求。如以表 4.1 随机数表为例（都是按从左到右的顺序）。

a. 起用一位数。如果第一行第五位数字起用一位数,则第一个数字为 8,第二个数字为 9,第三个数字为 9（重复的数字可以不要,以下起用多位数字时同样处理）,第四个数字为 5,第五个数字为 1,……

b. 起用两位数。如果第一行第五位数字起用两位数,则第一个数字为 89,第二个数字为 95,第三个数字为 17,第四个数字为 55,第五个数字为 83,……

c. 起用三位数。如果第一行第五位数字起用三位数,则第一个数字为 899,第二个数字为 517,第三个数字为 558,第四个数字为 347,第五个数字为 825,……

d. 起用四位数。如果第一行第五位数字起用四位数,则第一个数字为 8 995,第二个数字为 1 755,第三个数字为 8 347,第四个数字为 8 259,第五个数字为 9 282,……

　　……

③样本抽取举例。例如,要从北京市海淀区某小区 2 008 户人家中抽取 10 家作为样本以供研究之用（注意:此处数据为假设,仅供分析问题用。事实上,抽取 10 家不够）,则应该先把 2 008 户居民从 0 001 号排到 2 008,每一个号码代表一户。因为总体项目是一个四位数,可以任意从随机数表中抽取 10 个三位数的号码。

a. 获得随机号码。如果任意(抽签、抛硬币、掷骰子、闭目手指或笔指等)决定从表4.1随机数表的第二行第三列从左到右读起,获得如表4.2所列出的随机号码。

表4.2 随机号码表1

		618	184	922	561	818	409	469	483
008	175	985	309	536	626	286	772	243	046
250	439	212	450	974	723	023	432	083	876
391	327	135	005	701	710	359	693	311	185

b. 把上述数字组成四位数,并取10个数字,它们是表4.3所列举的随机号码。

表4.3 随机号码表2

6 181	8 492	2 561	8 184	0 946	9 483	0 081	7 598	5 309	5 366

c. 对数字进行处理,即剔除不合格的数字号码。观察以上数字,虽然已经抽取了10个数字,但是因为居民只有2 008户和2 008个编号,所以上面抽取的10个号码里有如下号码不合格,要予以剔除,见表4.4。

表4.4 不合格的数字号码

6 181	8 492	2 561	8 184	9 483	7 598	5 309	5 366

d. 补充新的数字号码。剔除掉8个不合格的数字后,只剩下2个合格的,而我们的目标是要抽取10个,所以要继续在随机数表中寻找符合条件的(数目在2 008以内的)四位数。找遍书中所列摘录部分随机数表,又找到4个,它们是:0 439,0 234,0 359,1 118。

e. 再次寻找符合条件的数字号码。因为本书摘录部分表格已经查完一遍,尚未找全10个符合条件的数字号码,所以需要重新由a.开始(有时需要重复几次)。如第二次任意决定从上述随机数表的第二行第二列从左到右读起,则找到如下符合条件的号码:1 818,1 840,0 946,0 081,0 439,0 234,1 350,0 570,1 710,1 185。

f. 确定样本的数字号码。直到找够10个在2 008之内的数目为止。符合条件的10个数字见表4.5。即对应上述编号的10个用户是被抽取的样本。

表4.5 符合条件的数字号码

0 946	0 081	0 439	0 234	0 359	1 118	1 818	1 840	1 350	0 570

2)分层随机抽样

分层随机抽样,是指先将总体单位按其属性特征分成若干层次,层与层之间差别较大,层内各单位情况类似,然后再从各层内抽取样本。

分层时要注意:一要坚持"穷举互斥"的原则,即保证总体中任何一个单位都有可归属的层,同时保证总体中任何一个单位不能同时属于两个或两个以上的层;二要知道各层中的单位数目及占总体的比重;三分层不宜过多,否则不便于从每层中抽样。

按各层之间的差别大小,分层随机抽样又可细分为分层比例抽样、分层最佳抽样和最低成本分层抽样。其中分层比例抽样是最常用的。分层比例抽样,是指根据各层的单位占总体的比例,确定各层样本容量,并按随机原则抽取样本的方法。其步骤:

①根据某种标志将总体分层。

②确定样本容量。

③计算各层调查单位占总体比例,并求出各层样本数。公式为:各层应抽取样本数 = 样本容量×(各层调查单位数÷总体数)。

④按随机原则从各层抽足够样本。

例如,2008 年 7 月份北京市新开楼盘 20 个,分层标准为项目所处环线位置,分层结果为:二三环之间 4 个,三四环之间 4 个,四五环之间 4 个,五环外 8 个,现欲抽取其中 5 个项目作为样本以备相关研究之用。设总体单位数为 N,各层单位数为 $N(i)$,各层单位数占总体单位数的比例为 $R(i)$,要抽取的样本数为 n,各层需要抽取的样本单位数为 $n(i)$。按分层比例抽样法分配样本单位,则:

$$R(1) = N(1)/N = 4/20 = 20\%(二三环)$$
$$R(2) = N(2)/N = 4/20 = 20\%(三四环)$$
$$R(3) = N(3)/N = 4/20 = 20\%(四五环)$$
$$R(4) = N(4)/N = 8/20 = 40\%(五环外)$$

根据各层的抽样比例,即可求出需要抽取的各层的样本单位数:

$$n(1) = n \times R(1) = 5 \times 20\% = 1(二三环)$$
$$n(2) = n \times R(2) = 5 \times 20\% = 1(三四环)$$
$$n(3) = n \times R(3) = 5 \times 20\% = 1(四五环)$$
$$n(4) = n \times R(4) = 5 \times 40\% = 2(五环外)$$

即在七月份新推出的楼盘中,位于二三环、三四环、四五环的项目根据随机原则各抽取 1 个,位于五环外的项目要根据随机原则抽取 2 个,由此凑足调查所需的 5 个样本项目。

3)分群随机抽样

分群随机抽样,是指将总体各单位按照一定标准分成若干个群体,然后按照随机原则从这些群体中抽选部分群体作为样本,对作为样本的群体中的每个单位逐个进行调查。分群随机抽样中"群"的划分往往是按照客观存在的社会或自然条件来划分总体单位。如按照地区、地段、居委会、街道办事处、企业、学校、村庄等社会组织层次将总体划分为若干群体。分群随机抽样适用于总体异质性高,不易确定分层标准,只能靠地域和外观来划分的总体。

例如,某区欲调查全区居民家庭在购房方面的支出,拟用分群随机抽样抽选调查单位。其具体做法是:以全区街道办事处划分群体,全区共有 12 个街道办事处,则分解后群体为 12 个,按随机原则从中抽取 4 个街道办事处内的居民家庭单位逐个进行调查,收集信息。

显然,分群随机抽样在总体单位分解后,群体规模不太庞大时,对抽选出的样本群体内每一个单位进行调查,工作量不大;但是如果样本群体规模很庞大,则工作量就很大。因此,人们在实践中又在分群随机抽样的基础上,发展形成多阶段随机抽样。

4) 多阶段随机抽样

多阶段随机抽样,是指把从调查总体中抽取样本的过程分成两个或两个以上阶段进行抽样的方法。具体步骤是先将调查总体各单位按照一定标准分成若干群体作为抽样的一般群体,然后将一般群体又分成若干小的群体,依此类推,可以分三段、四段甚至更多。再按随机原则,先在一段群体中抽选出若干一段群体作为一段样本单位,然后再在一段样本单位中抽选出二段样本单位。如此类推,还可以抽选出三段样本单位、四段样本单位等。把工作落实到二段样本单位,叫二段随机抽样;落实到三段样本单位、四段样本单位,则分别称之为三段随机抽样、四段随机抽样。

例如,某区欲调查全区居民家庭在购房方面的支出,考虑到每个街道办事处居民用户较多,拟用二段随机抽样抽选调查单位。其具体做法是:第一步,从全市的所有街道办事处中抽取若干街道办事处,如承上例,则按分群随机抽样先抽取出 4 个街道办事处;第二步,在每个选中的街道办事处中分别按照随机原则抽选若干户居民进行调查,收集相关信息。

5) 等距随机抽样

等距随机抽样,又称系统随机抽样,是指将调查总体单位按照一定标准有序排列,编上序号,根据抽样距离从总体单位中抽取样本。排列顺序可用与调查项目有关的标志为依据,如在购买力调查中,按收入多少由低至高排列,也可用与调查项目无关的标志为依据,如按户口册、姓名笔画排列。

抽样距离是由总体单位数除以样本量求得的,用公式表示为 $R = N \div n$。当遇上总体单位数不能被样本量整除时,要用四舍五入的方法化为整数,并且为了避免出现抽不足样本数量的情况,通常将总体单位排列成一个封闭圈。

等距随机抽样的步骤为:

①按一定标准把总体单位有序排队。

②计算抽样距离。

③采用简单随机抽样在第一距离段内抽选一单位。

④以此单位编号为准,在后续距离段内抽取相应编号的单位。这里所谓的相应,是指后续抽选到的单位编号与此单位编号相差 R 的整数倍。

例如,某城市有房地产经纪公司 2 315 家,拟定样本量 50 个,进行该类企业经营情况调查。用等距随机抽样的具体做法是:

①按照 2 315 家房地产经纪公司的年利润总额(也可以是职工人数、以往业绩等)多少进行排队。

②计算抽样距离 $R = 2\ 315$ 家 $\div 50 = 46.3$ 家 ≈ 46 家。

③采用简单随机抽样在 1 ~ 46 号内抽选一个单位作样本的第一个样本单位,假设随机抽选到的序号是 14。

④以序号 14 为起点,依照抽样距离 $R = 46$,确定采下的样本单位的编号是 60,106,152,198,…,直到抽足 50 个样本单位为止。

4.2.2　随机抽样的优缺点

1)随机抽样的优点

①采取随机原则,不带任何偏见。随机抽样是从总体中按照随机原则抽取一部分单位进行的调查,因此,抽取的样本可以大致上代表总体。另外其调查范围工作量比较小,又排除了人为因素的干扰,能省时、省力、省费用,较快地取得调查结果。

②能够计算调查结果的可靠程度。可以通过概率推算值与实际值的差异即抽样误差,并将误差控制在一定范围内。

需要说明的是,随机抽样包含的几种具体的抽样技术彼此相对照,也有各自独特的优点与不足,在此不再赘述。

2)随机抽样的缺点

与 4.3 节将要讲述的非随机抽样相比,随机抽样有以下几点不足:

①对所有抽样样本都平等看待,难以体现重点。

②抽样范围比较广,所需时间长,参加调查的人员和费用多。尤其对于一个大样本或大抽样范围的抽样调查项目,更是如此。

③对抽样人员和资料分析人员要求比较高,需具备一定的专业技术和经验。

4.3 非随机抽样技术

与随机抽样相对,非随机抽样不是遵循随机原则,而是调查人员根据自己的主观意图非随机地选择若干典型单位作为样本的抽样方式,这时总体中的每一个体不具有被平等抽取的机会。

4.3.1 非随机抽样分类

由于主观标准的确定和判断力的不同以及采用的具体方法、操作技巧等不同,非随机抽样可以分为几种具体的非随机抽样技术,主要包括便利抽样、判断抽样、配额抽样和雪球抽样4种。

1)便利抽样

便利抽样,又称任意抽样、方便抽样、偶遇抽样等,是指随意抽取样本的一种方法。如在街头访问行人,在房展会访问参展者等。其优点是方便易行,抽样费用低;缺点是样本偏差大,资料价值和可信度低。因此,本法一般用于试点性调查研究或研究对象的个体差异性不大、抽样费用可能过高的调查研究。

2)判断抽样

判断抽样,是利用个人的知识和经验来选取有代表性的样本的非随机抽样方式。在进行判断抽样时,要避免挑极端性的样本,应选取代表多数型或平均型的样本作为研究对象。判断样本可为解决某一紧急问题提供决策依据。由于判断抽样没有运用概率的理论,所以无法计算样本的估计值和标准差。

3)配额抽样

配额抽样,又称定额抽样,是指按照一定的标准和比例分配样本数,然后由调查人员在分配的额度内任意抽取样本的一种方法。该法通常被认为是一种与分层抽样法相对的非随机抽样方法。分层抽样因为仅仅按照总体单位的某一特征分层而造成其先天的缺陷,即只适合简单的抽样调查,适用面窄。在实际抽样调查工作中,通常是按几种控制特征将总体分层,并将几个控制特征交叉起来确定样本,这样所选样本才有代表性,才能达到抽样调查的目的。例如,某房地产研究所要组织一次在售楼盘项目的销售状况调查,单纯按行政区域、环线位置或者物业类型等进行划分来抽取样本,恐怕都不妥当。而根据调查目的的要求,考虑在售楼盘地处的行政区域、环线位置及其物业类型等各个相关控制特征确定样本才比较妥当。运用配额抽样法抽取样本因为不至于偏重某个单一特征而忽视其他重要特征,符合调查目的的要求,从而使配额抽样法在房地产调研中得以广泛应用。

4) 雪球抽样

雪球抽样,是指先找几位可能对调查课题适合的人作为调查研究对象,在访问这些对象之后再请他们提供一些适于课题研究的调查对象,然后再扩大抽样对象的抽样方式。这种逐步扩大样本容量的方式,像滚雪球一样越滚越大。该抽样方式,是在研究者尚未清楚或者不可能立即清楚认识研究的总体,还没有掌握全部变量,而只知道少量线索便开展研究时所采取的选择调查与研究对象的方式。

4.3.2　非随机抽样的优缺点

1) 非随机抽样的优点

①简便易行。正确地运用非随机抽样方法,可以使市场调研达到耗费少、时间短、效果好的目的。

②非随机抽样是按一定的主观标准抽选样本,经验丰富的调查人员可以充分利用已知资料,选择较为典型的样本,使样本更好地代表总体。

2) 非随机抽样的缺点

①非随机抽样对样本的选择,主要取决于调查者的主观因素,因而样本的代表性、客观性较差,难以正确地推断总体。尤其是在调查人员经验不足或者已知资料不够充分的情况下更是如此。

②无法判断其误差及检查调查结果的准确性。这是因为,用非随机抽样技术进行调查的总体中,每一个样本被抽取的概率不一样,概率值的大小不清楚,无法借助概率计算推算值与实际值的差异。

4.4 抽样误差与样本量

4.4.1 几个相关的概念

1) 总体参数与统计量

总体参数是指描述总体分布状况的数,或者说是指总体中可以进行量化的指标,它包括总体的单位总数、总体各个单位参数的平均值、总体标准差、总体方差等。对于一个总体而言,以上内容的总体参数都有一个确定的数值。而统计量则是指由样本构造出来的数。例如,某房地产研究所营销调研小组成员的平均年龄为 25 岁,平均年龄即为该组总体的一个参数;在小组中抽出 10 名调查人员,了解其年龄,并根据 10 名成员的年龄计算平均数为 24.5 岁,则 24.5 即为由样本构造出来的统计量。

2) 总体标准差和总体方差

总体标准差是指各个不同单位的参数与平均值之间的差别,一般用 σ 表示,σ 的平方就是总体方差。σ 的确切值不容易求得,一般用样本的标准差 S 来代替 σ。

总体标准差　$\sigma \approx S = \sqrt{\dfrac{1}{n}\sum_{i=1}^{n}(X_i - \overline{X})^2}$

总体方差　$\sigma^2 \approx \dfrac{1}{n}\sum_{i=1}^{n}(X_i - \overline{X})^2$

3) 总体成数

总体成数是指具有某一标志的单位数占总体的比例。如果设具有某一标志的单位数占总体的比例数为 P,则:

$$P = \frac{N_1}{N}$$

其中,N_1 为总体中具有某一标志的单位数,N 为总体单位数。

不具有该项标志的单位数占总体的比例用 Q 表示,则 $Q = 1 - P$。

总体成数的平均数　$\overline{X}_P \approx P = \dfrac{N_1}{N}$

总体成数的方差　$\sigma_P^2 = PQ$

例如,将某房地产研究机构进行的万份调查问卷作为属性总体,其中具有"合格"这一标志的调查问卷占80%,不具有这一标志的(即不合格的)调查问卷占20%,则有:

总体成数的平均数　$\overline{X}_P \approx P = \dfrac{N_1}{N} = 80\%$

总体成数的方差　$\sigma_P^2 = PQ = 80\% \times 20\% = 16\%$

总体成数的方差最大值是 $50\% \times 50\% = 25\%$,即 0.25。

4.4.2　抽样调查误差及其原因

1)抽样误差

抽样误差是指在采用随机抽样技术,由调查结果推算总体时,预先能算出来的误差,即平均误差,通常用符号 μ 表示。抽样误差是随机抽样调查中必然发生的代表性误差,但它可以控制,所以又称为可控制误差。

抽样误差一般包括精度和偏度两个方面,前者是偶然原因抽取奇怪的数据时发生的,这时数据越多则越能减少这种误差;后者是因为故意或是错误的抽样计划造成统计量偏离参数,这时即使增加数据的数量也无法减小这种误差。如果将总体的正确值看作是靶子的中心,就可以把通过样本求得的统计量的值比作射向靶心的箭。这时,精度高是指反复射出的箭都集中在靶子的某特定点的很小范围内,而偏性小是指瞄得很准,箭都射到靶心,如图 4.1 所示。

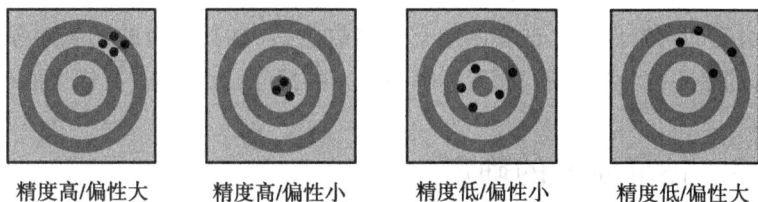

精度高/偏性大　　精度高/偏性小　　精度低/偏性小　　精度低/偏性大

图 4.1　抽样误差精度与偏度示意图

影响抽样误差大小的因素有:

①总体单位之间的标志变异程度。总体单位之间标志变异程度大,抽样误差则大,反之则小。所以抽样误差大小同总体标准差大小呈正比例关系。

②样本单位的数目多少与抽样误差大小有关。样本单位数目愈多,抽样误差愈小;样本单位数目少,抽样误差则大,所以抽样误差的大小同样本单位数呈反比关系。

③抽样方法不同,抽样误差大小也不相同。一般来说,简单随机抽样比分层、分群抽样误差大,重复抽样比不重复抽样误差大。

2）非抽样误差

产生非抽样误差的原因：

①抽样调查设计不当。如果调查人员在样本设计时不注意，可能出现以下问题：遗漏，即在确定调查对象时，遗漏了一些样本单位；空缺，即在抽样名单中出现某些样本单位在实际中不存在，或者原来存在现在已不存在；重复，即一个样本单位在抽样名单中出现两次以上；重叠，即出现两个以上样本单位用同一个名单表示等问题。也有可能出现调查问卷设计不当的问题。在确定调查区域、调查范围以及处理样本结构与总体结构要保持一致等问题上也可能导致误差的产生。另外，当不能得到或只能部分得到某些被调查单位的资料时，也会产生非抽样误差。

②调查实施不当。由于对调查人员教育培训不够，调查人员素质不高或认识有问题，在实施抽样调查的过程中，也会导致此类误差的产生。如调查询问方法不当，询问技术不高明，诱导被调查者回答问题等；主观上有闭门造车的思想，在家中私自编造回答内容；记录、统计、编写调查数据资料时粗心大意等；某些市调人员因为怕艰苦、怕麻烦，不愿意与一些性格或地位比较特殊的人进行交谈，不愿意去距离比较远的远郊区县去调查等，都会使样本代表性降低。

③被调查者应答不当。一是因被调查者迁移、外出造成缺员而引起的误差。二是因被调查者拒绝访问或拒绝回答调查内容而引起的误差。例如，对某些房地产公司的经理层和其他管理者进行调查时，往往会受到这些惜时如金的人士的拒绝；而无事可做的人士虽然愿意回答调查人员的访谈和提问，但是调查问卷的回收和调查内容的真实性与代表性都会大打折扣。三是因被调查者对于调查问卷的调查内容不正确对待而引起的调查误差。这些误差有的是故意造成的，如有的调查对象故意不正确作答；有的是不自觉造成的，如不理解问卷上的提问，对提问进行错误的理解等。

4.4.3　抽样误差的确定

抽样误差是不可避免的，但是可以通过计算预先测知。以下给出在几种不同条件下抽样误差的计算公式。

1）平均数重复抽样误差的计算公式

$$\mu_{\bar{x}} = \sqrt{\frac{\sigma^2}{n}}$$

式中　$\mu_{\bar{x}}$——抽样平均误差；

　　　σ^2——总体方差；

n——样本单位数。

总体方差 σ^2 一般要进行换算求得，$\sigma^2 = \dfrac{1}{n} \sum\limits_{i=1}^{n} (X_i - \overline{X})^2$。总体方差可以用样本标准差代替，也可采用经验估算等。

2）平均数不重复抽样误差的计算公式

$$\mu_{\bar{x}} = \sqrt{\frac{\sigma^2}{n}\left(1 - \frac{n}{N}\right)}$$

式中　N——总体单位数；

　　　$\left(1 - \dfrac{n}{N}\right)$——修正系数。

3）成数重复抽样误差的计算公式

$$\mu_p = \sqrt{\frac{p(1-p)}{n}}$$

式中　μ_p——成数（相对数）抽样误差；

　　　p——成数（相对数）；

　　　n——样本单位数。

4）成数不重复抽样误差的计算公式

$$\mu_p = \sqrt{\frac{p(1-p)}{n}\left(1 - \frac{n}{N}\right)}$$

式中，各符号含义同上。

4.4.4　抽样调查误差的控制

1）选择正确的抽样方法

选择正确的抽样方法，有利于使抽取的样本能真正代表样本的总体，减少误差。对抽样方法的选择，要根据调查目的和要求，以及调查所面临的主客观、内外部条件进行权衡选择。一般条件下，随机抽样法具有更大的适用性。

2）正确确定样本数目

抽样误差与调查总体中的特征差异有关。总体中差异越大，在同等样本数的条件下,误差越大;总体中的差异越小,在同等样本数的条件下,误差越小。换言之,在确保同样差异误差的前提下,如果总体中的差异大,则需抽取的样本数应该大一些,反之亦然。而且,抽取的样本大小又与调查的成本有关,样本越大,费用越高,反之亦然。所以,确定样本数要综合考虑对抽样误差的允许程度、总体的差异性和经济效益的要求等因素。

3) 坚强组织领导

要切实加强对抽样调查工作的组织领导,提高抽样调查工作的质量。要以科学的态度对待抽样,特别是要由专门人才,或经过严格培训的人员承担抽样调查工作。抽样工作要规范,严格按照所选用的抽样方法的要求进行操作,确保整个抽样工作科学合理。

4.4.5 样本量的确定

1) 抽样调查的经济原则

抽样调查总的原则是样本尽量反映总体特征,抽样误差必须在允许的范围之内对抽样数目提出一定的要求。抽样调查的经济原则是希望相对地节省人力、物力和财力,抽样误差在允许的范围内抽样项目越少越好。所以,总原则和经济原则要相互协调。

2) 样本数目的确定

(1) 抽样数目
综合考虑以上各方面的因素,根据调查对象要达到的置信度、允许误差和母体标准差估计值,可按抽样数目的估算公式进行估算。

重复抽样的公式:
$$n = \frac{t^2 \sigma^2}{\Delta x^2}$$

不重复抽样的公式:
$$n = \frac{N t^2 \sigma^2}{N \Delta x^2 + t^2 \sigma^2}$$

式中 n——抽样数目;

σ——母体标准差(以样本的标准差代替);

Δx——允许误差;

　　t——与保证率有关的数,可查正态分布表。当保证率为 68.3% 时,$t=1$;当保证率为 95.4% 时,$t=2$;当保证率为 99.7% 时,$t=3$。一般情况下,保证率取 95.4% 即可,此时,$t=2$。

　　(2)样本量选择举例

　　某房地产开发公司打算花 350 万元在某区域内提高知名度,树立其楼盘产品的正面形象。为了解活动是否取得成效,公司通过电话跟踪调查,在活动前后分别进行预先测试和事后测试。调查的目的是测定公司知名度的变化情况,前后两次调查结果的变化将反映出广告活动的成效。

　　该公司一共选取了 100 名顾客作为随机样本。用户对该公司的无提示认知度(当您有购房投资置业意向时,您能想起的房地产开发公司有哪些?)由预先测试中的 21% 上升为事后测试的 25%,前后变化相对较小,仅为 4%。本次调查一共只选取了 100 名顾客作为随机样本。按照统计原理,当样本量为 100 时,其误差约为 ±8%,即 21% 的有效范围为 13% ~ 29%,25% 的有效范围为 17% ~ 33%。可以看出,这两个区间是重叠的。就是说,由 100 个样本抽样计算出的精确度,对于 4% 的小幅度增长是不够的。我们无法确定是认知度发生了变化,还是抽样误差引起的差别。因为抽样误差取决于样本量,那么,我们应该如何选择样本量,才能区分出真正的指标变化呢?

　　通常,我们开展一项抽样调查的目的是以部分去推断总体的特征。前文已提及,由于抽样时样本可能会偏离总体,其间的差距称为抽样误差。因此,我们所得到的结果是一个估计值。我们能做的是确定估计值所在的范围,以及做出正确估计的概率有多少。

　　首先,以样本估计值推论总体实际值大小时,正确估计的概率有多少称为置信度,以此表示正确估计程度。一般常用的置信度是 68.7%,95% 和 99.7%。

　　然后,我们根据样本量的大小和自行确定的置信度,计算出总体指标值的误差。例如上面的例子中,样本容量是 100 名顾客,置信度一般设定为 95%,可以计算对认知度的测定,其抽样误差是 ±8.7%,即(16.3%,33.7%)。换句话说,假如我们进行 100 次调查,有 95 次调查的认知度的结果肯定是在 16.3% ~ 33.7%。

　　在以上的例子中,认知度的误差至少应控制在 ±2% 的范围内。只有这样,才能使该公司确信是认知度发生了变化,而不是抽样误差引起的偏差。由统计方法可以知道,在置信度为 95% 的情况下,当要测量的比值约为 25% 时,满足 ±2% 的误差的必需样本量是 1 875 名顾客。

　　当开展一项调查时,必须确定抽样的样本量大小。通常我们会希望了解很多指标,而且事先也不一定知道它们的估计值。所以,一般先假定要测量的比值为 50%。因为这时候计算出的样本量是最大的。也就是说,最大样本量保证了不等于 50% 的指标的准确度。然后,确定置信度为 95% 和所期望的误差大小,通过查表 4.6 就可以估计所需要的样本量。

表4.6　样本量选择表

样本量	2 000	1 000	700	500	300	100
被测量指标	期望的抽样误差（±）					
50%	2.2%	3.2%	3.8%	4.5%	5.8%	10.0%
30%或70%	2.0%	2.9%	3.5%	4.1%	5.3%	9.2%
20%或80%	1.8%	2.5%	3.0%	3.6%	4.6%	8.0%
10%或90%	1.3%	1.9%	2.3%	2.7%	3.5%	6.0%
50%或95%	1.0%	1.2%	1.6%	1.9%	2.5%	4.4%

4.5　相关案例

北京市城八区普通住宅价格调查

一、概要

（一）调查目的及内容：

1.调查目的：运用抽样调查方法，练习抽样方案的设计，以及确定样本量的计算方法和运用随机抽样技术。

2.调查内容：通过搜集北京城八区现售普通住宅的价格，运用抽样调查的方法，计算北京现售普通住宅的平均价格。

（二）调查对象：网络资料。

（三）调查方法：抽样调查。从全部搜集资料中抽取一定样本量进行计算。

（四）调查分工及时间安排：

第一周：组员搜集资料。朝阳区：黄黎烨、石月、郭捷；海淀区：于寅姗；丰台区：杨雯；东城、西城、崇文、宣武、石景山区：谌辰。

第二周：谌辰负责汇总及其整理，并撰写报告。

二、正文

（一）调查资料搜集

该组成员通过网络搜集城八区内133处楼盘信息，建筑类型均为普通住宅，销售状态均为在售新房。其中包括朝阳区60处，海淀区24处，丰台区26处，东城、西城、崇文、宣武、石景山合计23处。对楼盘名称、平均价格、项目规模（总建筑面积）、项目位置、开盘时间以及设备装修等做了详细的记录，见下表。限于篇幅，本案例只给出朝阳区在售楼盘信息（见表1），其他区县的楼盘信息略。

表1 朝阳区楼盘信息表

基本信息 楼盘名称	建筑类型	开盘时间	项目位置	设备装修	项目规模(建筑面积)/万 m²	平均价格/(元·m⁻²)
1. 香颂西岸香颂苑	普通住宅	2006 年 10 月 28 日	朝阳区东北四环和京承高速交汇处	精装修	30	8 800
2. 东恒家园	普通住宅	2006 年 5 月 13 日	朝阳路华堂商场西南侧	毛坯	40	14 500
3. 苹果派	普通住宅	2007 年 4 月初	朝阳北路常营	毛坯	40	7 500
4. 世茂奥临花园	普通住宅	2007 年 4 月	朝阳区清林路 1 号	精装修	30	18 000
5. 大西洋新城	普通住宅	2007 年 5 月 6 日	朝阳区望京广顺北大街 33 号	精装修	50	9 800
⋮	⋮	⋮	⋮	⋮	⋮	⋮
60. 北辰绿色阳光	普通住宅	2006 年 2 月 25 日	安外亚北 3.5 千米北苑	初装修	140	9 500

(二)调查资料处理

1. 筛选资料。为提高计算平均房价的准确性,可以搜索到准确楼盘价格信息和总建筑面积的资料为有效资料。经筛选,有 113 处楼盘资料为有效资料,编序号为 1~113 号,同区域楼盘序号集中编制。

2. 计算样本量。根据资料数据,可通过公式计算出 113 个楼盘价格的方差。由平均数的样本量的确定公式可算出样本量大小(此处略)。这里,我们设置信度 $t=2$(即 95.45%),样本平均误差为 300 元,根据公式 $n=\dfrac{Nt^2\sigma^2}{N\Delta x^2+t^2\sigma^2}$,经计算得到样本量为 66 个。

3. 计算分层抽样量并确定抽取样本。

通过计算每个城区楼盘建筑面积在总建筑面积中所占的比重,采取分层抽样的方法,得到朝阳区样本量为 33 个,西城区 1 个,宣武区 2 个,崇文区 3 个,石景山区 4 个,丰台区 14 个,海淀区 9 个,东城区 0 个。

然后采取随机抽样的方式,在 1~46 号(朝阳区)中随机抽取结果为:1,2,4,6,7,8,10,12,14,15,16,17,18,20,21,22,23,25,26,28,29,31,32,34,35,36,37,39,40,42,44,45,46;在 47~50 号(西城区)中随机抽取结果为:49;在 51~56 号(宣武区)中随机抽取结果为:52,55;在 57~62 号(崇文区)中随机抽取结果为:57,60,61;在 63~67 号(石景山区)中随机抽取结果为:63,65,66,67;在 68~92 号(丰台区)中随机抽取结果为:69,70,72,74,75,77,78,80,82,83,86,88,89,92;在 93~113 号(海淀区)中随机抽取结果为:93,95,96,99,100,102,103,107,110。

4. 加权法计算平均房价。

根据样本资料,由加权式

$$x(平均)=\frac{\sum(X\times S)}{\sum S}$$

其中,X 为样本平均价格,$\sum S$ 为样本的总建筑面积,S 为每个样本建筑面积。

通过计算,得到北京城八区现售普通住宅的平均价格为 9 893 元。由于存在误差,平均房价应在 9 000 至 11 000 元。

实训任务

结合本章案例,利用抽样技术对所在地区房地产市场价格水平进行调查分析。

复习思考题

1. 名词解释

总体　总体单位　标志　指标　随机抽样　非随机抽样

2. 简答题

①简述抽样调查的程序。

②随机抽样可分为哪几种?

③非随机抽样可分为哪几种?

3. 思考与讨论

①随机抽样和非随机抽样各有哪些优缺点?

②分层随机抽样与分群随机抽样有哪些区别和联系?

③抽样误差如何确定?

④样本量如何确定?

【阅读材料】

10 城市抽样调查:大部分人消费习惯更倾向买房

焦点沈阳房地产网 sy. focus. cn 2006 年 06 月 01 日 09:18 新华网

新华网北京 5 月 31 日专电(记者张旭东)中国人民银行 31 日发布信息称,央行通过 2005 年年底对北京、上海、天津、重庆等 10 大城市的房地产市场抽样调查发现,从消费心理和消费习惯看,大部分居民更倾向于买房。

央行 31 日公布了今年第一季度货币政策执行报告。报告称,抽样调查看,10 个大城市中有 62% 的借款人在买房置业时没有考虑过租房,其中北京高达 90%。从偿债信心来看,90% 的被调查者认为还款期内家庭收入会保持基本稳定或有大幅上升,55% 的认为未来利率变动不会超出可承受能力,表明居民对其住房贷款的还款能力有较强的信心。

抽样调查看,居民债务率处于正常水平。2005 年 10 月末,10 个城市平均月供收入比(借款人住房贷款的月房产支出与收入之比)为 35%;平均债务率(月所有债务支出与收入之比)为 38%。债务率高于月供收入比是因为居民的债务除个人住房贷款外,还包括汽车贷款等。10 个城市居民的月供收入比和债务率均在银监会规定的50%和55%的水平之下。

贷款购房群体支付及偿债能力也比较强。2005年10月末,8个城市贷款购房群体的房价收入比(房屋总价与家庭年收入之比,即房价为收入的倍数)显示,除上海为10外,其他城市一般不到8。该比值远低于根据平均房价和可支配收入计算的比值,表明贷款购房群体的收入高于城镇居民平均收入。

调查结果显示,全部住房贷款(包括公积金贷款及组合贷款)平均期限为17年,平均首付比例为37%,其中南京、上海两地的首付比例均超过40%。2005年11月末,8个城市居民贷款所购住房的市场价格均已明显高于贷款购房时的价格,平均增长15%。大部分借款人还款习惯良好。从还款情况看,81%的被调查者没有延期还款行为;35%的被调查者提前还款,其中10%因利率上升而还款。

抽样调查显示——近二成家庭拥有第二套住房
信息来源:无锡日报06-2-28

据市统计局城调队对我市市区300户城镇居民家庭抽样调查资料显示,到2005年底,我市城市居民平均每户家庭的现住房建筑面积为75.6 m²,其中人均建筑面积为27.1 m²,比2002年增加了3.77 m²。除了现住房,还拥有其他住房的居民每百户中共有18户。

配套设施不断优化

在住房面积改善的同时,居民对住房的要求开始由解困型向舒适配套型升级,房子的配套设施不断优化。调查资料表明,到2005年末,每百户家庭住宅中有厕所和浴室的占85%;管道煤气和液化气的使用率几乎是100%,烧煤炭只作临时辅助性使用;使用独用自来水的家庭占99.67%,有23%的家庭饮用矿泉水或纯净水。从住宅建筑式样看,每百户居民家庭中,拥有两居室的达61%,三居室住房占24.33%,一居室住房占8%。另外四居室住房已浮出水面,每百户中有3.33户居民拥有四居室住房。

住房产权基本姓"私"

随着住房分配货币化的实行和城市化进程的加快,传统的公有住房产权形式被打破,形成了多种产权并存的格局。如今的住房产权已基本姓"私",其中房改私房最多,占67.67%,商品房位居第二,占23.33%,租赁公房占7.33%,原有私房占1.67%。与此同时,随着房价的一路走高,房屋固定资产价值不断升值,据统计,按市场价值估算,到2005年底,我市城镇居民平均每户房屋固定资产价值达23.15万元,而2002年仅为9.6万元。

带动居住相关消费

生活水平的提高和居民居住条件的日趋改善,也推动了居民住房消费的增长,拓宽了居民家庭的消费领域。据统计人士分析,这种带动表现在三个方面:首先是提升了房屋的装饰档次,调查显示,2005年我市居民人均住房装饰支出达185.25元;其次是促进了家庭家用电器等设备的更新换代,2005年末,每百户家庭拥有空调159.67台,同比增长8.4%,拥有家用电脑61.67台,同比增长28.59%;再次是增加了居民的通讯消费,每百户居民家庭中已拥有住宅电话128.33部,人均通讯费支出为510.62元,比上年同期增长了7.9%。

【讨论】

通过阅读上述材料,抽样调查在哪些领域经常使用?具体可以采用哪种抽样调查方法?可以得出哪些结论或者说明哪些问题?

第5章
房地产市场调查问卷设计

【本章导读】

通过本章学习,了解房地产市场调查问卷的概念和特点,了解问卷的类型和结构,了解房地产调查问卷设计的程序,掌握房地产调查问卷设计的技巧,熟练运用房地产市场调查问卷中的常用量表。在此基础上,通过实训任务,运用相关知识进行房地产市场调查的问卷设计。

问卷是社会研究中用来搜集资料的一种工具。它的形式是一份精心设计的问题表格,用途在于测量人们的态度、行为等特征。20世纪以后,结构式的问卷越来越多地被用于定量研究,与抽样调查相结合,已成为社会学研究的主要方式之一。在房地产市场调查中,问卷被越来越广泛的应用,成为一种不可或缺的工具。

【开篇案例】

调查背景:房地产项目"星河湾"在开盘之际推出了"豪宅"概念,新浪网迅速展开网上调查,希望达到两个目的,消费者心目中的豪宅标准及星河湾到底算不算豪宅[1]。

1. 你认为豪宅的面积应该至少有多大

○ 不小于200平方米

○ 不小于250平方米

○ 不小于300平方米

○ 不小于400平方米

2. 你认为在北京多少钱的房子算是豪宅

---

[1] 来源:www.sina.com.cn.

○ 总价 200 万元

○ 总价 300 万元

○ 总价 400 万元

○ 总价 500 万元及以上

3. 你认为豪宅与项目位置关系密切吗

○ 密切

○ 不密切

○ 无所谓

4. 你认为豪宅会受建筑形式的限制吗

○ 会,只有独栋别墅才能算豪宅,有天有地是豪宅最基本的标准

○ 不会,只要面积、价格、地段达到奢侈的程度,即使板楼也可以算豪宅

5. 你认为在所有标准中,对于豪宅来说最重要的是什么

○ 黄金地段

○ 奢侈的使用空间

○ 豪华装修

○ 顶级物业管理

6. 根据以上标准,你认为星河湾属于豪宅吗

○ 属于

○ 不属于

5.1　问卷调查法

5.1.1　问卷调查法的概念和功能

1) 问卷调查法的概念

问卷调查法也称问卷法,它是调查者运用统一设计的问卷向被选取的调查对象了解情况或征询意见的调查方法。研究者将所要研究的问题编制成问题表格,以邮寄方式、当面作答或者追踪访问方式填答,从而了解被调查者对某一现象或问题的看法和意见。问卷中问题的内容通常包括三个方面,即有关行为方面的、有关态度或看法方面的、有关回答者基本情况方面的。

问卷法的运用,关键在于编制问卷,选择被调查者和结果分析。问卷设计是否科学合理,将直接影响问卷的回收率,影响资料的真实性和实用性。

房地产问卷调查是房地产市场调查常用的一种调查方法,主要包括房地产需求、

供给、营销活动调查等方面。例如在进行客户需求调查分析时,通过包含有楼盘价格、环境、会所等问题的问卷调查,可较为全面地了解客户的需求偏好,为市场定位打基础。

2)问卷调查的功能

问卷主要有以下主要功能:

①把研究目标转化为特定的问题。

②使问题和答案范围标准化,让每一个人面临同样的问题环境。

③通过措辞、问题流程和卷面形象来获得被调查者的合作。

④可作为调查的永久记录。

⑤加快数据分析的过程。

⑥包括测定可行性假设的信息,并可以据此验证被调查者的有效性。

正因为问卷有以上功能,所以它是调查过程中的一个重要手段。研究表明,即使有经验的调查者也不能弥补问卷上的缺陷。因此,在市场调查中,应对问卷设计给予足够的重视。

5.1.2　问卷调查法的特点

1)问卷调查法的优点

①最大优点是它能突破时空限制,在广阔范围内,对众多调查对象同时进行调查。

②便于对调查结果进行定量研究。

③匿名性。

④节省人力、时间和经费。

2)问卷调查法的缺点

①最突出的一点就是它只能获得书面的社会信息,而不能了解到生动、具体的社会情况。

②缺乏弹性,很难做深入的定性调查。

③问卷调查,特别是自填式问卷调查,调查者难以了解被调查者是认真填写还是随便敷衍,是自己填答还是请人代劳;被调查者对问题不了解、对回答方式不清楚,无法得到指导和说明。

④填答问卷比较容易,有的被调查者或者是任意打勾、画圈,或者是在从众心理

驱使下按照社会主流意识填答,这都使得调查失去了真实性。

⑤回复率和有效率低,对无回答者的研究比较困难。

5.2　房地产调查问卷的类型与结构

5.2.1　问卷的类型

1)按问题答案划分

(1)无结构型问卷

无结构型问卷又称为开放式问卷,它的特点是在问题的设置和安排上,没有严格的结构形式,受试者可以依据本人的意愿自由回答。无结构型问卷一般较少作为单独的问卷进行使用,往往是在对某些问题需要做进一步深入调查时,和结构型问卷结合使用。通过无结构型问卷,我们可以搜集到范围较广泛的资料,可以深入发现某些特殊的问题,探询到某些特殊的调查对象的特殊意见,也可以获得某项研究的补充和验证资料。有时候研究者可以根据受试者的反应,形成另一个新问题,做进一步的调查,使研究者与调查对象之间形成交流,使研究更为深入。

对于文化程度不高、文字表达有一定困难的调查对象,不宜采用无结构型问卷进行调查。无结构型问卷所搜集到的资料较难以数量化和统计分析。研究者需要具有较高的研究分析能力,才可能从回收的问卷中做出判断和分析。因此,这类问卷多适合于做进一步深入调查时使用。

(2)结构型问卷

结构型问卷又称为封闭式问卷。它的特点是:问题的设置和安排具有结构化形式,问卷中提供有限量的答案,被调查者只能选择作答。

由于结构型问卷已设置了有限的答案供被调查者选择作答,因此它适用于广泛的、不同阶层的调查对象;同时有利于控制和确定研究变量之间的关系,易于量化和进行数据的统计处理,因此这类问卷被普遍使用。

(3)半结构式问卷

半结构式问卷的特点是既有结构化问题,也有开放式问题。因为结构型问卷是限制性选答,所以难以发现特殊的问题,难以获得较深入、详尽的资料。因此,通常在结构型问卷为主的情况下,可以加入一两个无结构型问题,两者相结合可以获得较好的效果。

2）按调查方式划分

按调查方式划分,可分为自填式问卷调查和代填式问卷调查两大类。其中自填式问卷调查,按照问卷传递方式的不同,可分为报刊问卷调查、邮政问卷调查和送发问卷调查;代填式问卷调查,按照与被调查者交谈方式的不同,可分为访问问卷调查和电话问卷调查。两种问卷调查方法的利弊见表5.1[2]。

表5.1　自填式问卷调查和代填式问卷调查比较

项　目	自填式问卷调查			代填式问卷调查	
	报刊问卷	邮政问卷	送发问卷	访问问卷	电话问卷
调查范围	很　广	较　广	窄	较窄	可广可窄
调查对象	难控制和选择,代表性差	有一定控制和选择,但回复问卷的代表性难以估计	可控制和选择,但过于集中	可控制和选择,代表性较强	可控制和选择,代表性较强
影响回答的因素	无法了解、控制和判断	难以了解、控制和判断	有一定了解、控制和判断	便于了解、控制和判断	不太好了解、控制和判断
回复率	很　低	较　低	高	高	较　高
回答质量	较　高	较　高	较　低	不稳定	很不稳定
投入人力	较　少	较　少	较　少	多	较　多
调查费用	较　低	较　高	较　低	高	较　高
调查时间	较　长	较　长	短	较　短	较　短

3）按问卷用途划分

按问卷用途划分,可分为甄别问卷、调查问卷和回访问卷等。甄别问卷用于对被访者进行过滤,一般采用排除法。这里的调查问卷是狭义上的调查问卷。回访问卷则是一种监督形式的问卷。

4）按房地产市场调查专题划分

在房地产市场调查中,由于房地产本身的特性和行业的市场发展要求,房地产的项目投资大,周期长,存在一定的市场风险。所以一定要对市场进行较准确的调查和分析。通常可以将问卷按不同调查专题来分类。

（1）房地产市场需求调查问卷

房地产市场需求调查问卷主要包括房地产消费者调查、房地产消费动机调查、房

---

[2] http://wiki.mbalib.com/wiki/.

地产消费行为调查。消费者是市场的终端,是最有发言权的人。房地产消费者市场由个人市场和组织市场构成,购房的目的主要是为了消费或者投资。影响消费行为的因素包括消费者的年龄、职业、受教育程度及家庭规模等。这一调查专题可以对消费者的市场要求进行全面的分析和研究。调查的范围广泛,样本量容量大,代表性强,对房地产企业的投资方向和建设重点有很强的市场导向作用。

（2）房地产市场供给调查问卷

房地产市场供给调查问卷主要包括行情调查、市场反响调查、建筑设计及施工企业的有关情况调查。这一专题要对影响房地产市场的宏观环境进行调查,包括国家的房地产政策和法规、经济发展的情况以及人口的分布情况。在国家及地区政策的宏观指导下,我们才能够对整个房地产市场的发展方向有正确定位。

（3）房地产营销活动调查问卷

房地产营销活动调查问卷主要包括房地产市场竞争情况调查、房地产价格调查、房地产促销调查、房地产营销渠道调查、对相同或相近的物业类型进行市场价格等的调查。对相关行业的进一步调查能够达到比较最优化方案,能够策划出更完美的方案,在营销市场中就能够有的放矢、百战不殆。

5.2.2　问卷的结构

问卷的形式可能多样,而问卷的结构则相对比较固定,可谓"万变不离其宗"。调查问卷的一般结构包括标题、介绍、主体内容、编码、被访者信息、调查过程记录、被访者联系方式记录等几个部分的信息。

1）标题

每份问卷都有一个主题。问卷应该开门见山提出反映主题的标题,使人一目了然,增强填答者的信心和责任感,例如××地区商业物业供给调查。在实际工作中,这是一个经常被忽略的常识性问题。有的设计者不注重问卷的标题,要么没有标题,要么列一个泛泛的标题,使填答者一头雾水,不明就里,偏离问卷的初衷,影响问卷的质量。

2）介绍

介绍相当于是给被访者的一封短信,向被调查者说明调查的目的、意义。有些问卷还有调查研究单位、填表时间及其他事项的说明。介绍是调查者与被调查者之间沟通的桥梁,因此,写好介绍是问卷调查的成功保证之一。不是每份问卷都需要书面介绍,有时可以通过调查员的口头介绍来代替。

3）主体内容

主体内容是问卷主题的具体化，是问卷的核心部分。主体内容包含了各种问题，这些问题蕴含着大量的信息。题目的范围涵盖了事实、知识、观点和态度、动机和未来的可能行为等。它主要是以提问的形式提供给被调查者，问题及答案设计内容的好坏直接影响到整个调查的价值。

4）编码

所谓编码，就是对每一份问卷和问卷中的每一个问题、每一个答案编定一个唯一的代码，并以此为依据对问卷进行数据处理。编码的主要任务是：

①给每一份问卷、每一个问题、每一个答案确定一个唯一的代码。

②根据被调查者、问题、答案的数量编定每一个代码的位数。

③设计每一个代码的填写方式。

用编码将问题分类整理，可方便后续的统计分析工作。通常是在每一个调查项目最左边，按一定要求顺序编号。

5）被访者信息

被访者信息是指有关被调查者的个人及家庭的重要信息。它几乎总是包含了人口统计学的特征，是对调查资料进行分类研究的基本依据。例如：对消费者居住需求调查中的消费者的性别、年龄、家庭人口、婚姻状况、文化程度、职业、收入等；对物业调查中的项目名称、地址、物业类型等。

另外，问卷还可以包括调查过程记录及被访者联系方式记录等信息。调查过程记录的作用是用以记录调查的完成情况和需要复查、校订的问题，格式和要求比较灵活，调查访问员和调查人员均在上面签写姓名和日期。被访者联系方式记录，是以适当方式留下被访者的联系方式，如电话，电子邮件，通讯地址等。

5.3 房地产调查问卷设计的程序

问卷设计是根据调研的目的和需要，编写问题和形成问卷的过程。问卷设计是由一系列相关的工作过程所构成的。为使问卷具有科学性、规范性和可行性，设计过程一般可以概括为6个阶段。

1) 明确调查主题

调查目的是问卷设计的基础,设计者应该根据调查的目的、要求和问题的涉及面,明确设计的主题。因此,在问卷设计前期,要广泛征求有关人员的意见,进行深入的讨论和研究,使问题主次明确、重点突出、体现调查的目的。

2) 确定数据收集方法

获取数据可以有多种渠道,主要有人员访问、电话调查、邮寄调查与留置问卷等。不同的数据收集方法对问卷设计有影响。比如街头拦截访问比在售楼处座谈访问有更多的限制,电话调查则经常需要丰富的词汇来描述一种概念以确认被调查者理解,邮寄调查与留置问卷需要问卷设计非常清楚而且相对较短。

3) 探测性研究

问卷设计者应该对个别消费者进行访问,以把握问卷该问什么,全面与否,关键性问题是否涉及,提供的答案是否合理、全面等。

4) 设计问卷初稿

在前期工作的基础上,明确通过问卷要得到的信息,设计问卷初稿。首先确定问卷的题目;然后确定问卷的结构,问题的编排;再确定问题的回答形式,决定问题的用词;最后进行问卷的自评与他评。问卷应经过多次征求意见与修订,获得各方面的认可。

5) 问卷测试与修改

当问卷已经获得管理层的最终认可后,还必须进行预先测试。通过访问,寻找问卷中存在的各种问题,如含混解释、逻辑错误、不适当的跳跃模型及不全面的答案设计等。预先测试还可以获取被调查者的一般反应,以作为提高问卷配合程度的依据。

在问卷测试完成后,需要及时修改问卷中的问题,在实地调查前再次获得各方认同后方可投入使用。

6) 设计正式问卷

将测试中发现的问题进行逐项汇总、分析研究,对问卷进行必要的修改和补充,使其趋于准确、合理、完善,设计出正式的问卷。

5.4 房地产调查问卷设计的原则与技巧

在设计问卷时,强调设计内容必须与研究目的相符。问题不宜过多,问题的设计不要过于粗浅,要能反映调查目的;要充分考虑被调查者的心理和阅读习惯,按不同的变量层次来设计问题;问题要简单清晰,语言要通俗易懂;要讲究问卷的形式,注意问题之间的接承转合,注意问题的排列顺序。

5.4.1 问卷的结构编排

问卷结构的编排是获得双方联系的关键,联系越紧密,访问者越可能得到完整彻底的访谈,被调查者越可能为配合而思考得越仔细、回答得越仔细。问卷应该遵循一定的逻辑顺序,不能随意编排,应站在被调查者的角度,顺应他的思维习惯,使问题容易回答。总体来说,问卷的编排应注意以下几点:

①问题的排列顺序,见表5.2。

表 5.2 问卷的逻辑顺序

问题类型	所处位置	例 句	理 论
过 滤	最早提出的问题	"你目前居住在××小区吗?"	用以选择符合条件的被调查者
热 身	在过滤问题之后	"您的住房购房时房价是多少?"	问题比较简单直接,被调查者容易接受
过 渡	在主要问题前或变换提问方式	"下面我将问您一些关于居住环境方面的问题"	强调核心词汇,突出调查目的
较复杂的问题	位于中间,接近结束	"影响您购房选择的主要因素是哪些?请选出最重要的5个"	问卷主体部分已经完成得差不多,被调查者对问题有充分的考虑
分类和个人统计	最后	"您的家庭月总收入?请选择"	一些关于个人情况的问题,可能令人不愿回答,放在最后

②问题排列逻辑的一致性。
③问卷的完整性。
④问卷版面格式的合理性。

总之,简单题在前,复杂题在后,封闭性问题在前,敏感性、开放性问题在后。先问行为,再问态度、意见、看法等方面问题;能激起被访者兴趣、比较活泼的问题放在问卷的中间。

5.4.2　问卷的题型设计

在国内,问卷法运用于市场调查已经是非常普遍的现象,在研究设计、确立题型、假设、概念分解、操作定义、指标综合、问卷的题型设计等方面都取得了一些成绩。试想一份问卷如果题型单一,不仅缺乏生动活泼的美感,造成被调查者的厌倦,还会使问卷本身的局限性更加突出。因此,问卷题型设计是问卷设计中的关键一环。

1)问题的分类

问题是问卷的核心。设计问卷时,必须仔细研究问题的种类。根据问题的内容,可以分为事实性问题、行为性问题、动机性问题及态度性问题。

(1)事实性问题

该类问题是要求被调查者回答一些有关事实,其主要目的是为了获得反映客观实际的资料,例如职业、年龄、收入、家庭状况、居住条件等。对这类问题的调研,有助于对被调查者进行分类和统计。

(2)行为性问题

行为性问题是对被调查者行为活动进行调研,例如对购房者的偏好调研中,"你最近 3 年内是否买房?"就属于此类。

(3)动机性问题

动机性问题是为了了解被调查者行为的原因或动机而提出的问题,例如:"你购买该住房的主要原因是____?"。

(4)态度性问题

态度性问题是为了了解被调查者对某一事物的态度、评价、意见等而提出的问题。例如为了了解调查对象对某一楼盘的态度时,"你喜欢精装修的住宅吗?"就是此类问题。

在实际调查中,不同类型的问题往往是结合使用的。问卷设计可以根据具体情况选择不同的提问方式。

2)问题的形式

问题形式总体上分为两大类,开放式问题和封闭式问题。在房地产市场调查中,无论是何种类型的问题,在设计问卷时都要针对不同的内容对问题进行设计。

问题的具体方式多种多样,其中常用的有以下几种:

(1)填空

即在问题后面的横线上或括号内填写答案的回答方式。例如：

你现有住房的建筑面积为____平方米？

(2)两项选择

即只有两种答案可供选择的回答方式，"是"或"否"，"有"或"无"等。这两种答案是对立的、排斥的，被调查者的回答只局限在两者之一，不能有更多的选择。例如：

您是否打算在近五年内购买住房？

(1)是　(2)否

您对××楼盘的广告是否喜欢？

(1)喜欢　(2)不喜欢

这种方法能够快速地得到明确的答案，被调查者对问题易于认识和理解。对于分析者来说，也便于对问题的统计和分析。但是这种方法只是对某一问题的一种是非的回答，很难反映被调查者对这一问题深入的看法，没有对理由进行进一步的阐述，很难对问题进行深入的研究。这种方法适用于互相矛盾和排斥的两项选择式问题，只是对事实的简单说明。

(3)多项选择

多项选择是指所提出的问题事先预备好两个以上的答案，回答者可任选其中的一项或几项。例如：

您至今没有买房的主要原因是_____（可选多项）

(1)已有住房　(2)房价太高　(3)担心孩子受不好影响

您近期（一年内）是否有计划更换住房？____

(1)是　(2)否　(3)说不准

由于问卷设计时不一定能够完全涵盖被调查者所有的情况和想法，所以在问卷的最后往往设置"其他"或"说不准"等选项，以便使被调查者能够充分表达自己的想法。

(4)排序

排序法是列出若干项目，由被调查者按重要性决定先后顺序。排序方法主要有两种：一种是对全部答案排序，另一种是只对其中的某些答案排序。究竟采用何种方法，应由调查者来决定。具体排列顺序，则由被调查者根据自己所喜欢的事物和认识事物的程度等进行排序。

下面哪些因素对您的居住环境影响更重要？请排序：____

①生活方便性　②安全性　③自然环境舒适性　④人文环境舒适性　⑤出行便捷性　⑥健康性

对影响您购买别墅的影响因素进行排序____

①价格　②地段　③居住的自然环境　④生活的方便性　⑤居住的宽敞性

(5)矩阵

即将同类的几个问题和答案排列成一个矩阵,由被调查者对比着进行回答的方式。

(6)表格

即将同类的几个问题和答案列成一个表格,由被调查者回答的方式。

(7)图示

图示法能够直观明了地呈现出所选内容的空间分布。例如:

您现在居住在 ____ 区 ____ 街道办事处(请在示意图 5.1 上标注具体的位置)。

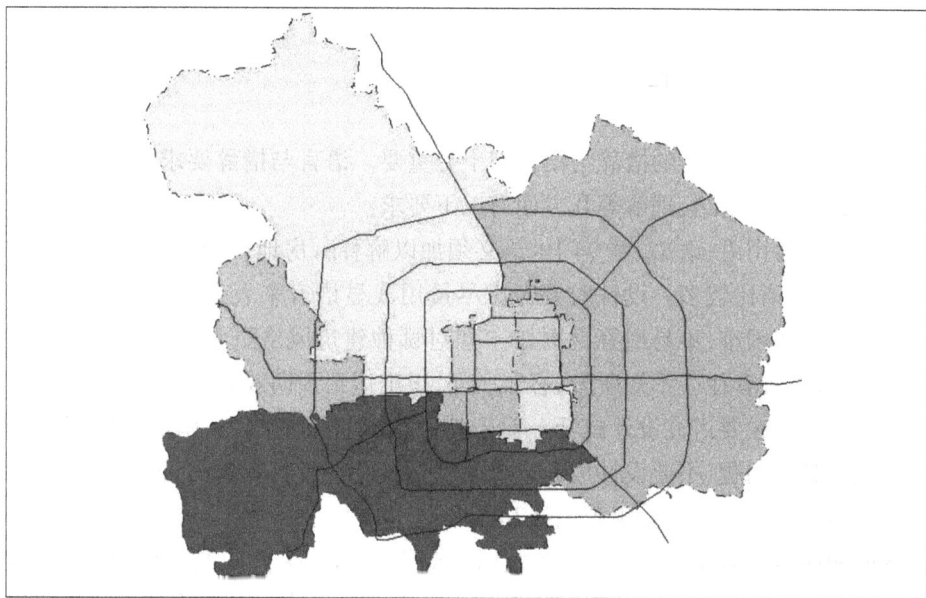

图 5.1　图示法

房地产与一般的耐用消费品相比,有极强的区域性。因此,区位向来是市场调查的重点内容。过去的市场调查,对于区位一般采用语言描述,例如××街道,对区位的描述不够精确,影响判断。随着计算机技术及空间分析方法的发展,在调查问卷中,引入了地图的概念和地理信息系统(GIS)的分析手段,在较大比例尺的地图中,每个房地产项目的位置可以一目了然,这对于在寸土寸金的城市中进行项目的区位分析具有重大意义。在利用 GIS 构建数学模型的基础上,对房地产项目目前的空间分布有了宏观的认识和把握,对区域房地产的发展做出科学的预测,能够为房地产未来的发展提供合理的发展方向。

(8)自由回答

自由回答是指提问时可自由提出问题,事先没有拟订好答案,被调查者可以自由发表意见。例如:

您认为北京哪个地段的住宅升值潜力比较大?

您认为住四合院有哪些优缺点?

这种方法的涉及面广,灵活性大,是开放式的问题,回答者可充分发表意见。此种方法可为调查者搜集到某种意料之外的资料,缩短问者和答者之间的距离,并迅速营造出调查气氛。但是由于回答者提供答案的想法和角度不同,在答案分类时,由于没有统一的分类标准,资料较难整理,还可能因回答者表达能力的差异形成调查偏差。同时,由于时间关系或缺乏心理准备,被调查者往往放弃回答或答非所问,因此,此种问题不宜过多。这种方法适用于那些不能预期答案或不能限定答案范围的问题。

5.4.3 问卷的措辞与语言

无论哪种问卷,问卷的措辞与语言都十分重要。语言与措辞要求简洁易懂、不会引起歧义,在语言、情绪、理解等几方面有以下要求:

①多用普通用语、语法,对专门术语必须加以解释。房地产市场调查具有很强的专业性,专业术语比较多。设计时要考虑尽量用浅显语言来表达。过于专业化的问题容易造成理解困难,不易回答。例如:"您对哪种建筑风格更为偏好?"这样的问题过于专业,被调查者往往不知所云,答非所问,很难达到预期效果。

②敏感性问题要讲究设计技巧。对于涉及被调查者的收入、婚姻状况、年龄、学历等个人隐私的问题,不要设计成开放式问题让被调查者自行填写,而是以封闭式问题的形式给出一个大致的分组范围让其选择。

③问题应该针对单一论题,避免使用含糊不清的问题。问题不能有歧义,例如"您通常几点下班回家?"是一个不明确的问题,到底是几点离开工作单位还是回到家中,问题可以改为"您通常几点下班?"

④问题应该简短,行文要浅显。无论采取何种收集模式,不必要的词语应该被剔除。考虑被调查者的知识水平及文化程度,不要超过被调查者的领悟能力。例如"您上下班路上是否经常观察路边的地产广告,您的头脑里有什么样的印象?"如果变为两个简单问题更容易被人接受。

⑤避免一句话中使用双重否定语。例如:"您对目前交通不通畅状况不满意吗?"换一种说法"您对目前交通状况满意吗?"更加符合语言习惯。

⑥避免暗示、引导性提问。问卷设计要保证客观公正,不能暗示出调查者的观点和见解,而使被调查者跟着这种倾向回答。例如:"人们普遍认为2008年后北京的房价会跌,您认为呢?"引导性提问会导致两种不良后果:一是被调查者往往不加思考就同意所引导问题中暗示的结论;二是由于引导性问题大多是引用了大多数人的态度,被调查者由于从众心理会产生顺向反应。此外,对于一些敏感问题,在引导性提问下,被调查者不敢表达其他想法,常常会引出和其想法相反的结论。

5.4.4　问题设计原则

1) 设计问题的原则

要提高问卷回复率、有效率和回答质量,设计问题应遵循以下原则:

①客观性原则,即设计的问题必须符合客观实际情况。

②必要性原则,即必须围绕调查课题和研究假设设计最必要的问题。

③可能性原则,即必须符合被调查者回答问题的能力。凡是超越被调查者理解能力、记忆能力、计算能力、回答能力的问题,都不应该提出。

④自愿性原则,即必须考虑被调查者是否自愿真实回答问题。凡被调查者不可能自愿真实回答的问题,都不应该正面提出。

2) 表述问题的原则

①具体性原则,即问题的内容要具体,不要提抽象、笼统的问题。

②单一性原则,即问题的内容要单一,不要把两个或两个以上的问题合在一起提问。

③通俗性原则,即表述问题的语言要通俗,不要使用被调查者感到陌生的语言,特别是不要使用过于专业化的术语。

④准确性原则,即表述问题的语言要准确,不要使用模棱两可、含混不清或容易产生歧义的语言或概念。

⑤简明性原则,即表述问题的语言应该尽可能简单明确,不要冗长和啰嗦。

⑥客观性原则,即表述问题的态度要客观,不要有诱导性或倾向性语言。

⑦非否定性原则,即要避免使用否定句形式表述问题。

3) 特殊问题的表述方式

①释疑法,即在问题前面写一段消除疑虑的功能性文字。

②假定性,即用一个假言判断作为问题的前提,然后再询问被调查者的看法。

③转移法,即把回答问题的人转移到别人身上,然后再请被调查者对别人的回答做出评价。

④模糊法,即对某些敏感问题设计出一些比较模糊的答案,以便被调查者做出真实的回答。

4）设计答案的原则

①相关性原则,即设计的答案必须与询问问题具有相关关系。
②同层性原则,即设计的答案必须具有相同层次的关系。
③完整性原则,即设计的答案应该穷尽一切可能的,起码是一切主要的答案。
④互斥性原则,即设计的答案必须是互相排斥的。
⑤可能性原则,即设计的答案必须是被调查者能够回答、也愿意回答的。

5）相关问题的接转

①用文字说明。
②分层次排列。
③用框格表示。
④用线条连接。

5.5 房地产调查问卷中的常用量表

问卷是用来搜集信息的,信息的搜集必须通过度量或测量。测量是对调查对象的属性赋予一定的数字的过程。例如某房地产销售经理希望了解客户对某物业项目的感觉如何,通过对问卷中若干问题的测量,客户的满意程度将会以一定的数量化的形式表现出来。

量表是一种测量工具,它试图确定主观的,有时是抽象的概念的定量化测量的程序,对事物的特性变量可以用不同的规则分配数字,因此形成了不同测量水平的测量量表,又称为测量尺度。量表设计就是设计被调查者的主观特性的度量标准。

量表的基本特征是描述性、比较性、程度和起点。描述性是指用某一特定的词或标识来代表划分的每个等级;比较性指的是描述的相对规模;当比较了所有的不同点并且分级表示以后,量表还有另外的特征——程度;如果某个量表有一特定的起点或零点,那么,我们就说它有起点这个特性。量表的每个特征都是建立在前一个特征上的,如果一个量表有高一级的特性,那么,它一定有低一级的特性,反之则不成立。

5.5.1 测量与测量尺度

由于市场调查中所涉及的现象具有不同的性质和特征,因而对于它们的测量也就具有不同的层次和标准。

美国学者史蒂文斯(S.S.Stevens)于 1951 年创立了被大家广泛采用的测量水平的分类法,即有 4 种类型的尺度:定类尺度、定序尺度、定距尺度、定比尺度。与之相对应的变量称为定类数据、定序数据、定距数据和定比数据。

1) 定类尺度

定类尺度也称为类别尺度,是测量层次最低的一种。定类尺度在本质上是一种分类体系,即将调查对象的属性或特征加以区分,标以不同的名称或符号,确定其类别。定类尺度的数学特征主要是"属于"与"不属于"(或者"等于"与"不等于")。在市场调查中,对于人们的性别、职业等特征的测量,都是常见的定类尺度的测量。它们分别将调查对象划分为"男性或女性","工人、农民、教师、商人……"各种不同的群体或类别,而每一个调查对象则分属于其中的某一类别。

在定类尺度测量中,必须注意所划分的类别既要具有穷尽性,又要具有互斥性,即所分类别既要相互排斥,又要对各种可能的情况包罗无遗。例如,对于居住型物业类型分为普通住宅、公寓、别墅等。

2) 定序尺度

定序尺度也称为顺序尺度。定序尺度不仅能像定类尺度一样,将事物区分为不同的类别,而且还能反映事物或现象在高低、大小、先后、强弱等序列上的差异。它的数学特征是"大于"或"小于",它比定类尺度高一个层次,所得到的信息比定类尺度更多。

例如测量消费者的文化程度,可以划分为"文盲"、"半文盲"、"小学"、"初中"、"高中"、"大专"、"大本"、"研究生以上"等。

3) 定距尺度

定距尺度也称为等距尺度。它不仅能够将市场现象或事物区分为不同的等级,而且可以确定它们之间的间隔距离和数量差别。定距尺度测量出来的结果相互之间可以进行加减运算。

4) 定比尺度

定比尺度也称为比例尺度。定比尺度除具有上述三种测量尺度的全部性质外,还具有一个绝对的零点(有实际意义的零点)。因此,定比尺度测量所得的数据即能进行加减运算,又能进行乘除运算。

测量房地产项目不同等级的房价,不仅可以说明哪一类别的房价较高,而且可以说明这一等级比那一等级高出多少单位。例如测得甲项目的均价为 4 000 元/m²,乙项目的均价为 8 000 元/m²,那么可以说乙项目的均价是甲项目的 2 倍。

是否具有实际意义的零点,是定比尺度与定距尺度的唯一区别。

上述 4 种测量尺度的层次由低到高,逐渐上升。高层次的尺度具有低层次尺度的所有功能,即它可以测量低层次尺度可以测量的内容,也可以测量低层次尺度无法测量的内容。同时,高层次尺度还可以作为低层次尺度处理。但反过来则不行。4 种尺度的数学特性总结见表 5.3。

表 5.3   4 种尺度的数学特性总结

	定类尺度	定序尺度	定距尺度	定比尺度
类　别	有	有	有	有
次　序	无	有	有	有
距　离	无	无	有	有
比　例	无	无	无	有

5.5.2　测量量表分类

测量量表根据不同的分类方法,有不同的量表类型。以下介绍几种常见的分类方法及量表类型:

1) 直接量表和间接量表

直接量表与间接量表的主要区别在于直接量表是由调查者直接提供的可供选择的量表,间接量表是由被调查者提供量表的语句和答案。间接量表和直接量表的设计主体不同,各种问题的语句和答案由被调查者来参与设计并做出判断。

常见的直接量表主要有评比量表、语义差距量表、配对比较量表等;间接量表主要有李克特量表、瑟斯顿量表及哥特曼量表等。具体内容详见 5.5.3 常用量表及其设计。

2) 比较量表和非比较量表

广义上讲,测量量表有两种分类即比较量表和非比较量表。

比较量表要求被调查者将一个或一系列的对象与另外的对象进行比较。例如:要求购房者将一个项目与其他考虑选择的项目进行比较,调查结果以比较量表的形式表示,具有顺序的属性(甲 > 乙 > 丙 > 丁)或等级次序的属性(第一等级:甲;第二等级:乙,丙;第三等级:丁),使用这种类型的量表,可以表示比较对象之间的细小差别。比较量表主要采用成对比较(配对比较)、等级顺序等量表形式。

非比较量表要求被调查者独立地评价每一个被调查的对象。在对调查的对象进行分级时,被调查者使用自己的某些标准进行等级分配,而不要求其按照某些给定的标准进行比较。非比较量表主要采用分项评分、多项量表等量表形式。非比较量表的结果,事实上仍然是在进行比较。

3) 接近量表和遥远量表

接近量表和遥远量表的划分依据是量表与语句之间距离的远近。接近量表的使用是指将量表放在同一语句下,N 条语句就会对应有 N 个量表,而各个量表的性质在设计上也应该相同。遥远量表的问卷中,N 条语句使用同一个量表,例如:

我将向您具体询问您居住小区的一些特性,当我提到每一种特性时,请告诉我您认为该小区在这方面是极好、非常好、好、一般、还是很差(读下面的特性,圈出您认为合适的)。

	极好	非常好	好	一般	差
小区治安状况	5	4	3	2	1
小区卫生状况	5	4	3	2	1
小区购物便利设施	5	4	3	2	1
小区文化娱乐设施	5	4	3	2	1

使用遥远量表的最大优点是可以节省问卷篇幅,不足之处在于填写问卷时需要更多的解释。不过研究表明,两者的调查结果并无明显差别,因此在问卷设计中,应该较多地使用遥远量表。

5.5.3　常用量表设计

1) 直接量表

(1) 评比量表

评比量表是应用极为广泛,最为常见的量表形式。在问卷中,量表的两端是极端答案,中间一般是中性答案。常见形式如下:

Q1 您对现有日常购物设施情况的评价:

□非常满意　□比较满意　□一般　□比较不满意　□非常不满意

Q2 您对该项目性价比的评价:

□在平均之下　□在平均之上　□稍好　□很好　□最好

评比量表有平衡量表(Q1)和不平衡量表(Q2)之分,Q1 的客观性高于 Q2,而在测量态度是否向有利方向倾斜时,Q2 比 Q1 更为有效。

(2) 语义差距量表

语义差距量表是运用若干语义相反的极端形容词来调查被调查者的态度,将定性判断转化为定量分析。语义差距量表包含了一系列反映研究对象不同属性的相反的形容词,被调查者通过指出在连续序列中的定位来表示出对每个属性的印象。

调查者可以通过语义差距量表来调查两个或多个同类的调查对象。例如要比较消费者对两种不同品牌的汽车的态度,可以采用语义差距量表。如图5.2所示,图的左右两端是形容汽车特征的极端词。

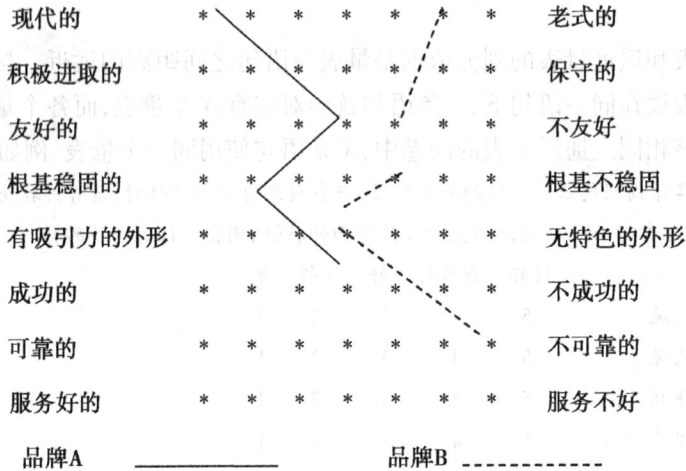

现代的	* * * * * * *	老式的
积极进取的	* * * * * * *	保守的
友好的	* * * * * * *	不友好
根基稳固的	* * * * * * *	根基不稳固
有吸引力的外形	* * * * * * *	无特色的外形
成功的	* * * * * * *	不成功的
可靠的	* * * * * * *	不可靠的
服务好的	* * * * * * *	服务不好

品牌A ——————   品牌B - - - - - - -

图 5.2 语义差距量表示意

在调查中,调查人员不仅要注意如何设计出恰当的评价因素和褒贬的词,还需要注意这些褒贬词的左右排列顺序。在语义差距量表中,两极化词是任意分布的,因为要避免将"好"的词放在一边。这种分散的分布可以避免"晕圈效应",也就是防止因根据对某个属性的印象来判断对一门事物的总的印象。例如经纪公司要比较潜在客户对其代理销售的楼盘(甲)和两个竞争楼盘(乙和丙)的态度,可以采用语义差距量表。假定被调查者对甲楼盘的印象很好,设计者将所有褒义词放在左边,所有贬义词放在右边,被调查者就可能只衡量左边的答案。可是,甲楼盘可能在某些方面并不比乙、丙楼盘好,比如配套设施不完善等。而将反义词分散布置,通常会减少晕圈效应的出现。

（3）配对比较量表

如果需要比较的事物不多,可以采用配对比较法来测量。例如,某房地产开发商非常想了解A,B,C,D4个房地产项目在消费者心中的地位。可以将A,B,C,D4个房地产项目进行比较,将A项目与其他3个项目组合成6对,要求被调查者成对比较,并指出哪一种品牌较好。假设本次调查的样本量为100,如果A与B的比较中回答A好,则在A比B栏目下记录,如果有10人这样认为,则频数为10,比率为0.10。全部6对项目比较后得出的结果见表5.4。

表 5.4 6 对项目比较结果

J ＼ i	A	B	C	D
A	—	70	60	55

续表

J \ i	A	B	C	D
B	30	—	20	35
C	40	80	—	15
D	45	65	85	—

各项目与自身比较的比率均为 0.5,将每栏比率相加,就可得出被调查者对每种项目的态度值。配对比较量表适用于调查对象不多,而且消费者对各个对象比较了解的情况。

2)间接量表[3]

态度通常被假定为行为的前兆,它表达了一个人的信念,同时态度在某种程度上影响了人的最终行为。绝大多数商业市场调研都包含有测量对象态度的问题。

对于态度的测量,要涉及大量的主观性指标,往往采用一些态度量表来进行测量。态度是一种潜在性变量,只能采用间接法,从个人的反应来推测,故态度量表属于间接量表。态度量表是由一系列有关联的叙述性句子构成。要求被调查者对这些语句做出反应,最后调查者根据这些反应去推测个人的态度。

态度量表的类型多样,尺度不同,但其原理大同小异,即研究者利用一系列的语句构成一个连续函数来代表一个人的态度,被调查者选取的语句说明了他在这个连续函数中所占的位置,代表他对某种事物态度的强弱。

常见的态度量表(间接量表)主要有以下三种:

(1)李克特(Likert)量表

李克特(Likert)量表是属评分加总式量表最常用的一种,属同一概念的这些项目是用加总方式来计分,单独或个别项目是无意义的。它是由美国社会心理学家李克特于 1932 年在原有的总加量表基础上改进而成的。该量表由一组陈述组成,每一陈述有"非常同意"、"同意"、"不一定"、"不同意"、"非常不同意"5 种回答,分别记为1,2,3,4,5,每个被调查者的态度总分就是他对各道题的回答所得分数的加总,这一总分可说明他的态度强弱或他在这一量表上的不同状态。

● 李克特量表制作的基本步骤

①收集大量(50~100)与测量的概念相关的陈述语句。

②研究人员根据测量的概念将每个测量的项目划分为"有利"或"不利"两类,一

---

〔3〕　Tony Proctor. Essentials of Marketing Research. 2004.

般测量的项目中有利的或不利的项目都应有一定的数量。

③选择部分受测者对全部项目进行预先测试,要求受测者指出每个项目是有利的或不利的,并在下面的方向—强度描述语中进行选择,一般采用所谓"五点"量表,即非常同意、同意、无所谓(不确定)、不同意、非常不同意。

④对每个回答给一个分数,如从非常同意到非常不同意的有利项目分别为 1,2,3,4,5 分,对不利项目的分数就为 5,4,3,2,1。

⑤根据受测者的各个项目的分数计算代数和,得到个人态度总得分,并依据总分多少将受测者划分为高分组和低分组。

⑥选出若干条在高分组和低分组之间有较大区分能力的项目,构成一个李克特量表。如可以计算每个项目在高分组和低分组中的平均得分,选择那些在高分组平均得分较高并且在低分组平均得分较低的项目。

- 李克特量表的应用

李克特量表的制作比较简单而且易于操作,因此在市场营销研究实务中应用非常广泛。在实地调查时,研究者通常给受测者一个"回答范围"卡,请他从中挑选一个答案。需要指出的是,目前在商业调查中很少按照上面给出的步骤来制作李克特量表,通常由客户项目经理和研究人员共同研究确定。

- 李克特量表的优点

①容易设计。

②使用范围比其他量表要广,可以用来测量其他一些量表所不能测量的某些多维度的复杂概念或态度。

③通常情况下,李克特量表比同样长度的量表具有更高的信度。

④李克特量表的 5 种答案形式使回答者能够很方便地标出自己的位置。

- 李克特量表的缺点

相同态度的分却具有十分不同的态度形态。因为李克特量表是一个项目总加的分,代表一个人的赞成程度,它可大致上区分个体间谁的态度高,谁的低,但无法进一步描述他们的态度结构差异。

(2)瑟斯顿(Thurstone)量表

瑟斯顿量表也称等距量表,因瑟斯顿于 1929 年用这种方法测量人们对宗教的态度而得名。瑟斯顿量表建立的方式是由调研者先拟订几十条甚至一两百条有关态度调查的语句,然后再选定数条语句,由测试对象自己做出判断。每个量表都包含项目(问题陈述)、评分、评分类别等部分。分值定量地表示了每位调查者的态度。一般认为这种量表是一种定序量表而不是定距量表。

假设用 Thurstone 量表来评价对一个项目的态度,调查对象指出了三个他同意的陈述,见表 5.5。

表5.5　对某项目的测量量表

陈　述	评审员分配的分值
该项目具有良好的周边环境	3.0
该项目提供很好的社区配套	1.5
建筑质量值得信赖	2.7
平均值	2.4

（3）哥特曼（Gutman）量表

哥特曼量表也称累计量表，它和总和量表相比，有两个明显的差别：一是累计量表往往只有两个相反答案的选答类别（"是与否"）；二是在陈述强度上有着依次排列的特点，不像总和量表那样假定每条陈述都是平等的。

举例来说，下面是一组包含4个陈述用来测量人们生活态度的哥特曼量表：

Q1：我认为工作远没有享受生活重要（工作＜生活）

Q2：我认为工作固然重要，但享受生活更重要（工作≈生活）

Q3：我认为工作比享受生活重要（工作＞生活）

Q4：我认为工作对我来说比任何事情都重要（工作远大于生活）

问题陈述强度逐渐加强，依据对生活的不同态度，被调查者对此做出的回答有多种模式。工作狂与生活至上者的答案是截然不同的，反映了不同人对工作与生活的不同态度，而如果采用直接量表法就很难反映态度的差异。

在实际调查中，也可能出现非量表类型，它与累计量表的规则相违背，即违反了各个问题在内容上的包含关系。比如同意了Q1又同意Q4，显然是不合逻辑的。因此，可以设计累计量表来核查被调查者的真实想法及调查时的配合程度，而且可以按照相关公式计算误差比率。

5.6　相关案例

【案例1】

尊敬的女士/先生：

您好，非常感谢您在百忙之中接受我们的访问。本次调查希望对北京市常住居民（16周岁以上）所居住区域的物业情况进行一个调查，您的回答将为我们对北京社区建设进行全面评价和提出改善建议提供重要参考，谢谢！

物业需求调查问卷

1. 您是否知道社区居委会的办公地址？

(1)知道　(2)不知道

2.您通过什么来了解社区的一些情况(可多选)?

(1)媒体宣传　(2)有关文件　(3)小区的宣传栏　(4)社区的横幅

(5)社区开展的活动　(6)其他(请注明)_____

3.目前社区工作人员的工作方式能否满足您的需要?

(1)能　(2)不能

4.您对社区工作的总体满意程度:

(1)满意　(2)基本满意　(3)不满意

5.您的居住地是否已实行物业管理?

(1)是　(2)否

6.如已实行了物业管理,您对其满意程序如何?（由上选(1)者选答)

(1)满意　(2)基本满意　(3)不满意

7.您认为物业管理的方式应该是:

(1)酒店式服务　(2)家庭式服务　(3)军事化管理　(4)保姆式服务　(5)其他(请注明)____

8.您认为目前小区物业管理费用:

(1)偏高　(2)适中　(3)偏低　(4)没有比较,不知道

9.您认为小区应采取哪些安全防范措施:(可多选)

(1)人防　(2)智能安全系统　(3)管理公司素质　(4)都重要

10.您认为最需要提供的小区物业服务项目是:

(1)儿童代管　(2)照顾老人　(3)电器维修　(4)钟点服务　(5)代订代购物品

(6)保姆服务　(7)家居清洁服务　(8)送餐服务　(9)保安服务　(10)其他(请注明)_____

11.您认为社区管理和物业管理的内容应如何划分(多选):

	应归社区管理	应归物业管理	应由社区和物业共同管理
①社区党建			
②文化娱乐			
③体育健身			
④卫生整治			
⑤环境保护			
⑥医疗卫生			
⑦便民商业			
⑧家政服务			
⑨再就业			
⑩社会福利			
⑪科普法律			
⑫计划生育			
⑬社会治安			
⑭车辆停放			

12. 您认为目前社区和物业管理哪些方面的工作需要加强?(最多选 5 项,内容参照上题选项)

社区管理方面:(1)_____　(2)_____　(3)_____　(4)_____

物业管理方面:(1)_____　(2)_____　(3)_____　(4)_____

13. 您认为解决社区和物业管理问题的根本点在哪里?

(1)政府管理部门　(2)相应法规制定　(3)社区和物业管理水平

(4)居民(业主)与社区(物业)沟通　(5)其他(请注明)_____

14. 您认为政府在社区和物业管理工作中最需要加强的是哪些方面?(最多选 5 项)

(1)加强精神文明建设,提高市民素质　　(2)解决就业和社会保障问题

(3)增加车辆停放场所　　　　　　　　(4)加快经济发展,提高居民收入

(5)加快社区服务设施建设　　　　　　(6)加快经济适用房和廉租房建设

(7)改善城市交通状况　　　　　　　　(8)加强对物业管理部门的监督

(9)改善市容市貌,扩大绿化面积,提升城市形象

(10)治理低洼积水　　　　　　　　　(11)加快河道整治步伐

(12)加强外来人口的管理,维护社会治安　(13)其他(请注明)_____

15. 您认为社区和物业管理还存在哪些问题,有何希望、要求和建议?(可另附纸)

如方便请留下您的联系方式:

(1)所在社区:_____　(2)所在小区_____　(3)通信号码_____

【案例 2】

金地地产长沙市房地产客户调查问卷

一、受访客户背景资料

01. 您的性别:

男(　)　女(　)

02. 请问您的职业是:

私营企业主(　)　机关事业单位干部(　)　企业管理人员(　)　经理/领导(　)

教师(　)　公务员(　)　贸易(　)　证券(　)　高科技(　)　其他(　)

03. 请问您的最高学历是:

博士及其以上(　)　硕士(　)　大学本科(　)　大专(　)　大专以下(　)

04. 您目前的居住条件是:

出租房(　)　自购商品房(　)　经济实用房(　)　单位福利分房(　)

05. 您目前的住房房型是:

两房(　)　三房(　)　四房(　)　复式(　)　别墅(　)

06. 您目前住房的面积有多大:

70 m^2 以下(　)　71~90 m^2(　)　91~110 m^2(　)　111~130 m^2(　)

131~150 m^2(　)　151~170 m^2(　)　171 m^2 以下(　)

07. 您目前的家庭月总收入是:

1 000~2 000 元(　)　2 001~3 000 元(　)　3 001~4 000 元(　)

4 001~5 000 元(　)　5 001~10 000 元(　)　10 000 元以上(　)

08. 您目前居住在长沙的哪个区?

天心区( ) 雨花区( ) 芙蓉区( ) 岳麓区( ) 开福区( ) 经济开发区( )

09. 您一般是通过什么途径与渠道获得房地产方面的信息?

报纸( ) 户外广告/路牌( ) 电视( ) 电台( ) 网络( )

展览会( ) 朋友/亲人传播( ) 杂志( ) 其他( )

二、购房计划

10. 您计划在几年内购房?

半年( ) 1年( ) 2年( ) 3～5年( ) 5年( )

11. 您计划购买的住房类型是?

高层(15层以上)( ) 小高层(9～15层)( ) 多层( )

联排别墅( ) 独体别墅( ) 其他( )

12. 您计划购买多大面积的住房?

60～80 m²( ) 80～100 m²( ) 100～130 m²( ) 130～150 m²( ) 150 m²以上( )

13. 您计划购买几房的住房?

1房1厅( ) 2房( ) 3房( ) 4房( ) 复式及其他( )

14. 您能接受的房屋单价是:

1 500 元/m²以下( ) 1 501～1 800 元/m²( ) 1 801～2 100 元/m²( )

2 101～2 400 元/m²( ) 2 401～2 700 元/m²( ) 2 701～3 000 元/m²( )

3 001～3 500 元/m²( ) 3 500 元/m²以上( )

15. 您理想的房屋总价:

15 万元/套以下( ) 15 万元～20 万元/套( ) 20 万元～25 万元/套( )

25 万元～30 万元/套( ) 30 万元～40 万元/套( ) 40 万元/套以上( )

16. 您想选择的付款方式是:

一次付清( ) 分期付款( ) 按揭( )

17. 购买商品房时,哪一位家庭成员的意见对您最重要?

配偶( ) 父母( ) 兄弟姐妹( ) 子女( ) 其他( )

18. 购买商品房时,除了家庭成员的意见外,还会征求其他哪些人员的意见? (多选)

同事( ) 有买房经验的朋友( ) 在房地产行业工作的朋友( )

19. 您认为未来两年长沙市的房价将如何变化?

跌( ) 不变( ) 升( )

三、功能设计要求

20. 您喜欢哪一种颜色的住宅外墙?

白色( ) 蓝色( ) 绿色( ) 红色( ) 紫色( ) 砖红色( ) 米兰色( )

黄色( ) 金黄色( ) 其他( )

21. 您喜欢哪一种外墙装修材料?

马赛克( ) 玻璃幕墙( ) 涂料( ) 面砖( )

大理石( ) 花岗岩( ) 其他( )

22. 您喜欢哪一种建筑?

板式(　)　蝶式(　)　点式(　)　其他(　)

23. 在以下建筑风格中,凭您的感觉,请选择一种您较喜欢的风格。

欧陆古典式(　)　现代简洁式(　)　现代欧式风格(　)　其他(　)

24. 您喜欢何种住宅停车位的使用方式?

租用(　)　购买(　)　其他(　)

25. 在同等面积下,您认为下列哪一种交房标准比较好?

房间少但面积大,用户可自由间隔(　)　房间数量多,已间隔好(　)

26. 相对而言,购房时您会

先考虑满足住宅、客厅的窗户朝向(　)　先考虑满足主卧室的窗户朝向(　)

必须同时满足(　)　其他(　)

27. 你喜欢哪一种房屋结构?

平面(　)　跃式(　)　复式(　)　其他(　)

28. 您认为生活阳台(主阳台)连接客厅较好还是连接主卧室较好?

客厅(　)　主卧室(　)

29. 您认为厨房与工作(服务)阳台连接起来有必要吗?

必要(　)　不必要(　)

30. 厅(包括客厅和餐厅)和主卧室的面积比较,您较喜欢

厅大主卧室小(　)　厅小主卧室大(　)　两者面积差不多(　)　无所谓(　)

31. 您喜欢多大面积的客厅?

10 ~ 15 m² (　)　16 ~ 20 m² (　)　21 ~ 25 m² (　)　26 ~ 30 m² (　)　30 m² 以上(　)

32. 您喜欢多大面积的卧室?

8 ~ 10 m² (　)　11 ~ 15 m² (　)　15 ~ 20 m² (　)　20 m² 以上(　)

33. 您认为工作(服务)阳台是否需要封闭起来?

需要(　)　可封可不封(　)　不需要(　)

34. 在面积够用的情况下,

您喜欢有多少个阳台? 0个(　)　1个(　)　2个(　)　3个(　)　其他(　)

您喜欢有多少个洗手间? 0个(　)　1个(　)　2个(　)　3个(　)　其他(　)

35. 您喜欢何种形式的窗户?

转角窗(　)　外凸窗(　)　落地窗(　)　平推窗(　)　其他(　)

36. 住宅的这些功能对您而言必要性如何?

玄关——不必要(　)　可有可无(　)　必要(　)　非常必要(　)

小孩卧室——不必要(　)　可有可无(　)　必要(　)　非常必要(　)

老人卧室——不必要(　)　可有可无(　)　必要(　)　非常必要(　)

保姆房——不必要(　)　可有可无(　)　必要(　)　非常必要(　)

书房——不必要(　)　可有可无(　)　必要(　)　非常必要(　)

储藏室——不必要(　)　可有可无(　)　必要(　)　非常必要(　)

生活阳台——不必要(　)　可有可无(　)　必要(　)　非常必要(　)

工作阳台——不必要(　)　可有可无(　)　必要(　)　非常必要(　)

落地窗——不必要（　） 可有可无（　） 必要（　） 非常必要（　）

飘窗台——不必要（　） 可有可无（　） 必要（　） 非常必要（　）

暗壁橱——不必要（　） 可有可无（　） 必要（　） 非常必要（　）

2 个卫生间——不必要（　） 可有可无（　） 必要（　） 非常必要（　）

娱乐室——不必要（　） 可有可无（　） 必要（　） 非常必要（　）

四、片区认知

37. 您知道"人民东板块"这个地方吗？

知道（　） 不知道（　） 说不清（　）

38. 您对"人民东"这个地方的喜欢程度如何？

喜欢（　） 一般（　） 不喜欢（　）

39. 您希望位于"人民东"的住宅小区内应有以下哪些配套设施？

超市（　） 菜场（　） 银行（　） 邮局（　） 幼儿园（　） 羽毛球场（　）

游泳池（　） 乒乓球室（　） 网球场（　） 棋牌室（　） 阅览室（　）

商业步行街（　） 室外健身设施（　） 室外儿童游乐设施（　）

非常感谢您对我们的大力支持！如若方便，请您留下联系方式，谢谢！

姓名：_____ 电话：_____ 手机：_____

××天方房地产经纪代理有限公司

实训任务

根据相关知识设计调查问卷，了解购房者对居住物业的需求。

复习思考题

1. 名词解释

问卷　结构型问卷　量表

2. 简答题

①问卷调查的优缺点是什么？

②问卷的结构由哪几部分组成？

③测量尺度有哪几类？区别是什么？

3. 思考与讨论

①问卷设计时，需要综合考虑哪些因素？

②根据【案例2】，讨论本问卷的结构、语句设计技巧及其优缺点。

方法技巧篇

重大版·建筑

第6章
房地产文案调查法与网络资源

【本章导读】

本章主要讲述房地产文案调查与网络资源问题,包括房地产文案调查的相关概念、特点与功能、渠道与方法、体系建立以及网络资源相关问题。以"北京市房地产发展历史、现状及趋势调查"、"利用房地产网络资源进行文案调查——以北京房地产市场为例"为例进一步强化对本章内容的理解。

6.1 房地产文案调查概述

6.1.1 市场信息的类别

调研是对市场信息进行搜集和研究的过程。在介绍调查方法之前,有必要了解市场信息的各种类别。

1) 按市场信息负载形式分类

①文献性信息:如文字、图像、符号、声频、视频;手工型、印刷型、微缩型、卫星型等。

②物质性信息:如商品展览、模型、样品等。

③思维型信息:如预测信息、对竞争对手的决策判断等。

2）按市场信息的产生过程分类

①原始信息:是市场活动中产生的各种文字和数据资料。
②加工信息:根据需要,对原始信息进行加工、处理和分析等。

3）按市场信息的范围分类

①宏观市场信息:是关于企业外部经营环境的各种信息,如国民经济发展情况、居民购买力、股市行情等。
②微观市场信息:是反映企业生产、经营状况的各种信息,如企业商品销售额、劳动效率、购销合同履行情况等。

4）按市场信息的时间分类

①动态市场信息:反映市场现象在不同时期的发展变化的信息。
②静态市场信息:是对某一时刻市场活动的说明,对各种动态及静态资料进行搜集、整理和分析,是科学预测和决策的前提。

6.1.2　房地产文案调查的特点和功能

　　房地产文案调查法,也叫房地产间接调查法、资料分析法或室内研究法,是指通过搜集房地产领域各种历史和现实的动态资料,从中摘取与调查有关的情报,在办公室内进行分析的调查方法。

　　房地产文案调查搜集的信息资料包括房地产企业内部资料和外部资料两种。房地产企业的内部资料主要包括企业内部的各种报表、开发建设及售楼记录以及置业顾问和顾客的反馈信息等。房地产企业的外部资料主要包括各级政府、非营利机构、贸易组织和行业协会以及各种商业出版物所提供的信息资料。

　　房地产文案调查的对象是房地产领域内各种历史和现实的资料。这种方法的优点是可以充分利用第二手资料,节省调查费用。虽然所得的资料内容与调查课题可能不很吻合,原有资料的分类方式与调查要求也不尽一致,数据对解决问题也不完全适用。另外,对调查人员要求比较高,必须要有较丰富的专业知识和分析能力、实践经验和技巧。但是,这种方法可以为搜集第一手资料的各种调查方法提供背景,有时还可以完全替代实地调查。因此,房地产文案调查法是在分析相关问题时首先会想到的一种方法。

1) 房地产文案调查法的特点

房地产文案调查法具有与其他行业的文案调查一样的共性,具体来说它具有以下4个特点:

①文献特点。文案调查的对象是能反映某一或某些调研主题的资料。与实地调查对象是某些人或时间不同,相对而言文案调查的重点是寻找相关资料。

②已经存在。这些能够反映某些调研主题的资料是已经存在的,与实地调查不同,实地调查所要搜集的信息不可能表现为各种文献资料存在于某一地方。

③时效性。这些资料具有一定的时效性,也叫既往特征。文案调查的对象都是他人为实现自己的目的,在过去搜集或整理的各种文献资料,反映研究对象过去的某些重要特点。与一手资料相比,文献资料的时效性较差,但是可以作为参考和进行分析。

④易获性。这些资料在较短时间内容易获得,其获得成本与第一手资料相比是较低的。

2) 房地产文案调查的功能

在房地产调查中,文案调查有着特殊地位。它作为信息搜集的重要手段,一直受到世界各国的重视。房地产市场调查中的文案调查所搜集的信息可以说能够应用到房地产投资开发及经营管理中的各个环节。比如,房地产市场中的宏观市场、区域市场、产品市场、客户市场、竞争市场等,这几大市场的各方面信息都离不开大量的文案调查的支撑,当然获得第一手资料的实地调查更是功不可没。

下面举几个例子来说明房地产文案调查法的一般应用。

例一:调查任务是搜集某市房地产业的发展现状及发展趋势。这种类型的调查最适合用文案调查法。通过搜集近期的房地产杂志、报纸和房地产网络等资源便可以解决问题。

例二:调查任务是搜集某房地产企业拟开发项目区域背景资料。具体应该包括该区域的道路情况、公共交通、娱乐设施、购物设施、医疗设施、自然环境、人文环境这7种区位影响因素。为了能在短期内把各种区位因子的指标表示出来,运用文案调查法是比较好的。通过查询交通、绿化、公共设施等专题地图就能得出需要的信息。

例三:调查某市在售居住性房地产的总体价格水平。这种调查,需要运用抽样设计方法,而样本的获得就可以用文案调查法。最简单的方法是上搜房网,在网上能查到大量的在售居住性房地产的平均价格和建筑面积的数据,然后按照抽样调查技术就能最终得到某市在售居住性房地产的总体价格水平。

具体来说,文案调查的功能表现在以下4个方面:

（1）文案调查可以发现问题并为其提供重要参考

根据房地产调查的实践经验，文案调查常被作为调查的首选方式。几乎所有的房地产调查都始于收集现有资料，如燕京房地产研究所在做新推楼盘调查时，也先通过楼书、网络资源等途径对其大致了解，继而为实地调查打下基础。如果现有资料不能提供足够的证据时，才需要进行实地调查。因此，文案调查可以作为一种独立的调查方法加以采用。

（2）文案调查可以为实地调查创造条件

如有必要进行实地调查，房地产文案调查可为实地调查提供经验和大量背景资料。具体表现在：

①通过文案调查，可以初步了解调查对象的性质、范围、内容和重点等，并能提供实地调查无法或难以取得的各方面的宏观资料，如分析房地产市场现状、预测楼盘价格走势等需要国家社会经济等的做数据支持，以便于进一步开展和组织实地调查，取得更好的效果。

②文案调查所收集的资料可用来证实各种调查假设，即可通过对以往类似调查资料的研究来指导实地调查的设计，用文案调查资料与实地调查资料进行对比，鉴别和证明实地调查结果的准确性和可靠性。

③利用文案调查资料并经实地调查，可以推算所需掌握的数据。

④利用文案调查资料，可以更好地分析和探讨房地产市场各种现象的发生原因和发展趋势。

（3）文案调查可用于经常性的调查

房地产实地调查费时费力，操作起来比较困难，而文案调查如果经调查人员精心策划，具有较强的机动灵活性，能随时根据需要，收集、整理和分析各种调查信息。当然，如果现有资料不能全面地满足问题需要，则需要实地调查。

（4）文案调查不受时空限制

从时间上看，文案调查不仅可以掌握现实资料，还可获得实地调查无法取得的历史资料，如以往年份房地产租售价格等，可以直接通过查找文献资料获取；从空间上看，文案调查既能对内部资料进行收集，还可掌握大量的有关外部环境方面的资料，如各种社会经济数据、房地产相关制度和政策等，可以直接通过房地产文案调查法获取。

文案调查的局限性：

①方案调查依据的主要是历史资料，过时资料比较多，现实中正在发展变化的新情况、新问题难以得到及时反映。

②所收集、整理的资料和调查目的往往不能很好地吻合，数据对解决问题不能完全适用，收集资料时易有遗漏。例如，调查所需的是分月商品销售额资料，而我们所掌握的是全年商品销售额资料，尽管可计算平均月销售额，但精确度会受到影响。

③文案调查要求调查人员有较广的理论知识、较深的专业知识及技能,否则将感到无能为力。此外,由于文案调查所收集的次级资料的准确程度较难把握,有些资料是由专业水平较高的人员采用科学的方法搜集和加工的,准确度较高,而有的资料只是估算和推测的,准确度较低,因此,应明确资料的来源并加以说明。

6.2 房地产文案调查的渠道和方法

6.2.1 房地产文案调查的渠道

文案调查应围绕调查目的,收集一切可以利用的现有资料。从企业经营的角度讲,现有资料包括企业内部资料和企业外部资料。因此,房地产文案调查的渠道也主要是这两种。

1) 房地产企业内部资料的收集

房地产企业内部资料的收集主要是收集企业经济活动的各种记录,主要包括以下几种:

①房地产业务资料。包括与企业业务经济活动有关的各种资料,如订购单、销控表、合同文本、发票、销售记录、业务员访问报告等。

②房地产统计资料。主要包括各类统计报表,企业开发、销售、存量等各种数据资料,各类统计分析资料等。

③房地产财务资料。财务资料反映了企业活劳动和物化劳动的占用和消耗情况及所取得的经济效益,通过对这些资料的研究,可以确定企业的发展前景,考核企业经济时效。

④房地产企业积累的其他资料。如平时剪报、各种调研报告、经验总结、顾客意见和建议、同业卷宗及有关照片和录相等。例如,根据顾客对楼盘质量和售后服务的意见,就可以对如何改进的问题加以研究等。

2) 房地产企业外部资料的收集

对于房地产企业外部资料,可从以下几个主要渠道加以收集:

①统计部门与各级政府主管部门公布的有关资料。国家统计局和各地方统计局都定期发布统计公报等信息,并定期出版各类统计年鉴,内容包括全国人口总数、国民收入、居民购买力水平等,这些均是很有权威和价值的信息。这些信息都具有综合

性强、辐射面广的特点。

②各种经济信息中心、专业信息咨询机构、各行业协会和联合会提供的市场信息和有关行业情报。这些机构的信息资料齐全,信息灵敏度高,为了满足各类用户的需要,他们通常还提供资料的代购、咨询、检索和定向服务,是获取资料的重要来源。

③国内外有关的书籍、报刊、杂志所提供的文献资料,包括各种统计资料、广告资料、市场行情和各种预测资料等。

④有关生产和经营机构提供的商品目录、广告说明书、专利资料及商品价目表等。

⑤各地电台、电视台提供的有关市场信息。近年来全国各地的电台和电视台为适应市场经济形势发展的需要,都相继开设了市场信息、经济博览等以传播经济、市场信息为主导的专题节目及各类广告。

⑥各种国际组织、外国使馆、商会所提供的国际市场信息。

⑦国内外各种博览会、展销会、交易会、订货会等促销会议以及专业性、学术性经验交流会议上所发放的文件和材料。

6.2.2　房地产文案调查的方式和方法

1) 房地产文案调查的方式

在文案调查法中,对于企业内部资料的收集相对比较容易,调查费用低,调查的各种障碍少,能够正确把握资料的来源和收集过程,因此,应尽量利用企业的内部资料。

对于企业外部资料的收集,可以依不同情况,采取不同的方式:

①具有宣传广告性质的许多资料,如产品目录、使用说明书、图册、会议资料等,是企、事业单位为扩大影响、推销产品、争取客户而免费面向社会提供的,可以无偿取得;而对于需要采取经济手段获得的资料,只能通过有偿方式获得,有偿方式取得资料则会构成调查成本,因此,要对其可能产生的各种效益加以考虑。

②对于公开出版、发行的资料,一般可通过订购、邮购、交换、索取等方式直接获得,而对于对使用对象有一定限制或具有保密性质的资料,则需要通过间接的方式获取。随着国内外市场竞争的日益加剧,获取竞争对手的商业秘密已成为营销调研的一个重要内容。

2) 房地产文案调查的方法

从某种意义上讲,文案调查法也就是对资料的查寻方法,我们这里主要介绍文献性资料的查寻方法。

（1）参考文献查找法

参考文献查找法是利用有关著作、论文的末尾所开列的参考文献目录，或者是文中所提到的某些文献资料，以此为线索追踪、查找有关文献资料的方法。采用这种方法，可以提高查找效率。

（2）检索工具查找法

检索工具查找法是利用已有的检索工具查找文献资料的方法。依检索工具不同，主要有手工检索和计算机检索两种。

①手工检索。进行手工检索的前提是要有检索工具，因收录范围不同、著录形式不同、出版形式不同而有多种多样的检索工具。以著录方式来分类的主要检索工具有三种：一是目录，它是根据信息资料的题名进行编制的，常见的目录有产品目录、企业目录、行业目录等；二是索引，它是将信息资料的内容特征和表象特征录出，标明出处，按一定的排检方法组织排列，如按人名、地名、符号等特征进行排列；三是文摘，它是对资料主要内容所做的一种简要介绍，能使人们用较少的时间获得较多的信息。

②计算机检索。与手工检索相比，计算机检索不仅具有检索速度快、效率高、内容新、范围广、数量大等优点，而且还可打破获取信息资料的地理障碍和时间约束，能向各类用户提供完善的、可靠的信息。在电脑化程度提高之后，将主要依靠计算机来检索信息。

应当指出的是，文案调查所收集的次级资料，有些十分真实、清楚、明了，可直接加以利用；而有些则杂乱无章且有失真情况发生，对此还应该进行加工和筛选，才能最终得出结论。对次级资料的加工方法将在第9章中加以介绍。

6.3　房地产文案调查体系的建立

6.3.1　房地产文案调查体系建立的必要性

房地产企业除了可根据有关调查课题进行文案调查外，还应在平时有目的、有系统地搜集并积累各类情报资料，为开展经常性的文案调查打好基础。

目前，我国企业信息机构不健全，信息反馈不灵敏，调查预测工作薄弱，已经直接影响到企业的管理水平和经济效益。因此，加强文案调查体系的建设，已成为当务之急。按照信息要及时、准确、系统的要求，从当前情况出发，应着手抓好以下几项工作：

①制订一套文案调查的指标体系和信息搜集、处理、保存、传输的工艺流程,逐步配备现代化的信息工具和手段,加快信息的流动速度。

②根据企业生产经营和长远发展的需要,配备专门的调查人员,培养一支精干、有力的情报队伍。

③加强企业内部信息管理,提高信息传递速度,保证信息质量,增强管理机构利用信息的能力,力求用最短的流程、最快的速度、最简便的传递方式解决企业经营管理过程中的决策、计划等一系列战略、策略问题,发挥信息在企业中的"耳目"作用。

④建立和逐步扩大企业与外部市场信息的联系,使内部和外部的市场信息工作形成一个有机体系。一方面可借助企业外部的各种情报信息网络获得必要的信息,另一方面企业的各种信息也可通过它们在全国范围内扩散。

例如,我国企业在 1995 年内建成数据广播信息网,它是以图文电视、调频广播附加业务、有限电视网作为覆盖方式,以卫星作为传输手段的信息服务网,任何系统及企业的数据信息均可由此在全国范围内随时传递或发布。

6.3.2　房地产文案调查资料的储存管理和信息服务

1) 文案调查资料储存和管理方式

在文案调查资料中,许多资料是可供长期使用的,对这部分资料就需要加以合理的储存与保管。文案调查资料储存和管理方式主要有以下两种:

①经济档案式的储存和管理方式。正像每个人都有自己的个人档案一样,为反映市场发展变化过程,便于企业科学积累资料,企业也应针对各自的特点为资料建立经济档案,这是文案调查资料管理的重要内容。

②电脑储存和管理方式。电脑储存和管理方式是把与企业经营有关的各种信息资料输入或用代码储存到电脑中,利用电脑进行储存、查找、排序、累加和计算,这种方式不仅可以大大节省储存时间和空间,而且还可以提高数据资料处理的效率和精度。

2) 杜威十进位分类法

无论是采用上述哪种储存和管理方式,都要求对资料进行科学的规划和分类。杜威十进位分类法(Dewey Classification)是一种良好的分类方法,尤其适用于经济档案管理。它是将企业的各种资料,按照资料来源加以归类,并作索引,以便于寻找相关资料。

3) 资料储存和管理要点

①储存方法。应先根据实际情况编好基本资料目录,按因地制宜、先易后难、逐步完善的原则有计划、有重点地收集积累资料,使市场资料的收集和储存做到经常化、制度化。

②储存工具。应根据资料性质和企业现有条件选择储存工具,对资料加以妥善保管,一般所用的工具有资料袋、文件夹、录音机、录像机、电脑等。

③储存地点。储存地点应根据资料的重要程度加以选择,通常需要有防火、防毁、防盗等措施,以保证资料的安全。

④储存时间。要注意资料的时效性,要定期检查分析,对过时资料要果断销毁,以提高储存资料的质量。

6.4　房地产网络资源

6.4.1　中国房地产网络资源的现状

房地产相关网站是围绕房地产这一特殊产品的生产、流通、交换、消费等一系列活动而组织起来的网站。以"房地产"为关键字在全球最大的中文搜索引擎 google 上进行搜索,用时 0.28 秒即可搜到约 7 050 000 项有关房地产的查询结果。其中有许多是重复的,但我们从中仍可见房地产相关网站的数量已经达到了相当丰富的程度。

6.4.2　中国房地产网络资源的分类

目前的房地产相关网站主要可以划分为 6 类:

①政府机构的房地产网站:它是由行业主管部门设立的以提供行业信息和网上办公为主的网站。比如中华人民共和国住房和城乡建设部(http://www.cin.gov.cn/)、中国住宅与房地产信息网(http://www.realestate.gov.cn/)、北京市国土资源局(http://www.bjgtj.gov.cn)、北京市土地整理储备中心网(http://www.bjtd.com/)、北京市规划委员会网站(http://www.bjghw.gov.cn/)、北京市发展和改革委员会网站(http://www.bjpc.gov.cn/)、北京统计信息网(http://www.bjstats.gov.cn/)、北京市房地产交易管理网(http://www.bjfdc.gov.cn)等。

②房地产开发商自建网站:以向顾客介绍公司概况、产品信息为主要内容。如中

远房地产公司网、北京城市开发集团有限责任公司网、天鸿集团网等。

③房地产中介公司的网站：以提供二、三级房地产房源信息为主，如我爱我家网、金丰易居网等。

④房地产专业服务网站：以提供时事新闻、政策法规、信息咨询等一系列服务为主要内容，如首都购房在线网、搜房网、焦点房地产网等。

⑤兼有房地产分类信息的综合网站：如新浪、雅虎和搜狐都有涉及房地产分类信息的房地产频道。

⑥家装家居专业网站：如焦点装修家居网、中国家居网、装修装饰网等。

6.5　相关案例

北京市房地产发展历史、现状及趋势调查报告

一、调查概要

为了锻炼搜集文献资料的能力，了解北京市房地产发展的未来趋势，本组通过网络报刊等渠道搜集涉及北京市房地产发展的5个方面，即房产公司规模变化、房价变化趋势、房屋供应状况、房屋销售状况和国家环境政策的相关资料，为准确分析北京市房地产发展的历史、现状和趋势提供依据。

本组的调查采取文案法，具体分工如下：

1. 利用网络报刊搜集资料：其中黄珊负责查找房屋供应及销售状况的资料，梁爽负责查找房产企业规模状况的资料，王玮负责查找房价变化情况的资料，崔维负责查找国家政策法规及环境对房地产发展的影响方面的资料。

2. 资料整理及撰写报告：尚岳负责。

本组此次调查历时一周，所用经费为人民币零元。

二、文案资料附件

本组收集的资料汇总为6类，为房产公司规模变化相关资料、房价变化趋势相关资料、房价销售状况相关资料、房屋供应状况相关资料、国家环境政策相关资料和综合性资料。均按照时间先后顺序排列，所有资料共计38篇。

1. 房产公司规模变化相关资料

天鸿集团企业简介（资料来源：天鸿集团网站）

北京天鸿集团是以天鸿集团公司为核心、以房地产开发为主业的大型企业集团，始建于1983年，前身是"北京市房地产管理局住宅建设经营公司"。1989年，公司更名为"北京市房地产开发经营公司"。1990年12月，公司升级为"国家二级企业"，取得"城市综合开发资质一级"、"城市建设开发资信一等"企业资质。1992年，公司更名为"北京市房地产开发经营总公司"，名列北京市首次评选的经济百强开发类企业之首。到20世纪90年代中期，随着经营规模的不断扩大，总公司下属企业数量的不断增多，企业集团初步形成。1999年，总公司实施品牌战略，再次更名为"北京天鸿

集团公司",天鸿集团随之而成。

……

2. 房价变化趋势相关资料

殷丽娟.北京房屋价格指数呈两头低中间高的走势[J].建筑时报,2003 年 2 月 19 日.

从北京市统计局获悉,近一段时期以来,2002 年北京市的房屋销售价格指数呈现两头低中间高的走势。主要表现为:多层住宅和豪华住宅价格走低,而处于两者之间的中高档房地产市场则局势稳定。

据统计,2002 年北京市房屋销售价格总指数为 100.3%,涨幅较去年下降 1 个百分点。一至四季度北京市房屋销售价格指数分别为 99.9%,104%,100.8% 和 99.0%。据北京市统计局介绍,在各项分类价格指数中,商品房的销售价格指数为 100.0%、公房交易价格指数为 100.0%、私有住房价格指数为 100.8%。

……

3. 房屋销售状况相关资料

潘石屹.2006 年房地产市场粗略分析(组图)[OL].潘石屹 BLOG,2007-01-06.

北京的房地产市场 2006 年的销售额突破 2 000 亿元人民币。对北京的房地产市场来说,这只是一个新的增量。如果把已有的二手房市场和这 2 000 亿元的一手房加起来,房地产市场已经是一个非常庞大的市场。基于这些数据,我对 2006 年北京的房地产市场做了一些简单分析。

第一,2006 年北京房地产市场成交金额共 2 011 亿元,比去年增长了 20%;销售面积 2 287 万 m^2,比去年增长 3%;平均单价 8 792 元/m^2,比去年增长 16.7%。

2006 年销售的项目共 865 个项目,前 100 个销售排名占了销售额的 50%;前 200 个项目占了销售额的 71%;前 300 个项目占了销售额的 83.5%;前 400 个项目占了整个销售额的 92%。在这 865 个项目中,另有 160 个项目销售金额不足 1 000 万元,只是一些零星的尾房在销售。

这也基本上符合"三七"原则,即 30% 的项目完成 70% 的销售额。

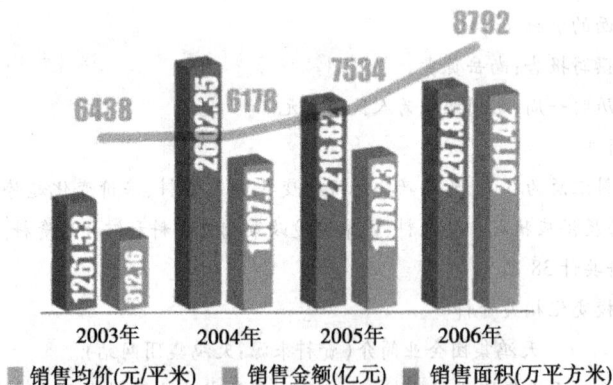

2003—2006 年北京市房屋销售情况对比

第二,销售额从区域的分布来看,朝阳区占全北京销售额的 45%,其次是丰台区、海淀区、昌平、通州、大兴。而怀柔、亦庄开发区、门头沟、平谷、密云销售额非常的少,对北京房地产市场的影响微乎其微,基本可以忽略不计。

……

4. 房屋供应状况相关资料

2006 年北京房地产价格涨幅将低于 2005 年水平[Ol]. 中国网, 2006-4-25.

商品住宅期房整体价格涨幅偏高, 主要是由于低价位商品住宅、经济适用住房供应减少、成交面积所占比重下降引起的。所以剔除结构性因素, 涨幅仍在合理范围内。其中低价位商品住宅供应比重下降, 拉高了商品住宅预售均价增幅。剔除上述因素, 2005 年全市商品住宅期房预售均价 7 076 元/m²,同比上涨 11%,涨幅与城市居民人均可支配收入增幅基本持平。

……

5. 国家环境政策相关资料

黄良浩. 中国房地产投资环境的地区差异分析摘要. 香港中文大学文库.

房地产业是指从事房地产开发、经营、管理和服务的行业。其具有高投资、高回报、高风险、综合性强、关联效应大等特征。从 1979 年的住房制度改革以来, 我国房地产业已经经历了 20 多年的潮涨潮落。经济学家们的论证和实际事实都证明, 我国目前正经历房地产业投资的第三轮快速增长。在这种形势下, 系统地研究分析在一定时空范围内, 影响房地产投资活动(特指掌握项目决策权的实业投资活动)的各种外部环境即房地产投资环境, 探讨我国房地产投资环境的地区差异和成因, 相信可以在一定程度上为企业进行房地产投资的区位选择和政府有针对性地改善房地产投资环境提供参考, 以避免投资的盲目性。

……

6. 综合类资料

北京写字楼:2005 年的急速飘移. 北京写字楼信息网, 2005-10-12.

北京市写字楼市场发展历史分析。自 20 世纪 90 年代初以来, 北京写字楼市场的发展共经历了 4 个阶段, 1992 年至 1996 年的高速发展阶段, 1997 年至 1999 年的萧条阶段, 以及 2000 年至 2001 年的复苏阶段, 相当于刚刚走完了一个波形周期。从 2001 年下半年开始, 北京写字楼市场又出现了租金持续下滑、入住率调整的局面;从 2005 年开始, 写字楼市场逐渐稳定发展, 东部区域租金开始略有上升。

1992—1996 年:第一个高速发展期。1992 年是北京房地产发展史上具有历史意义的一年, 土地有偿使用和外销商品房政策的推行使得外商投资更加顺畅, 北京市的写字楼市场才算正式进入到发展的轨道。因为这一期间北京市利用外资量高速增长, 写字楼的需求量膨胀性增加, 巨大的需求为北京市写字楼市场积累了大量客户, 也刺激了北京外销写字楼投资市场的逐步形成。但是, 并不成熟的市场环境不可避免地带来了泡沫的出现, 但是因为写字楼项目建设的长期性, 当时泡沫的后果直到 1997 年起才开始真正显露出来。

……

实训任务

请对照第 1,2 章的实训任务, 看看搜集了哪些文献信息, 是否充分利用了文献搜集渠道, 并利用本章文案调查方法, 进一步搜集并完善上述题目的文献资料, 并尝试对资料进行归类和存放。

复习思考题

1. 名词解释

房地产文案调查法

2. 简答题

①房地产文案调查法有哪些特点?

②房地产文案调查法有哪些功能?

3. 思考与讨论

①房地产文案调查法有哪些方式和方法?

②为什么要建立房地产文案调查体系?

【阅读材料】

房地产营销如何借力互联网资源

来源:佚名/中国房地产资源网/2006-12-12

房地产商品的特殊性之一就是产品信息复杂,产品之间差异性大。任何两个单位之间都是存在着差别的。因而直销是很好的一种途径。虽然房地产的营销是以直销为主,但是产品供应者与消费者之间信息沟通还远未达到理想状态。而且直销面临的问题是销售工作必须投入大量的人力资源,同时还必须在广告投入等方面注入大量资金,营销成本较高。有没有一种方法可以加强信息沟通,同时减少营销成本呢?

早些时候就已有理论界人士认为:房地产未来的销售发展趋势,必将是传统销售方式与网上销售整合,形成以最低的成本投入获得最大销售量的新型模式。

于是21世纪初,深圳就有发展商试图在网上售楼,一时间,网络销售成为地产界的热门与时髦话题。我们在花园城一期的销售中也曾采用了这一形式,我记得当时成交的有三单,这三名业主后来还获得了公司赠送的礼品。然而,这之后,各房地产发展商慢慢淡出了网上在线销售。

的确,借助网络的帮助可以为房地产销售减少成本。但是网络销售由于交易手段、个人信用以及房地产市场的不成熟、消费观念等因素的制约,短时间内还难以成气候。所以说直销是网络的功能之一,但在网络上做直销对房地产而言并不是利用网络资源的最佳途径。

现阶段可以利用网络的两大优势是:交互性和广泛性。

网络的交互性,指通过网络以Email、网上电话等方式直接进行交流的特性。通过网络,代理商或厂商可以直接与客户进行沟通,解答客户的问题,能够使客户在接受广告信息的同时将信息在第一时间内反馈到公司,这是传统的营销手段难以达到的效果。这种交互性提高了消费者的参与积极性,更重要的是,使企业的营销决策有的放矢,提高客户的满意程度。如香港的鸿运地产代理公司为了加强网上的营销力度,与一家国外电讯公司合作,在网页上推出电话服务,用户可以一边浏览网页,一边与公司的职员对话,增加促成生意的机会,用户只需先在网页上下载相关软件,选择目标单位之后,启动该系统就可以直接拨号至公司,与销售人员直接对话,查询各种有关问题。

网络信息的传递广泛性。在网络上相关的销售信息数以万计,多数信息在专门行业的网站上集中,网站的访问对象多数为本行业的客户。因而公司可以依据访问者的网址定向发送广告从而使网上广告的发布针对性强。传统房地产营销主要依靠的媒体是电视广告、报纸杂志或印制宣传品进行大规模地"轰炸",其效率是可想而知的。此外,由于媒体广告因篇幅、费用等原因受到限制,无法将必要的信息一一罗列,因而广告资金的利用率也不高。而网络空间具有无限扩展性,网络广告很少受空间篇幅的限制。随着网络宽带化、智能化的发展,实现声、像、图、文多维信息综合运用,使网络广告手段多样化,如香港物业代理上市公司——美联物业将预放盘单位各部分摄录下来放入网页,购楼者仅需在家中轻滑鼠标即可从不同角度看到各单位内部户型和装饰,并且可以24 小时随时服务,号称 365 天不停运作的代理。在香港的房地产代理销售中收到了很好的效果。

同时,网络信息分布范围也具有无限扩展性,传播的范围可以伸展到全球范围。与巨额电视广告支出相比,网上营销的投入与效果的性价比是无以伦比的。像美国可口可乐公司、美国电报电话公司在网络上都投入了大量广告。由于消费者的信息不完全,使得消费者与房地产商的信息不对称,造成消费者在选择自己所需的房地产商品时带有一定盲目性。因而,在这一过程中,一次又一次的选择和对比耗费经纪人和自己的时间、精力是显而易见的。如果通过网上对每个公司的产品进行比较,选择出自己满意的产品,而后再有目的的实地考察,购房的成功率将会大大提高。

所以,我们利用网络资源进行营销可以获得两个方面的现实功用。

一个重要作用是信息发布。网络最大的优势是传递信息的全息性,也就是对产品信息传递的真实、准确、完整和全面性。通过网络发布信息的好处在于:信息量大、沟通迅速、成本低廉、面向客户广泛、可供个性化选择等。未来的顾客不仅需要知道某些核心产品的存在,在许多情况下,他们还需要有关获取这些产品的地点和时间、价格和产品表现特征的信息和建议。通用电气塑料制品事业部在网络上做了大量努力,其事业部营销沟通总经理里克·波科克说:"我们并不在意从因特网上能完成多少销售额,原来是怎么完成销售额的现在还是怎么做。通过因特网,我们主要是将销售信息传播出去,我认为现在实际上远没有办法通过因特网来刺激销售增长。"

第二个作用在于品牌的宣传。由于及时传递信息,并有个性化选择传递,会令接受者感到受关注和重视,加强对品牌的认知和交流。营销沟通有助于界定和生动地表现一个服务企业的个性特点,并且突出特定的服务特色的竞争优势。有效沟通可以使那些原本短暂的无形产品成为有形产品,并把后台的生产活动展现出来,显示出那些一度被掩盖起来的优势和资源。通过网络提高我们的品牌价值不失为一个好办法。

还应注意些什么呢?

一是要有专人管理,至少要对网络宣传人员进行培训,统一宣传口径,要说负责任的话,获得客户的长期信任。

二是网上产品信息的制作能力,要能够全方位展示楼盘,包括三维展示和交互式的查询功能。

三要具备与潜在客户互动的能力。设置多些互动栏目,这也是网络交互性优势的体现。

四是一定要同时有其他的媒体配合,通过正式的、传统的媒体广告建立客户对品牌的信任,增强其对有利信息的选择能力。一个典型的例子就是深圳的房地产拍卖。国土局的房地产拍卖数年前就有,但一直不受追捧,后来在深圳房地产网上推介,稍稍引起了一些人的关注,再后来到特区报、商报等传统媒体上投放了广告,再加上一些软性文章的宣传、专家访谈等炒作,近期真的是越来越热闹了!足见多种媒体渠道都要应用,打好组合拳,才是胜算。

当然在网络上进行宣传还会遇到一些"暗礁",在操作中要设法避免：

其一,网络安全问题,可能会有人盗用发展商的名义在网上发布不利或不负责任的信息。这需要技术支持。

其二,开发商可能会受到恶意攻击,产生不好的影响。对这一负面影响应有足够的估计和应对策略。一方面不能让消费者受到这些不利信息的蒙蔽,另一方面又要保证 BBS 上"百花齐放、百家争鸣"带来的人气。不过总的来说,邪不胜正,只要用事实说话,及时沟通,谣言是可以攻破的。中海在深房网 BBS 论坛上建立了网上发言人机制,以"我是中海"名义发出的帖子《中海之声出场声明》扬帆起航,及时公布阳光棕榈园有关信息。虽然也受到了许多恶意攻击,但后来中海的负责人说:"只要是本着实事求是的原则,对于广大网友来讲其实是利大于弊的,因此渐渐受到欢迎与支持。"

【讨论】

文案调查法也叫做文献调查法,那么,进行房地产文案调查是不是仅限于去图书馆、图书大厦借阅或购买相关图书、资料? 通过阅读上述资料,对于房地产文献资料有什么扩展认识? 房地产企业又该如何"制造"自己的文献资料?

第 7 章
房地产市场观察调查法

【本章导读】

本章主要介绍了房地产观察调查法的概念及基本类型，房地产观察调查法在房地产市场调查中的典型应用及具体操作方法。通过本章学习，要学会运用房地产观察调查法收集房地产市场调查中所需的相关信息。

在房地产市场调查中，经常要搜集第一手资料，如项目的周边环境、项目的基本情况、顾客的行为等，这些资料的搜集都离不开观察调查法。运用观察调查法，既可以观察人，也可以观察现象；既可以由人员进行，也可以由机器来进行。在实践中，很多房地产开发项目的成功都得益于观察法收集的大量信息。

7.1 房地产市场观察调查法概述

7.1.1 观察调查法的概念和特点

1) 观察调查法的概念

观察调查法是调查员凭借自己的感官和各种记录工具，深入调查现场，在被调查者未察觉的情况下，直接观察和记录被调查者行为以收集市场信息的一种方法。

2）观察调查法的特点

观察调查法不直接向被调查者提问，而是从旁观察被调查者的行动、反应和感受。其主要特点有：

①观察调查法所观察的内容是经过周密考虑的，是观察者根据某种需要，有目的、有计划地搜集市场资料、研究市场问题的过程。

②观察调查法要求对观察对象进行系统、全面的观察。在实地观察前，应根据调查目的对观察项目和观察方式设计出具体的方案，尽可能避免或减少观察误差，防止以偏概全，提高调查资料的可靠性。因此，观察调查法对观察人员有严格的要求。

③观察调查法要求观察人员在充分利用自己的感觉器官的同时，还要尽量运用科学的观察工具。人的感觉器官特别是眼睛，在实地观察中能获取大量的信息。而照相机、摄像机、望远镜、显微镜、探测器等观察工具，不仅能提高人的观察能力，还能将观察结果记载下来，增加资料的详实性。

④观察调查法的观察结果是当时正在发生的、处于自然状态下的市场现象。市场现象的自然状态是各种因素综合影响的结果，没有人为制造的假象。在这样的条件下取得的观察结果，可以客观真实地反映实际情况。

7.1.2 房地产市场观察调查法的类型

1）按照调查对象是否参与调查活动划分

（1）参与性调查法

参与性调查法也称局内观察调查法，是指调查对象在并不知道被调查的情况下参与到调查活动中，与调查人员一同对调查内容进行调查活动的方法。参与性调查法比较容易取得调查对象的信任、理解和配合，能够了解到比较详细的、具体的信息资料。但是，参与性观察调查法类似"微服私访"，容易暴露调查目的和内容，容易使市场调研的可靠性受到限制。

（2）非参与性调查法

非参与性调查法也称局外观察法，是指调查人员以一个局外人的身份对调查对象进行观察的市场调研方法。这是大多数调查活动使用的观察方法，也是本章重点介绍的方法。这种方法机动灵活，简单而具有实操性，可以获得真实的信息资料。

2）根据观察的时间与调查对象行为时间之间的关系划分

根据观察的时间与调查对象行为时间之间的关系，观察调查法分为同步观察和事后行为痕迹观察两种方法。在调查对象发生行为的同时进行观察并且获取信息资料的称为同步观察法;如果在调查对象发生行为以后,才对调查对象的行为痕迹进行观察,则称为事后观察调查法,或称痕迹调查法。

3)根据是否使用仪器划分

根据是否使用仪器,观察调查法分为人员调查法和仪器调查法。如果只是或者主要是由调查人员亲自进行观察调查活动的,称为人员观察调查法;如果主要是依靠各种仪器对调查对象的行为进行观察,而调查人员只是在仪器观察后,对仪器观察记录的信息资料进行后期整理和分析的,称为仪器观察法。

4)根据调查人员与调查对象的接触程度划分

根据调查人员与调查对象的接触程度,观察调查法分为直接观察法与间接观察法。直接观察法是指调查人员在比较近的距离内,对调查对象的行为进行实际观察,可以是人员观察,也可以是仪器观察;间接观察法是指调查人员在相对比较远的距离,不是对调查对象的行为进行观察,而是对调查对象的行为结果、遗留痕迹,或者是与行为有关的物品进行观察的调查方法。因此,间接观察法属于事后观察。

5)从观察调查内容的范围、数量和界定上划分

(1)结构性观察法

如果市场调研人员事先设计好一份观察问卷,并且按照问卷上的内容对调查对象进行观察,观察后为每位调查对象填写一份调查问卷,这样的方法属于结构性观察调查法。结构性观察调查法可以防止观察内容的遗漏,但比较死板,也不可能对更多的事物进行观察。一般情况下,该法仅适合调查内容比较简单,调查人员对调查内容了解比较少以及探索性的市场调研等。

(2)非结构性观察法

如果事先没有对观察内容进行仔细的规定,也没有设计好固定格式和内容的观察调查,都属于非结构性观察法。在完全的非结构性观察法中,观察的内容没有规范的、严格的要求,调查人员需要把他们看到的调查对象的各种行为尽量全面地进行记录。非结构性观察方法比较活,可以记录更多的内容。但是,要求观察人员有比较好的素质和观察技巧,不然的话,可能只记录了不能为决策提供依据的、零星的、片面的资料,甚至什么也没有观察到。

7.1.3　房地产市场观察调查法的优缺点

1)观察调查法的优点

①真实可信,即信息的直观性、真实性和可信性。这是观察调查法的最大优点。

观察法可以实地记录市场现象的发生,能够获得直接具体的生动材料,对市场现象的实际过程和当时的环境气氛都可以了解,这是其他方法不能比拟的。另外,观察到的信息资料是调查对象的自然状态和没有任何修饰的、自然的、正常的行为。

②适用性比较强。观察调查法不要求被调查者具有配合调查的语言表达能力或文字表达能力,因此适用性也比较强。

③时效性长。在观察调查法中,可以利用各种载体如实记录信息资料。这些载体与信息资料都可以长期保存、使用和处理。此外,观察调查法还具有简便易行、灵活性强等优点。

2)观察调查法的缺点

①只能观察到外部行为,不能说明其内在动机。观察调查法最大的缺点是"知其然而不知其所以然"。

②成本比较高。使用观察调查法进行市场调研,有时需要各种先进的仪器,或者需要比较长的时间,同时要求调查人员有比较高的知识水平和一定的技术,因此调查活动的短期总成本较高。

③被观察者觉察到被观察时,难免受到一定程度的干扰而使观察结果失真等。

3)观察调查法应注意的问题

①调查时不能让被观察者觉察到正在被观察。如果做不到这点,被观察者往往会有心理变化以致有可能由此改变自己的行为。

②观察时要有记录。在记录中,应该把属于实际情况的内容和属于自己的印象、态度、体会的部分分开。一个记录要有这样几个要素:首先要记录观察到的东西;其次要记录观察者的心理活动(一定要和观察结果分开);再次,要记录时间,不仅是调查开始和结束的时间,还要记录观察过程中发生的事情的具体时间;另外,应该画一张图,帮助描述观察地点的环境,在上面标出自己所在的位置;原始记录可能非常乱,要在做完调查后整理出来,原稿和整理后的记录一起上交。

③观察时要做到客观描述,不要加上主观东西。观察记录过程中要尽量避免使用形容词和副词,应该尽量将其数量化,如"很长"就不如"约10米"。从这个意义上说,观察者应该是个摄像机。但摄像机不能替代观察员,观察员同时应该是摄像师,即决定录哪里,尤其是一些细节性的东西,可能要换几个方位,近距离观测,而又不被被观察者注意。另外,观察法有时不是单纯运用观察技术,有时也要适当介入,技巧性地向被观察者询问以更准确地了解实情。因此,观察员工作时,首先要当好"摄像机",其次要当好"摄像师"。同时,也要知道自己不仅是"摄像机"和"摄像师",有时也需通过与人接触、交流,确认观察到的事物的意义。

④观察员在接受观察任务时要详细了解项目设计者的意图,根据观察目的,确定观察什么,如何观察。

7.1.4　观察调查法的记录技术

观察调查法记录技术是指在进行观察调查中,对被调查对象进行记录时所采用的方法和手段。观察记录技术的好坏直接影响观察调查的结果,不同的观察方法要采用不同的记录技术。常用的记录技术主要有如下几种:

①卡片。将观察内容事先制成小卡片,随身带在身上,观察结果可很快记在卡片上。这种卡片便于汇总,携带方便。制作时注意去掉无关紧要的项目,保留一些重要的能说明问题的项目。

②速记。速记采用一些简便易写的线条、点、圈等符号代替文字,以最快的速度将现场观察结果记录下来,然后再整理成调查资料。

③符号。在观察调查前先准备一些简略的符号代表观察中可能出现的各种情况,在记录时只需用各种符号作记号,不需写文字,便于以最快的速度记录观察的结果。

④记忆。记忆是指在观察中不记录,观察后采取追忆的方式进行记录。常用于偶然观察又缺乏记录工具或时间紧迫来不及记录的重要信息资料。注意事后必须抓紧时间追忆记录,以免时间长了被遗忘。

⑤器材记录。器材记录是采用照相机、录音机、摄像机等器材进行观察记录。这种记录形象、直观、逼真,免去了观察者的记录负担。但易引起被调查者顾虑,容易失真。

7.2　房地产市场观察调查法的操作步骤和应用

7.2.1　房地产市场观察调查法的操作步骤

应用观察调查法收集市场资料时,必须按一定的程序,事先设计好观察方案。实施观察调查法一般按以下步骤进行:

1)选择观察对象

观察调查法在选择观察对象时,一方面要考虑与之配合的调查方式,如典型调查必须选择具有代表性的单位,抽样调查要按随机抽样抽取各种类型调查单位或非随机抽取调查单位,重点调查必须选择市场现象的重点单位等;另一方面还必须考虑观察调查法本身的特点,选择那些符合调查目的便于观察的对象。

2) 确定观察时间和地点

市场现象处在不断变化之中,在不同的时间、地点会有不同的表现,这就决定了观察时间、地点在观察调查法中特别重要,关系到所制定的观察项目是否能被观察到。观察时间、地点的确定必须根据具体情况而定。

3) 正确和灵活地安排观察顺序

在实施观察调查法的过程中,必须按一定的顺序进行观察。观察顺序一般有三种:第一种是主次观察法,即先观察主要对象和主要项目,再观察次要对象和次要项目;第二种是方位顺序观察法,即按观察对象所处位置,由远到近、由上到下、由左到右地对处在一定空间的对象进行全面观察;第三种是分解综合顺序观察法,即把所观察的对象从整体到局部分解,然后采取先局部后整体或先整体后局部的顺序观察。在实际观察中,可根据对象的特点,灵活安排观察顺序。

4) 尽可能减少观察活动对被观察者的干扰

在应用观察调查法时,经常会出现观察活动对被观察者的干扰,而使被观察者不能保持自然状态以致影响正常行为。所以观察者应尽量减少观察活动对被观察者的干扰。

被观察者不能保持自然状态,一般会有两种表现:一是出于本能而不是被观察者有意做出的;另一种是被观察者事先知道有观察活动,有意识地做出一些非自然状态的假象。第一种情况,观察者应尽量减少对观察活动的控制;而后一种情况,则需要观察者不被表面现象所迷惑,去伪存真,避免假象对观察结果的影响。

5) 做好观察记录

观察调查法的记录可以采取两种形式:一种是同步记录,即一边观察一边记录,这也是常用的记录方法;另一种是观察后追记,即在观察过程结束后再将观察结果记录下来。观察记录,除了用笔记录外,还可以根据需要利用工具进行记录。

7.2.2　观察调查法的分类应用

观察调查的方法有多种,对房地产市场调查而言,现场观察法、流量记录观察法、痕迹观察法应用较多。

1）现场观察法

现场观察法是房地产市场调查中常用的调查方法。

（1）销售现场观察

调查人员直接到房地产交易中心或参加展销会、洽谈会，观察房地产消费者选购房地产商品时的要求、购买动机和购买行为，调查消费者的需求特色以及对本公司商品和竞争对手商品的信赖程度。

（2）项目现场观察

调查人员直接到项目现场，观察项目的总体概况、现场环境、规划、户型设计以及销售状况等。对项目现场进行观察，调查人员并不是仅仅以旁观者的身份观察项目，往往是以顾客的身份深入项目现场，调查内容涉及的范围包括与商品销售有关的所有方面，亲身体会对方产品和服务的优点、价格或者服务技巧等，进行关于商品结构、商品订价、促销技巧等方面的记录。

2）流量记录观察法

流量记录观察法是指在一定的时间内，对经过某个地点的人口或者事物的数量进行现场记录的调查方法。流量记录观察法属于同步观察法的一种，调查的结果可以为定量分析提供数据。在房地产市场调查中，流量记录观察法常用来了解物业周边的交通情况，或者考察物业周边已建成物业如商场、娱乐设施的顾客流量等。具体的调查内容和方法主要有以下两种：

（1）人口流量观察记录法

人口流量观察记录法是指调查人员在预定的地点，对过往的人口流量数目或者其他行为特点的人口数据进行观察和统计记录的调查方法。

①调查方法实施。人口流量观察法很简单。例如，预先确定若干个需要进行比较的地点或者地段，每个地点派两位调查人员进行工作。一位调查人员负责数过往的人数，一位负责掌握时间和记录数据。如果希望对过往的人口进行分类的话，则需要事先设计好表格，然后由调查人员在表格中进行分类记录。

②应用。凡是与地点、人口数量两个变量有关的决策，都应该进行人口流量的调查。如关于店铺选址，在确定具体地点前，必须进行多个地点的比较。而比较的主要依据是不同地点流动人口的数量和类型。于是，企业可以按照确定的目标，在可以成为未来营业场所的几个预选地点上，同时派人进行内容相同的观察和统计，然后按照预定的要求进行优选。

（2）交通工具流量观察法

交通工具流量观察法是指对某个具体时间，通过某个路段的交通工具的数量和种类进行观察统计的调查方法。如在某个交通要道上对车流量、道路的拥挤水平进行调查统计,可以用来评价项目通达能力的质量和数量。

3) 痕迹观察法

痕迹观察法是指通过观察和收集顾客行为留下的痕迹,了解顾客行为规律或者其他市场情报的调查方法,也称事后调查或者过后调查法。痕迹观察法最典型的应用是媒体痕迹调查。媒体痕迹调查是指通过了解顾客留在大众媒体上的痕迹而了解媒体特征的调查方法,或者说根据媒体信息的回收进行某种判断的市场调研方法,主要进行消费者对媒体的关心程度、媒体的信誉、发行量、版面内容、广告的传递效果、竞争对手行为等有关方面的调查。

这种调查方法比较隐蔽,保密性也比较好,竞争对手不容易了解企业进行市场调研的目的,而且可以获得真实数据。

(1)调查程序

具体操作方法是:企业先在希望了解其特征的媒体上刊登消息,并附有回执。消息的内容上说明:凡是接触过该消息的,并且把回执送达给企业的视听者,都给予一定的利益或者优惠。这样,企业通过收回的回执数量,以及回执中填写的内容,就可以了解该媒体视听者的数量、类型、特点等方面的特征。这种方法可以在任何印刷媒体上应用,如报纸、杂志、传单、信函等。

(2)应用

①关于媒体知名度的调查。各种大众媒体是进行广告和其他促销活动的主要手段。为了使企业的促销费用获得最大效益,企业必须真正了解各种媒体的实际状况,于是必须对不同媒体的各个方面进行观察,而不会完全听信媒体自己的介绍。企业可以根据回收的媒体单张数目和回收时间,按照一定的权数推断出有多少人阅读了该媒体,并且注意到了该媒体的某个版面,注意到了该版面的内容。单张回收率高的媒体,说明比较受观众喜欢,可能有较好的影响和比较高的广告效果。这方面的信息可帮助企业在确定促销活动时,更好地进行媒体选择。

②对目标市场范围的调查。通过对视听者在回执内填写的内容进行统计分析,从中可以了解到与该媒体接触的消费者类型以及具体的人口特征等。这样的信息对企业市场细分标准的确定,对广告的设计,对企业与目标市场消费者的沟通等都有帮助。

③对广告内容的调查。企业可以在相同或者不同的媒体上刊登内容相同或者不相同的广告,根据回收的回执单张数目,不仅可以了解不同的媒体在消费者心目中的地位或者收视率,而且可以看出不同的广告内容有不同的传递效果,不同的消费者对相同的广告内容有不同的关心程度。

④对竞争对手的观察。企业可以通过对各种媒体传播内容进行观察和统计,了

解竞争对手的一些促销活动和经费的使用情况,为企业制订促销策略和财务计划提供依据。

7.3　房地产市场观察调查法主要内容及常用表格

7.3.1　房地产市场观察调查法的主要内容

1)观察顾客的行为

了解顾客行为,可促使企业有针对性地采取恰当的促销方式。所以,调查者要经常观察或者摄录顾客在现场、房展会上的活动情况,如顾客在现场和房展会上最关注的是什么,是项目的位置、价格还是户型设计等;顾客对项目有何议论等。

2)观察市场环境

市场环境观察主要观察人口环境,如人口数量、增长率、结构、家庭规模等;经济环境,如经济发展状况、产业结构、利率水平、物价水平、财政收支状况、居民收入水平、消费水平与结构、项目所在地区的经济结构状况等;政治环境,如相关方针政策、法律法规等;社会文化环境,如价值观念、生活方式、审美观、风俗习惯等;自然环境,如水土、气候、资料等。

3)观察项目的整体概况

观察项目的整体概况,主要包括项目环境和项目特性两方面。项目环境观察主要是观察项目的通达性、关联性、可视性、项目所在区域的自然条件、项目的周围景观、环境卫生、社会治安情况、项目周围的交通条件及项目的周边配套设施等;项目特性观察主要是观察项目的物理条件及项目的经济、法律特性等,如项目的价格、销售量、产权状况、地块的面积形状、建筑物的布局、户型、便利配套等。

7.3.2　房地产观察调查法调查的信息

1)土地基本信息

①土地所处区域及区域基本特征。

②土地位置:详细的四至范围,临近的重要标志性建筑或设施。

③土地目前状态:即土地是处于待拆迁的毛地状态,尚未转为国有土地的生地状态,还是已达到建设用地标准的熟地状态。如果已达到熟地状态,开发程度如何,是三通一平还是七通一平。

④土地面积和形状:包括占地面积和可建面积(根据政府规划容积率要求计算),如果形状不规则要进行描述,画出简单示意图。

2) 新建楼盘基本信息

①项目名称。

②所处区域及详细地址。

③项目用途,即用于住宅、办公、商业,还是几种用途的综合。

④所处状态,即是处于土地拆迁、整平、达到基本建设条件、打桩、建设到某一楼层、结构封顶、外装修、内装修、竣工等。这里的信息还要附时间,如记录"已建设至第六层(2001年6月20日)"。

⑤建筑结构以及项目中各幢楼的楼型、幢数、层高等。

⑥户型结构。根据用途不同分类描述各类型的数量、面积和基本结构。如住宅用途包括卧室数量及面积、客厅和餐厅面积、卫生间数量及面积、厨房面积等。

⑦项目中各相邻房屋间距。

⑧电梯数量及品牌。

⑨项目内部配套设施。

⑩项目周边公共交通状况。

⑪项目周边设施状况,如餐饮、娱乐、休闲场所、银行、商场、学校等分布状况。

3) 房地产项目周边交通及配套设施信息

房地产开发企业为了更好地吸引购房者或房地产用户,有时需要设计辅助的公交系统和建设相关的配套设施。对开发项目周边的交通及配套设施进行观察法调查,大致包括以下信息:

①项目周边交通状况信息:如公共交通状况,公交线路名称及起止点,地铁或轻轨站名及与项目的距离,邻近的主、次干道,机场、火车站或码头所处位置及与项目的距离等。

②项目周边配套设施基本信息:如银行、超市、商场、幼儿园、学校、公园、娱乐场所、宾馆饭店等的名称、数量及与项目的距离。

7.3.3　房地产市场观察调查法常用表格

1）楼盘调查表（见表 7.1）

表 7.1　楼盘调查表

楼盘名称			位　置		
发展商			代理商		
规　模					
配　套					
工程状况		管理费		元/m²	实用率/%
推出日期			交楼日期		
装修标准					
销售范围					
主要户型					
户型面积及销售情况	户　型	面积/m²	数量/套	占总量的面积比例/%	销售数量	销售数量占本户型比例/%	销售数量占总套数的比例/%
	一房一厅						
	二房二厅						
	三房二厅						
	四房二厅						
	复式						
最高价	元/m²	最低价		元/m²	均价		元/m²
卖　点						
综合点评						

2）项目情况调查表（见表 7.2）

表 7.2　项目情况调查表

园　林				
会　所				
公共装修	外　墙		电梯前厅及走道	
	大　堂		电　梯	
	地面装修		内墙墙面	
	顶　棚		车行道	
	楼梯楼杆及扶手			

续表

物业配套设备	供水系统：			
	供电系统：			
	供气系统：			
	通信系统：			
	邮政系统：			
	电视系统：			
	制冷系统：			
	供热系统：			
	消防系统：			
	电梯系统：			
	保安系统：			
	其他：			
开发商		物管商		

3）配套设施调查表

（1）配套设施调查表（见表7.3）

表7.3　配套设施调查表

			数　量	档　次	影响力	所属部门	发展趋势
社会公用配套	娱乐	电影院					
		歌舞厅					
		网　吧					
	文化	学　校					
		图书馆					
		体育馆					
	保健	医　院					
		健身室					
周边楼盘配套		会　所					
		文　体					
		娱　乐					
		休　闲					

（2）交通状况调查表（见表 7.4）

表 7.4　交通状况调查表

起　点	终　点	途经车次	项目所处站名

（3）配套设施汇总表（见表 7.5）

表 7.5　配套设施汇总表

配套名称	地　点	类　型	与该项目交通

4）住宅项目调查表（见表 7.6）

表 7.6　住宅项目调查表

项口名称				电　话		
发展商				代理商		
物业管理				物管费		
地理位置				车位数/价格（售/租）		
占地面积	建筑面积	容积率		户　数	楼层与栋数	实用率
户型及面积	主力户型及面积分布	户　型	面　积	套　数	户型比例	销售套数	销售比例
配套设施						
销售价格						
付款方式						
综合评述						

5)写字楼项目调查表

(1)写字楼调查表(见表7.7)

表7.7　写字楼调查表

<table>
<tr><td rowspan="9">基本状况</td><td colspan="2">名　称</td><td colspan="9"></td></tr>
<tr><td colspan="2">详细位置</td><td colspan="9"></td></tr>
<tr><td colspan="2">发展商</td><td colspan="3"></td><td colspan="2">租(售)电话</td><td colspan="4"></td></tr>
<tr><td colspan="2">代理商</td><td colspan="3"></td><td colspan="2">电子邮箱</td><td colspan="4"></td></tr>
<tr><td colspan="2">设计单位</td><td colspan="3"></td><td colspan="2">施工单位</td><td colspan="4"></td></tr>
<tr><td colspan="2">占地面积</td><td colspan="2"></td><td colspan="2">建筑面积</td><td colspan="2"></td><td colspan="3">施工进度</td></tr>
<tr><td colspan="2">竣工时间</td><td colspan="2"></td><td colspan="2">封盘时间</td><td colspan="2"></td><td>一期</td><td>二期</td><td>三期　四期</td></tr>
<tr><td colspan="2">立项时间</td><td colspan="2"></td><td colspan="2">开工时间</td><td colspan="2"></td><td></td><td></td><td></td></tr>
<tr><td rowspan="4">楼内资源</td><td>类型</td><td colspan="2">办公</td><td colspan="2">会议</td><td colspan="2">大堂</td><td>公共通道</td><td>配套公建</td></tr>
<tr><td>面积</td><td colspan="2"></td><td colspan="2"></td><td colspan="2"></td><td></td><td></td></tr>
<tr><td>所占比重</td><td colspan="2"></td><td colspan="2"></td><td colspan="2"></td><td></td><td></td></tr>
<tr><td>层高</td><td colspan="2"></td><td colspan="2"></td><td colspan="2"></td><td></td><td></td></tr>
<tr><td rowspan="6">装修标准</td><td rowspan="2">外部装修</td><td>外墙</td><td colspan="3"></td><td rowspan="6">内部装修</td><td>地面</td><td colspan="3"></td></tr>
<tr><td>门窗</td><td colspan="3"></td><td>内墙</td><td colspan="3"></td></tr>
<tr><td rowspan="4">公共部分装修</td><td>人望</td><td colspan="3"></td><td>厨房</td><td colspan="3"></td></tr>
<tr><td>通道</td><td colspan="3"></td><td>卫生间</td><td colspan="3"></td></tr>
<tr><td>电梯</td><td colspan="3"></td><td>天花板</td><td colspan="3"></td></tr>
<tr><td></td><td colspan="3"></td><td></td><td colspan="3"></td></tr>
<tr><td rowspan="4">设备情况</td><td colspan="2">空调系统</td><td colspan="4"></td><td colspan="2">监控系统</td><td colspan="3"></td></tr>
<tr><td colspan="2">管道热水</td><td colspan="4"></td><td colspan="2">通信系统</td><td colspan="3"></td></tr>
<tr><td colspan="2">消防系统</td><td colspan="4"></td><td colspan="2">电梯品牌</td><td colspan="3"></td></tr>
<tr><td colspan="2">保安系统</td><td colspan="9"></td></tr>
<tr><td rowspan="2">销售</td><td colspan="2">销售价格</td><td colspan="2">出租价格</td><td colspan="2">付款方式</td><td colspan="2">车位租金</td><td colspan="3">车位售价</td></tr>
<tr><td colspan="2"></td><td colspan="2"></td><td colspan="2"></td><td colspan="2">车位个数</td><td colspan="3"></td></tr>
<tr><td rowspan="2">物业管理</td><td colspan="3">物业管理内容</td><td colspan="3">收费标准</td><td colspan="5">物业内容</td></tr>
<tr><td colspan="3"></td><td colspan="3"></td><td colspan="5"></td></tr>
</table>

续表

环境状况	周边主干道	
	内部相邻单位	
	周边主要单位	
	公交线路	
	周边配套设施	
	周边学校、医院	
	治安状况	

（2）写字楼物业常用调查表

①写字楼物业的主要规划设计指标，见表7.8。

表7.8　写字楼物业主要规划设计指标表

序号	物业名称	标准层面积/m²	建筑层数	开间标准/m²
1				
2				
3				

②写字楼物业配套设施情况，见表7.9。

表7.9　写字楼物业配套设施情况表

物业名称	商务配套	生活配套

③写字楼物业设施情况，见表7.10。

表7.10　写字楼物业设施情况表

档次	物业名称	物业管理单位	物管收费/(元·月⁻¹·m⁻²)	空调平时收费	空调超时收费	物管免费服务	物管有偿服务

④写字楼物业车位状况，见表7.11。

表7.11　写字楼物业车位状况表

物业名称	总建筑面积/m²	每车位面积/m²	车位总数/个	地上车位数量/个	地下车位数量/个

6) 其他常用调查表

(1)区域市场项目供给价格水平统计表(见表7.12)

表 7.12　区域市场项目供给价格水平统计表

价格水平/(元·m^{-2})	5 000 以下	5 000 ~ 6 000	6 000 ~ 7 000	7 000 ~ 8 000	8 000 以上
面积/m^2					
比例/%					

(2)区域市场项目供给面积水平统计表(见表7.13)

表 7.13　区域市场项目供给面积水平统计表

面积水平/m^2	80 以下	80 ~ 120	120 ~ 150	150 以上
套　数				
比例/%				

(3)市场调查数据汇总表(见表7.14)

表 7.14　市场调查数据汇总表

项目名称	类　型	位　置	起　价	均　价	总建筑面积	物业管理费/(元·月$^{-1}$·m^{-2})

7.4　相关案例

【案例1】

"合富辉煌"项目区域市场调查[1]

1)调查目的

本项目位于柳州市城中区,但同属于五星商业圈内,它所在的地理位置决定了市场调研的主要方向。相对而言,城中区商用物业的市场定位及价格定位将成为本项目的主要参照系,因而借鉴该区域的商业状况成为本项目定位的关键。

在此次调研中,我公司认为城中区作为柳州市商业零售、娱乐、休闲的制高点、集中区,不光着眼于现有的商业形态调查,还应注重未来规划的影响。

---

〔1〕本案例摘自"合富辉煌"房地产销售中心市场建议书。

2)五星商圈主要街区功能分析

(1)龙城路街区功能分析

表1 龙城路街区功能分析表

种类	服装	皮具	鞋	眼镜	餐饮	茶叶	音响	百货行	名店广场	摄影	药店	银行	金铺	通讯	合计
数量	37	2	15	3	3	1	1	1	1	4	1	1	1	6	77
比例/%	48.05	2.6	19.48	3.9	3.9	1.3	1.3	1.3	1.3	5.2	1.3	1.3	1.3	7.8	100

经营种类:整个龙城路以经营服装为主,占48.05%;其次为鞋,占9.48%。其中二轻商场以经营服装、鞋、家用小电器、饰品为主;龙城名店广场一楼经营鞋,二楼经营男装。

租金范围:180～300元/m²。

经营品牌:服装有左丹奴、卡丹路、观奇洋、七匹狼、古希伦;鞋类有红蜻蜓、安踏、法兰、达芙妮、步步高。

路段环境:

①龙城路作为城中区主要商业路段,人流、车流比较繁忙,但受限于交通管制(龙城路为单行线),给消费者带来诸多不便,但该路段仍然是商业旺街。

②该街区除以品牌服装的销售为主导外,通讯产品市场的扩张亦显集中。

(2)解放街区功能分析

①解放南路:

表2 解放南路街区功能分析表

种类	餐饮	游戏	百货	服装	鞋帽	图书	内衣	通讯	珠宝行	合计
数量	5	1	2	44	3	1	1	3	1	61
比例/%	8.2	1.64	3.28	72.13	4.92	1.64	1.64	4.92	1.64	100

经营种类:以服装为主,占72.13%,其他有餐饮、通讯等品种。

经营租金:150～300元/m²。

②解放北路:

表3 解放北路街区功能分析表

种类	银行	化妆品	餐饮	服装	花店	婚纱	百货	医药	艺术品	电器	相馆	杂志	礼品店	合计
数量	3	1	9	4	7	7	2	4	2	1	3	1	1	42
比例/%	7.14	2.38	21.43	9.52	16.67	9.52	3.97	9.52	3.97	2.38	7.14	3.97	3.97	100

经营种类:北路与南路相比,餐饮业占主导地位,其次是服装、医药、婚纱。

经营租金:150元/m²左右。

路段环境:从解放路目前的情况分析,它也是城中区主要商业路段之一,与龙城路不分上下。解放南路有一段为双行线,可起到缓解交通的作用;其大部分也是单行线,与龙城路、广场形成一个环形路线,构架起城中区的商业中心地带。该路段人流、车流量大,休闲餐饮业比较集中。

(3)文惠路街区功能分析

表4　文惠路街区功能分析表

种　类	图书	五金	服装鞋帽	洗衣	办公用品	摄影	工艺	床上用品	美容美发	日杂
数　量	2	2	46	1	4	5	12	2	4	8
比例/%	1.67	1.67	38.33	0.83	3.33	4.17	10	1.67	3.33	6.67
种　类	中介	琴行	网吧	画廊	电信	餐饮	体育用品	其他	粮油	合计
数　量	2	4	5	6	3	2	9	2	1	120
比例/%	1.67	3.33	4.17	5	2.5	1.67	7.5	1.67	0.83	100

经营种类:文惠路仍以服装鞋帽经营为主,占总量的38.33%。

经营租金:根据路段不同,门面大小及装修程度也不同,租金在50~270元/m²。

路段环境:该路段除延续柳州城中区的商业特点(以经营服饰为主)外,与文化、体育、艺术相关的产品较多。但作为单行线,该路段人流较少,商业气氛不足。

总结:据以上资料分析,城中区的街铺以服装、鞋类、小家电、通讯产品的经营为导向;而其中该区的餐饮、娱乐、诸多大型商场的强力支持令该区的商业环境持续走强。

3)五星商圈主要商场经营分析

(1)工贸大厦(百货公司卖场)

表5　工贸大厦经营种类表

楼　层	经营种类
负1层	家电广场
1	皮具、玉器、电子、电器、通讯、化妆品、肯德基
2	床上用品、鞋类、内衣
3	男女服装(职业服装偏重,兼营休闲类)
4	百货超市、体育器材、体育用品、运动鞋

经营品牌:飞利浦、索尼、雅芳、皮尔卡丹、丹东尼等。

经营方式:统一管理,铺位不出售,不直接收租金,以提成方式收取费用,一般在营业额的24%~25%提取。

(2)五星商场(百货公司卖场)

表6　五星商场经营种类表

楼　层	经营种类
1	家用电器、保健品、化妆品、糖烟食品
2	女士休闲服装、皮具、鞋帽
3	男士休闲服、金银珠宝、床上用品、棉毛衫裤、纺织品
4	男士服饰、领带、衬衫、女士服饰、牛仔休闲装、皮装
5	通讯器械、体育娱乐用品、文化用品、电脑、照相器材、童装、玩具、保健品
6	大型娱乐城
7	金马食城
8	保龄球

经营品牌：

表 7　五星商场经营品牌表

种　类	品　牌
电　器	飞利浦、海尔、索尼、西门子等
服　饰	圣罗兰、华伦天奴、宾奴、啄木鸟、鳄鱼等
内　衣	皮尔卡丹、舒雅等
化妆品	雅芳、柏纷等

现场人流：

表 8　五星商场现场人流表

时　间	上午 10 点	下午 16 点	晚上 19 点
人流量	22 人/min	53 人/min	62 人/min

经营方式：统一管理，铺位不出售，不直接收租金，以提成方式收取费用，一般在营业额的 24%～25% 提取。

（3）东都百货（百货公司卖场）

表 9　东都百货经营种类表

楼　层	经营种类
1	化妆品、鞋、皮具、精品小家电
2	青春少女装、流行服饰
3	职业成熟女装、睡衣、内衣、内裤
4	男士服装、服饰
5	日用百货、床上用品、运动休闲装、儿童装、饮品

经营品牌：爵士丹尼、铁士等五大品牌。

经营方式：统一管理，铺位不出售，不直接收租金，以提成方式收取费用，一般在营业额的 24%～25% 提取。

保底金制度：按铺位位置、面积、楼层不同，有不同的保底金。

（4）兴隆大厦（精品服饰卖场）

表 10　兴隆大厦经营种类表

楼　层	经营种类	楼　层	经营种类
负 1 层	皮鞋、精品、服饰	2	鞋帽、休闲服饰
1	精品服饰	3	休闲装

铺位数量：191 间。其中服装共 115 间，占 60%；饰品 55 间，占 29%；鞋、内衣、童装等 21 间，占 10%。

铺位面积：小于 20 m² 的铺位 183 个，占 96%；20～40 m² 的铺位共 8 间，占 4%。

经营方式：散铺经营，以收租为主。

月租金:

表 11 兴隆大厦月租金表

楼 层	月租金
首 层	柜台 1 000 ~ 1 300 元/(m^2 · 月$^{-1}$)
二 层	基本价:2 500 ~ 3 000 元/(间 · 月$^{-1}$) 6 ~ 10 m^2:400 ~ 1 400 元/(间 · 月$^{-1}$) 10 ~ 18 m^2:1 500 ~ 2 500 元/(间 · 月$^{-1}$) 19 m^2 以上:3 000 元/(间 · 月$^{-1}$)
三 层	基本价:1 500 ~ 1 800 元/(间 · 月$^{-1}$) 10 ~ 18 m^2:30,40,60 元/(m^2 · 月$^{-1}$)

物业管理费:5 元/(m^2 · 月$^{-1}$)

空置率:0。

现场人流:

表 12 兴隆大厦现场人流表

时 间	上午 10 点	下午 16 点	晚上 19 点
人流量	22 人/min	53 人/min	60 人/min

综合评价:该商场地处商业中心,周边商业气氛浓厚。该项目建于 1999 年 4 月 8 日,现商场内的布置比较陈旧,购物环境及档次偏低,业主经营以低档商品为主;该商场针对的客户群多为 20 ~ 30 岁的女性消费者,但由于商场内没有统一规划,显得杂乱无序,使中山中路相当一部分具中档消费水平的消费者未被吸引过来。

(5)兴隆服装小精品地下商场

地理位置:中山中路步行街兴隆大厦地下一层。

铺位数量:37 间。

铺位面积:8 ~ 20 m^2。

经营类别:

表 13 兴隆服装小精品地下商场经营类别表

经营种类	服 装	饰 品	鞋 包
所占比例	50%	30%	20%

月租金:720 ~ 1 800 元/间。

人流量:人流量较少,约 3 ~ 5 人/分,晚上人流量稍有增加。

综合评价:位于中山中路商业步行街,档次偏低,没有统一管理规划,主要凭借其良好的商业地段进行经营。

总结:

①目前五星商圈的商场以"百货公司"经营中高档服装、鞋类、化妆品、皮具、精品、通讯产品等的零售为主。

②总体而言五星各大商场的人流量较大,经营状况在柳州市也是较理想的。

③相关区域内商场由于经营种类、档次较接近,可替代性强,故竞争相对比较激烈。

【案例 2】

海口泽丰花园项目调查[2]

调查对象:泽丰花园。

调查时间:2006 年 10 月 21 日。

调查方法:项目现场观察。

(1)项目概况

项目名称:泽丰花园。

类型:商用住房(共管型公寓社区)。

区域:美兰区。

地理位置:海口市国兴大道 39 号(省图书馆正对面)。

开发商:海口××房地产开发有限公司。

代理商:海南××旅游房地产投资咨询有限公司。

物业管理:海南××公寓度假村管理有限公司。

占地面积:9 926.2 m^2。

建筑面积:33 018.12 m^2。

容积率:2.99。

绿化率:40.1%。

售楼处地址:海口市国兴大道 39 号(省图书馆对面)。

售楼热线:××××-××××××××。

项目进度:开工日期 2005 年 1 月。

(2)周边环境

泽丰花园位于海口城市战略发展核心区,城市向东发展后的中心城区。比邻南渡、江美舍河。周边省级行政单位林立,省人大、政协业已进驻,省委等即将迁入,同时紧邻 25 000 m^2 图书馆,18 000 m^2 体育馆,25 000 m^2 博物馆,23 000 m^2 省艺术中心等。500 m 全能生活圈,6 亿市政配套,多边公交环绕,医院、学校、农贸市场等配套,一应俱全。

(3)楼盘调查表

表 1　楼盘调查表

项目名称	泽丰花园		电话	××××-××××××××	
发展商	海口××房地产开发有限公司		代理商	海南××旅游房地产投资咨询有限公司	
物业管理	海南××公寓度假村管理有限公司		物管费	1 元/m^2	
地理位置	海口市××大道 39 号		车位数/价格(售/租)		
占地面积	建筑面积	容积率	户数	楼层与栋数	实用率

续表

9 926.2 m²	33 018.12 m²	2.99		213		9 层 1 栋,19 层 2 栋	
户型及面积	主力户型及面积分布	户型	面积/m²	套数	户型比例	销售套数	销售比例
		3F2T	135.35				
		3F2T	118.66				
		2F2T	83.06				
		2F2T	75.57				
配套设施	区域外配套设施:离南渡江 500 m,美舍河 50 m;39,8,33,45,43 路公交中转站与终点站;500 m 全能生活圈,餐饮、娱乐、购物、银行、邮局、医院、学校、网球场等一应俱全。区内配套设施:茶艺馆、酒吧、SPA 会馆、美容美发、足浴按摩中心、超市、通讯服务中心等						
销售价格	均价 2 650 元/m²,每层加 30~50 元/m²。						
付款方式	(1)一次性付款;(2)银行按揭						
综合评述	拥有得天独厚的区位优势,又有着完善的区内配套设施和区域配套设施,是度假、养老、投资、居住的理想社区						

实训任务

对本地区某房地产项目进行现场调查,并撰写调查报告。

复习思考题

1. 名词解释

观察调查法　非参与性调查法　现场观察法　痕迹观察调查法

2. 简答题

①什么是观察调查法?有哪些基本类型?

②常用的观察记录技术有哪些?

③简述观察调查法的操作步骤。

3. 思考与讨论

①房地产市场调查中常用的观察法有哪些方式?

②简述房地产市场观察调查法的主要内容。

③应用房地产观察调查法可以调查哪些常用信息?

【阅读材料】

神秘顾客 [3]

神秘顾客:使接受过相关培训或指导的个人以潜在消费者或真实消费者的身份对任意一种顾客服务过程进行体验与评价,然后通过某种方式详细客观地反馈其消费体验。

——据说是标准的"神秘顾客"定义

如今在中国的服务行业中,神秘顾客概念可以说是大红大紫。不管是跨国的商业巨头还是本土的零星小店,不论是自以为阳春白雪的教授专家还是每天迎来送往的一线员工,不仅是专业的市场研究人员,还包括企业的主管和老板,都听说过"神秘顾客",都在说着"神秘顾客"。当然,这里面有推崇倍至的,也有嗤之以鼻的。通过 google 检索,约有 748 000 项符合神秘顾客的查询结果,可见其多么深入人心。

神秘顾客这个概念从哪里来的呢? 大多数资料显示,神秘顾客概念来自于美国,首先是被快餐业的巨头麦当劳和肯德基使用,并因为这些连锁商店开遍世界而把这个概念传递开来。中国有了麦当劳、肯德基,由此就知道了神秘顾客。这样的说法也几乎无法考证,可能是因为美国的商业发达,而且像麦当劳这样的跨国快餐更需要服务的标准化、规范化,他们也更可能最先研究使用一些新的管理方法,从"神秘顾客"的特点来看又特别适合这样的企业应用,因此,上述的说法有几分道理。

神秘顾客的产生有其必然的根源,社会化大生产和商业服务分工的细化推动神秘顾客的产生,而真正的发展是由于连锁这种商业业态的不断发展。如果是一家一户的小作坊,老板手下看着几个小伙计,举手投足都在眼皮底下,根本没必要请"神秘"的别人来替自己"偷窥"。即使是成长为大型的企业,比如拥有上百餐位的大饭店,老板带着几个亲信也可以顾得过来。可要是店面多了、离得远了或者跨过大洋来到异国他乡,再有本事的老板也难以亲历亲为了,请"神秘顾客"就变得顺理成章。

也不是所有大型的连锁的跨国的企业都需要神秘顾客,如果是生产型企业,生产机床的、制造轮船的可能都不需要神秘顾客,也没有应用神秘顾客的基础。神秘顾客只能产生于服务业,产生于与消费者密切接触的窗口行业。

神秘顾客的产生与服务业在国民经济中不断占据更重要的位置相关。在一个不发达的经济体中,人们更多的是为了填饱肚子而奋斗,食品的匮乏使人们不会更多的关注服务质量。经济腾飞以后,第一第二产业比重下降,人们对服务的要求提高,作为企业为了应付日益苛刻的消费者而费尽心机,那聘请比一般顾客甚至还要苛刻的神秘顾客来进行预先或者过程中的衡量与监督,就成为一个重要选择。

神秘顾客服务研究方法来到中国,是与满意度研究的风行联系在一起的,也有很多专业人士将神秘顾客看作是满意度研究的一种或者是补充。仁者见仁,智者见智,但神秘顾客更多的是一种管理手段,一种现场管理手段,如果不与管理相结合,神秘顾客不会起到很好的作用。

应用神秘顾客有很多限制:必须考虑社会文化的接受程度,必须遵守国家的法律和道德标准,

---

〔3〕　摘自中国神秘顾客检测网(http://www.smgk.com)。

企业也要遵守相关制度保障员工权益,甚至涉及人权和隐私保护,否则如果引起员工的不满,那会得不偿失。

神秘顾客目前在连锁商业、电信、银行等行业应用很广泛,关于其理论和具体操作规范的探索也在不断深入。希望通过我们的探讨,能够给大家一个新的视角,将这个有益的工具更好地发挥。

大家都在热捧神秘顾客监测,好像只要有了神秘顾客监测,所有的管理问题就都解决了。事实上也有很多公司或者管理者确实是这样认为的,并强加了很多沉重的负担给本来应该轻松的神秘顾客身上。难道神秘顾客这个不怎么地道的外来和尚真的能念好中国的所有管理真经吗?世界上没有包治百病的灵丹妙药,自然也不会有能解决所有管理问题的模式法则。神秘顾客的方法不是街头贩卖的大力丸,好东西也应该取之有道、用之合理。

神秘顾客监测作为一个市场研究方法,同时也是对现场管理方法的有效补充,对于服务窗口行业能起到非常重要的作用。总结起来,我归纳为:保持压力、了解实情、发现问题、实现奖惩、提升管理。

通过神秘顾客的监测可以让服务行业的一线员工时刻保持一种无形压力,促使其在整个工作期间始终不敢放松,保证良好的服务质量。通过神秘顾客的监测还可以使管理层得到最接近事实的信息。

神秘顾客再神秘也是顾客,因此可以以一个消费者的眼光看待接受的服务,由此发现管理者或服务人员发现不了的问题。

通过神秘顾客的记录,可以发现一线服务中的闪光点和先进分子,作为表彰的基础,同时对其他服务人员起到激励作用,有利于整体服务质量的改进。

作为管理者却不应该仅仅局限于通过神秘顾客发现问题,同时还应该能够针对出现的问题和不当之处进行改正。企业服务质量的好坏很大程度上是企业管理整体中存在问题导致的,也是企业管理问题集中体现的一个窗口。比如,这个员工对待顾客态度不好很可能是因为上个月的绩效考评受到了不公正的待遇,另外一个员工业务问题回答不上来,可能是因为最近的培训师总是忙于个人的结婚准备减少了培训次数。有些神秘顾客能够结合自己的体验提出改进意见,专业的咨询公司结合神秘顾客提供的资料,能够对企业进行诊断,找出问题根源,并提出解决方案。企业管理层、神秘顾客、管理咨询紧密结合,通过神秘顾客看到的外在表现,结合其他的咨询手段解决管理中存在的深层次问题,包括人力资源管理、流程管理、现场管理等企业管理的多方面,实现管理水平的提升。作为一些管理措施或者咨询方案实施以后的效果评估,神秘顾客也可以发挥很大的作用。

【讨论】

根据上述关于神秘顾客的介绍,结合房地产市场的特色,谈谈在房地产市场调查中,哪些方面可以应用神秘顾客?

第8章
房地产访问调查法

【本章导读】

本章主要介绍房地产访问调查的基本内容和方法,房地产访问调查的操作步骤与注意事项,几种主要的房地产访问调查方法,如网络调查法、德尔斐法、小组座谈法、深层访谈法。通过本章学习,能用房地产访问调查法对本地区某房地产项目开展调查。

房地产访问调查主要是依靠调查者的语言交流来完成的,因此,调查者和被调查者的沟通是否畅通将会影响调查结果的客观真实性。

8.1 访问调查法

8.1.1 访问调查法的概念与特点

访问调查法,也称访谈法,就是访问者通过口头交谈等直接向被访问者了解社会情况或探讨社会问题的调查方法。访问调查法的特点是:

①它是访问者与被访问者面对面的自由调查。

②它是通过交谈方式进行的口头调查。

③它是访问者与被访问者双向传导的互动式调查。

④它是需要一定访谈技巧的有控制的调查。

8.1.2　访谈过程及其技巧

1) 接近被访问者

对被访问者的称呼,应注意以下几个问题:

①要入乡随俗、亲切自然。

②要符合双方的亲密程度和心理距离。

③既要尊重恭敬,又要恰如其分。

④要注意称呼习俗的发展和变化。

接近被访问者的方式有:自然接近、求同接近、友好接近、正面接近、隐藏接近。可根据实际情况,选择恰当的接近被访问者的上述方式。

2) 提问的方式

提问的方式多种多样,究竟采取哪种方式应该考虑三个方面的因素,即:

①要考虑问题本身的性质和特点。

②考虑被访问者的具体情况。

③考虑访问者与被访问者之间的关系。

3) 听取谈话的技巧

实践证明,要有效地听,就必须做到以下几点:

①要排除听的障碍。

②要有正确的态度。

③要提高记忆能力。

④要善于做出反应。

4) 引导和追询

访谈过程除了提出问题和听取回答外,有时还需要引导和追询。与提问不同,引导不是提出新问题,而是帮助被访问者正确理解和回答已提出的问题。引导是提问的延伸或补充,是访谈过程中不可缺少的环节或手段。

5) 访谈的结束

访谈结束应该注意两个问题:一是要适可而止,二是要善始善终。

6）再次访问

再次访问大体可分为三种类型,即补充性再次访问、深入性再次访问和追踪性再次访问。

8.1.3　访问调查的实施

1）做好访问前的准备

①准备访问提纲,学习与调查内容有关的知识。
②选准访谈对象,尽可能了解被访问者。
③选好访谈的时间、地点和场合。

2）建立良好的人际关系

要建立良好的人际关系,就必须:
①表明来意,消除疑虑。
②虚心求教,以礼待人。
③平等交谈,保持中立。
另外,访问调查法实施过程中,要重视访谈过程中的非语言信息。

8.1.4　访问调查法的优缺点

1）访问调查法的优点

①访问调查法能广泛了解各种社会现象。
②访问调查法能深入探讨各类社会问题。
③访问调查法能灵活处理访谈过程中的问题。
④访问调查法能提高访谈的成功率和可靠性。
⑤访问调查法能适用于各种调查对象。
⑥访问调查法有利于与被访问者交朋友。

2）访问调查法的缺点

①访问调查具有一定的主观性。

②不能匿名,有些问题不能或不宜当面询问。

③访问调查获得的材料有许多需要进一步查证、核实。

④访问调查费人力、费财力、费时间。

8.2 网络调查法

8.2.1 网络及网络资源

Internet 是世界上最大的计算机网络系统,目前已有 150 多个国家和地区的几万个计算机网络,几百万计算机联结在这个网上。Internet 接有上万个信息库,其信息媒体包括文字、数据、图形、图像、声音等形式,信息属性有软件、图书、报纸、杂志、档案等,信息内容涉及政治、经济、科技、教育、法律、军事、文艺、体育等社会生活的各个领域,它可以提供全球性的信息沟通,几千万网上用户遵守共同的协议,共享信息资源,彼此交织成一种新的"电脑网络文化"。打一个比方,可以把 Web 看作一个巨大的图书馆,Web 节点就像一本本书,而 Web 页好比书中特定的页。页可以包含新闻、图像、动画、声音、3D 世界以及其他任何信息,而且能存放在全球任何地方的计算机上。一旦与 Web 连接,您就可以使用相同的方式访问全球任何地方的信息,而不用支付额外的"长距离"连接费用或受其他条件的制约。

目前,已有超过一半的人类知识储存在互联网中。如此巨大的知识库是任何一个企业都无法忽视的,可以说,互联网差不多能够告诉你一切需要的信息。对于营销调研,互联网正在成为非常重要的文案资源之一。

8.2.2 网络调查的主要应用

通过网络调查,特别是利用丰富的网络资源,可以进行以下房地产调查分析。

应用一:分析地区房地产业的发展现状及发展趋势。对于房地产市场宏观状况的表述和评价以及对变幻莫测的市场未来如何发展的预测,不仅需要大量的市场交易的数据及资料,更需要分析者的逻辑和综合。而通过海量网络资源,可以借鉴别人已经分析出的东西,短时间内完成分析任务。

应用二:搜集在某区域拟开发的住宅项目的区域背景资料。要把各种区位因子定量化地表示出来,实地调查是最佳的,但是其中的每个区域都有很大的占地面积,短期内调查者很难从整体上进行把握。这时,运用网络调查法,可以查找各种相关二手资料,特别是利用城市地图资料可以查找所需的近似数据。

应用三:调查地区在售居住性房地产总体价格水平。这种调查,需要运用抽样设计方法,而样本的获得在时间短、精度要求不高、预调查等情况下,也可以利用网络调查法,获得大量楼盘项目资料,然后进行抽样计算。

8.3　德尔斐调查法

德尔斐法是在 20 世纪 40 年代由 D·赫尔姆和 N·达尔克首创,经过 T·J·戈尔登和兰德公司进一步发展而成。德尔菲这一名称起源于古希腊有关太阳神阿波罗的神话,传说中阿波罗具有预见未来的能力。因此,这种预测方法被命名为德尔菲法。1946 年,兰德公司首次用这种方法进行预测,后来该方法被迅速广泛采用。

德尔斐法依据系统的程序,采用匿名发表意见的方式,即专家之间不得互相讨论,不发生横向联系,每位受访专家只能与调查人员发生关系。通过多轮次调查专家对问卷所提问题的看法,反复征询、归纳、修改,最后汇总成专家基本一致的看法,作为预测的结果。这种方法具有广泛的代表性,较为可靠。德尔斐法的具体实施步骤如下:

①组成专家小组。按照课题所需要的知识范围,确定专家。专家人数的多少,可根据预测课题的大小和涉及面的宽窄而定,一般不超过 20 人。

②向所有专家提出所要预测的问题及有关要求,并附上有关这个问题的所有背景材料,同时请专家提出还需要什么材料,并尽力补上。然后,由专家做书面答复。

③各个专家根据他们所收到的材料,提出自己的预测意见,并说明自己是怎样利用这些材料并提出预测值的。

④将各位专家第一次判断意见汇总,列成图表,进行对比,再分发给各位专家,让专家比较自己同他人的不同意见,修改自己的意见和判断。也可以把各位专家的意见加以整理,或请身份更高的其他专家加以评论,然后把这些意见再分送给各位专家,以便他们参考后修改自己的意见。

⑤将所有专家的修改意见收集起来并汇总,再次分发给各位专家,以便做第二次修改。逐轮收集意见并为专家反馈信息是德尔菲法的主要环节。收集意见和信息反馈一般要经过三或四轮。在向专家进行反馈时,只给出各种意见,但并不说明发表各种意见的专家的具体姓名。这一过程重复进行,直到每一个专家不再改变自己的意见为止。

⑥对专家的意见进行综合处理。

德尔斐法作为一种主观、定性的方法,不仅可以用于预测领域,而且可以广泛应用于各种评价指标体系的建立和具体指标的确定过程。

例如,我们在考虑一项投资项目时,需要对该项目的市场吸引力做出评价。我们可以列出同市场吸引力有关的若干因素,包括整体市场规模、年市场增长率、历史毛利率、竞争强度、对技术要求、对能源的要求、对环境的影响等。市场吸引力这一综合指标就等于上述因素加权求和。每一个因素在构成市场吸引力时的重要性即权重和该因素的得分,需要由管理人员的主观判断来确定。这时,我们同样可以采用德尔菲法。

德尔斐法同常见的召集专家开会、通过集体讨论、得出一致预测意见的专家会议法既有联系又有区别。德尔菲法能发挥专家会议法的优点:一是,能充分发挥各位专家的作用,集思广益,准确性高;二是,能把各位专家意见的分歧点表达出来,取各家之长、避各家之短。同时,德尔菲法又能避免专家会议法的缺点:一是,权威人士的意见影响他人的意见;二是,有些专家碍于情面,不愿意发表与其他人不同的意见;三是,出于自尊心而不愿意修改自己原来不全面的意见。德尔菲法的主要缺点是过程比较复杂,花费时间较长。

8.4 小组座谈法

8.4.1 小组座谈法概述

1) 小组座谈法基本概念

小组(焦点)座谈是由一个经过训练的主持人以一种无结构的自然的形式与一个小组的被调查者交谈。主持人负责组织讨论。

小组座谈法的主要目的是通过倾听从调研者所要研究的目标市场中选择来的一组被调查者,从而获取对一些有关问题的深入了解。这种方法的价值在于常常可以从自由进行的小组讨论中得到一些意想不到的发现。

2) 小组座谈法的特点

小组人数:8~12人。
小组构成:按同质性预先筛选被调查者。
座谈环境:放松的、非正式的气氛。
时间长度:1~3小时。
记录:使用录音带和录像带。

观察:主持人可以观察,可相互接触,主持人有熟练的交流技术。

3)小组座谈法对主持人的基本素质要求

小组座谈法对主持人的基本素质要求见表8.1。

表 8.1　小组座谈法对主持人的基本素质要求

素质要求	说　明
坚定中的和善	为了促成必要的相互影响,主持人应将训练有素的(不偏不倚的)超脱态度与理解对方并将感情投入这两者很好地结合起来
容　许	主持人必须容许出现小组的兴奋点或目的不集中的情况,但必须保持警觉性
介　入	主持人必须鼓励和促进热情的个人介入
不完全理解	主持人必须通过摆出自己对问题的不完全理解,进而鼓励参加者更具体地阐述其看法
鼓　励	主持人必须鼓励不发言的成员积极参与
灵　活	在小组出现混乱时,主持人必须能够随机应变并及时改动计划的座谈提纲
敏　感	主持人应是足够敏感的,以便能够在既有感情又有理智的去引导小组讨论

4)小组座谈法的执行过程

小组座谈法的执行过程如图8.1所示。

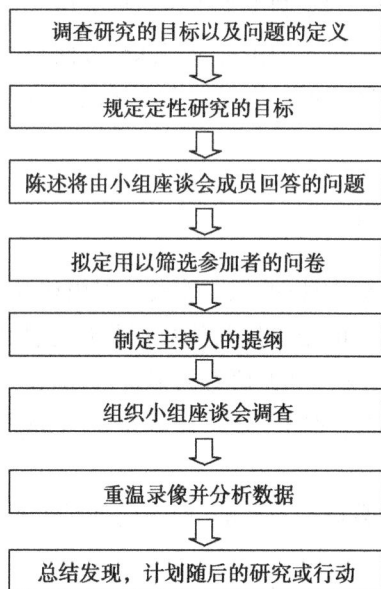

图 8.1　小组座谈法的执行过程

155

8.4.2 小组座谈法的优缺点

1)小组座谈法优点

①协同增效:将一组人放在一起讨论与单个询问得到的私人的保密回答相比,可以产生更广泛的信息、更深入的理解和看法。

②滚雪球效应:在小组座谈会中常常会有一种"滚雪球"效应,即一个人的评论会启动参加者的一连串反应。

③刺激性:通常在简短的介绍期间,随着小组中对所谈论问题的兴奋水平的增加,参加者想要表达他们的观点和感情的愿望也增强。

④安全感:因为参加者的感觉与小组中的其他成员是类似的,所以参加者感到比较舒服并愿意表达他们的观点和感情。

⑤自发性:由于对参加者没有要求回答某个具体的问题,他们的回答可以是自发的,不遵循常规的,因而应该是能够准确表达他们的看法的。

⑥发现灵感:与一对一的访问相比,小组的讨论更容易激发灵感。

⑦专门化:因为多个被调查者要同时参与,所以雇用一个受过高级训练,但是价格昂贵的调查员(主持人)是合适的。

⑧科学监视:小组座谈会容许对数据的收集进行密切监视,观察者可以亲自观看座谈的情况,并可以将讨论过程录制下来用作后期分析。

⑨结构灵活:小组座谈在覆盖的主题及其深度方面都可以是灵活的。

⑩速度快:由于同一时间内同时访问了多个被调查者,因此数据的收集和分析过程都是相对比较快的。

2)小组座谈法的缺点

①误用:小组座谈会是探索性的,但可能会被误用和滥用而将结果当作是结论。

②错误判断:小组座谈会的结果比其他数据收集方法的结果更容易被错误地判断。小组座谈会特别容易受客户和调研者的偏差的影响。

③主持:小组座谈会是很难主持的,而调查结果的质量十分依赖于主持人的素质。

④凌乱:小组座谈会的数据是凌乱的,回答的无结构性使得编码、分析和解释都很困难。

⑤错误代表:小组座谈会的结果对总体是没有代表性的。因此,不能把小组座谈的结果当作是决策的唯一根据。

8.4.3　小组座谈法的应用范围与作用

1）小组座谈法应用的范围

小组座谈法可应用到以下方面：
①理解消费者对某类产品的认识、偏好及行为。
②获取对新的产品概念的印象。
③产生关于老产品的新想法。
④研究广告创意。
⑤获取价格印象。
⑥获取消费者对具体的市场营销计划的初步反应。

2）小组座谈法的作用

①更准确地定义问题。
②生成其他的行动路线。
③寻求处理问题的途径。
④获取有助于构造问卷的信息。
⑤生成能够定量地进行检验的假设。
⑥解释先前得到的定量结果。

8.5　深层访谈法

8.5.1　深层访谈法概述

深层访谈法是房地产项目调查与研究中常用方法之一，它是通过调查者与被调查者的直接接触、直接交谈的方式来收集资料的方法。

设计深层访谈调查的目的，意在通过对典型项目的现状调查，了解最真实情况和取得第一手的资料与数据。

1）深层访谈法在房地产项目调查中的作用

在项目开发的前期，深层访谈法被用来收集用户对于某类产品的需求，与其他方法相比,深层访谈法不仅可以收集到需求的广度信息,更重要的是它可以针对某个房地产特定项目进行深层次的追问而获得深层次的信息,这些深层次信息可以为项目设计与开发提供更广阔的发挥空间。

在项目设计初期,深层访谈法结合房地产项目与产品的交互模型来更加具体和细致地探索用户的心理模型和偏好,这些信息更加具有针对性,在某些细节上甚至可以启发设计者。

在项目设计中后期,深层访谈法一般会结合房地产项目的专门特点进行项目的综合评价,从而使设计者获得最迫切需要的准确信息。

2)深层访谈法的优缺点

(1)深层次访谈法的优点

①深层访谈法比较灵活,谈话双方都可以随时改变方式,有利于捕捉和了解新的或深层次的信息。

②深层访谈法适用面较广,可以针对各种产品,用于各个层次的用户群,成人、儿童甚至文盲用户都可以。

③深层访谈法可以有效地收集用户的态度、知觉、意见等多方面的信息,同时还可以记录用户在访谈过程中的行为信息。

④深层访谈法可以深入了解用户的动机、个性和情感特点,可以与用户建立良好的关系,消除顾虑,获得坦率真实的信息。

(2)深层访谈法的缺点

①深层访谈法的结果处理和分析比较复杂,需要专门人员进行。

②访谈者本人的价值观、信念和偏向等会影响被访用户,因此访谈者必须是经过专业技术训练的人士。

③访谈的时间和费用都比较高。

8.5.2 深层访谈法的一般过程及注意事项

1)深层访谈法的一般过程

①设计访谈提纲。无论是哪一种形式的访谈,在访谈之前都要设计一个访谈提纲,明确访谈的目的和所要获得的信息,列出所要访谈的内容和提问的主要方面。

②设计问题。要想通过访谈获取所需资料,对提问有特殊的要求。在表述上要求简单、清楚、明了、准确,并尽可能地适合受访者;在类型上可以有开放型与封闭型、具体型与抽象型、清晰型与含混型之分。此外,适时、适度的追问也十分重要。

③准确捕捉信息,及时收集有关资料。访谈法收集资料的主要形式是"倾听",

"倾听"可以在不同的层面上进行:在态度上;访谈者应该是"积极关注地听",而不应该是"表面的或消极的听";在认知层面,要随时将受访者所说的话或信息迅速地纳入自己的认知结构中并加以理解和同化,必要时还要与对方进行对话,进行平等的交流,共同建构新的认识。此外,"倾听"还需要特别遵循两个原则:不要轻易地打断对方和容忍沉默。

④适当地做出回应。访谈者不只是提问和倾听,还需要将自己的态度、意向和想法及时地传递给对方。回应的方式多种多样,可以是诸如"对"、"是吗"、"很好"等语言行为,也可以是点头、微笑等非言语行为,还可以是重复、重组和总结。

⑤及时做好访谈记录。除了做好书面记录之外,一般还可以进行录音或录像。

2) 深层访谈需要注意的事项

为了使访谈能够有效地顺利进行,访问者需要注意以下事项:

①事先应对访谈对象有所了解。

②要尽可能自然地结合受访者当时的具体情形开始访谈。

③访谈的问题应该是由浅入深、由简入繁,而且要自然过渡。

④有充分准备,为避免谈话跑题,有时需要适当的调节和控制。

⑤无论是提问还是追问,其方式、内容都要适合受访者。

⑥在回应中要避免随意评论。

⑦要特别注意在访谈中自己的不良习惯行为。

⑧要讲究访谈的结束方式。

8.5.3　深层访谈调查的前期准备

1) 设计调查的主要内容

调查的主要内容通常包括:

①项目基本现状,包括面积、位置、容积率、结构等。

②项目背景,包括周边状况、发展历史、定位。

③项目前景与预测,包括价格、档次、项目服务对象等。

2) 调查形式与调查对象

对不同的调查对象,需要采取不同的调查形式,通常情况下可按以下方式操作:

①对项目经理、管理人员、销售人员——深层访谈。

②对居民和消费者——抽样问卷调查或深层访谈。

③对个别有特殊意义和有代表性的专家——深层访谈。

3) 设计调查时间与行动路线

根据调查者的条件和项目情况,应该提前设定调查的时间,一般需提前 1 周与被调查者约定访谈时间、地点和内容等,并根据自己的居住位置和交通条件,设定好行动路线。对于专业的访谈人员来说,如果同一天内有 3 次以上的访谈任务,无论是从资金节省方面,还是在节约时间与精力上,路线设计与时间安排都显得非常重要。因此,要统筹安排时间,提前核实对方是否已经同意按原计划接受访谈是非常必要的。

4) 估计调查周期

一次实地调查周期一般需要 10 天,期间包括问卷收回、信息反馈、开始录入资料。问卷数据录入需要 5 天,数据分析 3 天,写报告 7 天,即处理资料共需用 15 天时间。所以,可以初步估计,在调查开始后 25 天左右完成调查报告初稿。

5) 访谈调查的人员、工具、经费预算

如果访谈任务在 7 组以上,可以对访问者进行分组培训,每 3 ~ 4 人设立一组,分别进行录相、笔录、录音等工作,每组设立组长 1 名,同时设立调查总监 1 名,全面掌握访谈任务进度。

访谈调查的工具主要有:照相机、录音机、录音笔、录相设备、笔记本等。

经费预算主要包括:路费、资料费、复印费、调查报告成本、摄影胶卷与器材、录音器材(电池、录音带)费用以及人力成本等。

6) 访谈过程中的有利条件与存在困难

访谈过程中存在的有利条件一般有:
①组织或成员中有本地人士,对项目与周边状况熟悉。
②成员曾任学生干部或现任主要干部,团队合作精神和号召力强。
③人事联系与前期准备充分,与被访谈者的领导层关系密切。
深层访谈过程中存在的困难一般有:
①调查对象真正愿意接受调查并透露有效信息有难度。
②访谈者掌控访谈内容和预期进度的能力。
③双方的沟通能力、表达能力与总结归纳能力等主观因素。

7) 参考资料、资源

一般在访谈调查之前,可以在图书馆查阅相关资料,也可以在房地产专业服务网站进行相关的资料搜集工作。主要的网络媒体有焦点网、搜房网、新浪房产频道、首都购房在线等网络媒体,具体可以参照本章 8.2 网络调查法的内容。

8.6　相关案例

观澜国际花园深层访谈报告[1]

一、访谈目的

为更好地了解北京市房地产项目销售推广状况,更加确切地做好房地产项目销售推广的市场定位的工作。

二、访谈提纲

1.项目目前状况,包括基本情况和建设情况。

2.项目的销售手段和状况,包括项目定位、特色等。

三、访谈对象概况

访谈项目:观澜国际花园

访谈时间:8 月 6 日

访谈对象:××策划助理

访谈对象联系方式:136×××7649

四、访谈内容

问:项目的区位概况如何?

答:项目名称为观澜国际花园。观澜国际花园地处西三四环之间的昆玉河畔,紫竹桥西1 000 m,依托便捷的交通网络,连通香格里拉、金融街、中关村科技园核心区三大商圈。鲁艺、玲珑塔、曙光森林等主题公园环抱社区,远眺"西山晴雪",近可"长河观柳",繁华都市节奏与宁静生居港湾随意切换。黄金地段和自然景观的完美融合,成就了真正值得收藏的"昆玉河醉美一段"。

问:现售物业情况如何?

答:包括一期塔楼 2 栋,28 层,标准层面积 900 m²,标准层 6 户,电梯 2 个;二期塔楼 1 栋,28层,标准层面积 700 m²,标准层 6 户,电梯 2 个。

问:户型设计有什么特点?

答:观澜国际花园的月牙弧形板楼由王董国际建筑设计公司设计,其月牙形外立面不仅形式独特,还与西山、昆玉河及河岸绿化公园等组成景观体系,为居住者创造了良好的景观生活。

该设计公司在规划之初,就从景观互动的基点出发,力求在月牙楼的设计上做到两个融合。一是建筑群整体与昆玉河景观的融合:楼体分两排排列,总体呈流线型,并相互围合,为公共活动场所留出了集中而充足的空间,满足了北京人重交往的居住习惯,同时最大程度地为园林的多样性提供了空间。有韵律感的弧形板楼,与昆玉河、观景长桥及社区中心花园等景观相呼应。二是居住与河、园的融合:建筑相互错落,弧型的立面延续错开,让每户窗口到达河面及河岸绿化公园的视线不受阻挡。

---

〔1〕　此访谈报告部分摘自某高校房地产专业学生的作业。

除此之外,观澜国际花园的外立面采用的是一种环保型墙砖。很多开发商在选择外立面材料时,往往只会考虑是否美观、豪华、是否与周围的色彩协调等,而观澜国际花园的开发商在考虑以上因素的同时,还考虑到了材料的环保性,选取了爱和陶可呼吸式自洁外墙砖。

问:装修状况如何?

答:毛坯房。

问:项目的客户定位是什么?

答:本项目客户定位为中高阶层的成功人士。

问:项目的特色在哪里?

答:生活品质国际化;精装修、大户型;配套设施完善,包括游泳池、健身中心、儿童乐园、商务中心等,可以显示出生活品位的高雅;地理位置好,交通便利,环境优美。

问:项目与同地区的其他项目相比优势在哪里?

答:人们常说"买房子就是买一种生活",如果说购买期房买的是一种"期望中的生活",那么购买现房就应该是购买"现实的生活"。然而我们知道,组成生活的并不仅仅是房子、装修、家具,还有日常的衣食住行,以及心灵与精神的享受。因此,真正意义上的"现房",应该不仅看得见房子,还要看得见配套,看得见道路,看得见风景,看得见未来的幸福生活。较之以前单纯的"现房"概念,这种从配套到交通、从绿化到服务一应俱全的现房,被称之为"大现房",而观澜国际花园就是这样的"大现房"。

问:公司有哪些宣传手段?包括口号、促销方式等。

答:口号是"昆玉河最美一段"。

五、总体分析

1. 区位:小区位于市内,观澜国际位于三环至四环之间,距离市中心更近,并连通香格里拉、金融街、中关村科技园核心区三大商圈。

2. 价格:从价格上看,观澜国际花园的均价为 7 680 元/m²,观澜力争打造出一个纯居住的高档生活社区,主要客户群是成功人士和二次置业的人士。

3. 园林景观:观澜国际花园原则讲究建筑与自然景观的完美结合,突出水的意念:昆玉河畔的月牙板楼,形如游艇的观景长桥,二者相映成趣形成"喷泉"式主题园林,以会所为中心的三处喷泉组成丰富而别致的园林水景,自然景观和人工创造使观澜国际花园的园林规划体现了自然、人与建筑的真正融合。

4. 配套设施比较完备,在附近有一个68 万 m² 分两期建设的大型 shopping mall——金源时代购物中心,是集商业、娱乐、购物、休闲为一体的多元化购物中心,引领新消费趋向;9 洞、27 杆,6.7 万 m² GOLF 练习场,把握时尚运动潮流,并且社区教育配套在今年九月就可完成。

5. 项目宣传力度:观澜国际的广告宣传力度强,采用立体式跨媒体宣传,并举行丰富多彩的活动,以扩大其知名度,观澜在宣传上与其他楼盘相比占据优势。

实训任务

调查所在地区的房地产项目,进行该房地产项目的市场营销与推广状况的深层访谈。调查要求:与 1 或 2 名经理级高层进行深层访谈,了解项目进展状况、项目预期与设计;与 2 或 3 名销售人员访谈,了解项目的价格、销售状况等;与来访客户访谈,深入了解该项目的客户定位是否受市场欢迎等。然后对本次项目的深层访谈作出书面的调查报告。

复习思考题

1. 名词解释

深层访谈法　小组座谈法　网络调查法

2. 简答题

①小组座谈法的主要特点是什么?

②房地产中的网络调查法的主要渠道有哪些?

3. 思考与讨论

①什么是访问调查法? 它有哪些特点?

②如何接近被访问者?

③在什么情况下需要引导和追询? 如何引导和追询?

④怎样做好小组座谈的前期准备工作?

【阅读材料】

北京房地产网络资源的特点和利用建议

1. 数量多,前景诱人

北京作为中国的首都,其巨大的聚集效应和规模效应使这里成为全国人口集聚最多和房地产开发最集中的城市。北京的房地产网络资源也是全国数量最多的,大型的房地产网站都把北京作为被链接城市中的首位。通过连续一段时间的上网调查,可发现北京的房地产网站如今正呈现出"百花齐放"的局面。随着互联网对于网民的便利性的日益显现和对于网络公司的赢利性的大有可图,任何一家制作房地产网站的单位都想分得这块可口的蛋糕。由于房地产行业带动相关产业多、自身产品生产过程较长、产品利润可观和住宅居所对于北京市各个阶层的消费者的重要性等特点,决定了互联网在进一步服务于购房者、开发商、代理商等不同市场主体方面具有必要性和有价值性。

2. 初步形成有各自特色的主力网站

从目前网络资源发展的情况看,应该说没有一个网站能够全面而又准确地提供调查者进行北京市房地产营销调研所需要的各种资料和数据,针对不同的调查内容要上不同的网站。具有比较

优势的网站,目前具有以下特点:

第一,房地产专业服务网站的信息要比综合类网站提供的信息准确。比如北京城市规划委员会网站的规划信息就比其他类的综合网站的规划信息要及时和准确,由北京市房地产交易所主办的北京市房地产信息网提供的房地产交易统计数据就要比其他单位提供的统计数据权威等。

第二,政府主办的网站在关于政策、法规方面的信息要更权威和可信。比如由北京市房地产交易所主办的北京市房地产信息网和北京市国土资源局的网站提供的房地产政策法规就比其他提供此类信息的网站要全面和权威。

第三,综合性的大型房地产网站,比如搜房网和焦点房地产网站,由于其网站服务功能强大,浏览数量可观,因此,若要搜集某项目的详细介绍和侧面看出业主对项目的接受程度,这类大型网站是最适合的。如,焦点房地产网户型搜索板块在调查的1个月的时间内就又增加了楼座图搜索栏目等。总的来说,焦点网、搜房网的房源信息丰富而且更新及时,这是购房者浏览其网站数量庞大的原因。

总体而言,房地产政策法规方面,浏览国家级的政策法规宜上建设部网的住宅房地产栏目,北京市级的政策法规宜上北京房地产信息网的政策法规单元和北京市国土资源局网的政策法规单元;城市规划和发展政策方面,宜上北京市规划委员会网和北京市发展和改革委员会网;城市规划和发展新闻方面,宜上焦点房地产网新闻中心的北京城市规划栏目;土地交易市场方面,宜上北京土地整理储备中心网;经济环境和统计数据方面,宜上北京市统计信息网;房地产市场分析报告方面,宜上搜房网的中指库单元;项目产品和价格方面,宜上搜房网的新房查询板块和焦点房地产网的新房大卖场单元;代理商素质查询,宜上北京市房地产信息网的放心中介单元;获得房地产营销趋势的信息,宜加入房策天下论坛和朗兆房地产专业论坛;项目广告调查方面,宜上燕京房地产网;竞争企业资信等级查询,宜上北京市工商行政管理局网上工作平台的北京市企业信用信息系统栏目。

【讨论】

通过阅读上述材料,讨论目前网络资源对于房地产访谈调查起到什么作用?

统计分析篇

第9章
房地产市场调查资料的统计整理

【本章导读】

  本章首先介绍了进行统计分析的主要指标的类型,然后结合某市商业中心规划市场调查数据统计工作的案例,在第二节介绍如何对调查资料进行原始数据审核、数据录入、统计数据整理与分组;在第三节介绍对于审核整理后的数据如何进行简单统计分析,主要是常用统计量与动态指标的计算、统计表与统计图的制作;在最后补充了某市商业中心规划市场调查数据统计工作的完整案例。

9.1   调查资料统计整理概述

  进行统计分析时,首先就要明确用哪些指标反映实际问题。只有掌握不同指标类型的特征,才能确定用哪些指标反映研究对象或问题。例如,说明一个区域经济发展状况时,既可以用数值指标,如国民生产总值(GNP),也可以用品质指标,如属于沿海经济发达地区;在说明经济发展总体水平时,采用总量指标比较合适,如前述的国民生产总值(GNP),而说明一个区域经济发展速度时,采用比例指标比较合适,如增长速度。

  统计指标按测量尺度不同,可以分为数值指标和品质指标两种。能够用具体数值来反映事物的特征的指标称为数值指标,如产值、人口数、增长率等。其中,从统计测量分析角度,数值的零值是绝对的,数值可以进行加减乘除运算的指标称为定比指标,也叫比率尺度;而数值的零值是相对的、人为确定的,数值仅可以进行加减运算而不能进行乘除运算的指标称为定距指标,也叫间距尺度。

不能够用具体数值而用文字形式来反映事物的性质的指标称为品质指标,如性别、职业、类型等。其中,从统计测量分析角度,指标内容之间有次序关系的,称为定序指标,也叫有序尺度,如大中小、好中差;指标内容之间无次序关系的,仅仅反映类型划分的,称为定类指标,也叫名义尺度,如东部、中部、西部;对于只有两个值的,叫二值指标或二值尺度。

数值指标按作用不同,分为总量指标和比例指标。总量指标,也称绝对数,一般是研究对象的总体数值特征,如国家的国民生产总值(亿元),企业的总产值(万元),职工的总收入(元),物业的总价值(万元)等。使用总量指标时要特别注意计量单位,并且总量指标由于样本内涵常常不一样,进行对比分析时要谨慎。比例指标,也称相对数,具体又有无名数和有名数两种形式。无名数没有具体的计量单位,一般用百分率表示,当数值很小时,用千分率表示,如人口出生率等;当数值很大时,用倍数表示,如增长速度等。有名数有计量单位,用分子与分母相除的形式表示,如人均产值(元/人)、人口密度(人/平方公里)等,比例指标较适宜进行对比分析。

不同统计指标分类及说明见表9.1。

表 9.1 不同统计指标分类及说明

不同角度	指标类型	统计测量(尺度)	指标说明
按测量尺度分	数值指标	定比指标(比率尺度)	能加减乘除,最高等级
		定距指标(间距尺度)	仅能加减
	品质指标	定序指标(有序尺度)	可以排序
		定类指标(名义尺度)	仅代表分类,最低等级
		二值指标(二值尺度)	
按作用分	总量指标		样本内涵可能不一样,要谨慎进行对比分析
	比例指标	无名数	较适宜进行对比分析
		有名数	

9.2 调查资料的统计审核与整理汇总

通过统计整理,对统计调查的原始资料进行科学分类和汇总保存,使分散变集中,使无序变有序,使杂乱变清晰,便于随后的统计分析。

9.2.1 原始数据审核

问卷回收后,需要进行筛选、整理、汇总,即对调查所得的各种原始数据进行审查、检验和初步加工。主要审核数据的齐备性、及时性、可靠性,若发现问题,就要及时订正。

现以本章第4节案例为分析对象,介绍如何进行原始数据的审核。

【案例1】

如何进行原始数据审核

(1)初步筛选

首先,各调查组分别在组内对当天所做问卷进行逻辑审核,核选出内容填写完整、符合逻辑的问卷。然后,对各组问卷进行汇总并统计初步有效问卷数量,归档保存。

(2)抽样电话回访

调查完成后,对初步有效问卷进行10%的抽样检查,以确保样本质量。通过被访者留下的个人资料,进行电话回访,确认个人资料及所填问卷内容是否详实。对一些次要内容漏选的问卷进行补查,经询问后内容补充完整的问卷也可归为有效问卷。如果被调查者所留电话不属实或查无此号,则视为无效,总样本中不再重复抽样核查。最后统计有效问卷数量。

最终确定有效问卷为1 576份,远远超过预期的1 116个样本量的目标,有效率达到83%。

(3)主要问题处理

敏感问题:对于个人隐私后以调查者姓名、身份证、联系电话这一敏感性问题,仅对抽样回访的样本作严格要求,其他问卷参考逻辑性问题,只要逻辑性问题有效,就视该问卷有效。

逻辑性问题:Q6与Q10有逻辑对应关系,即消费档次与家庭收入应成正比。如果逻辑关系不成立,则判定该份问卷无效。

未填问题:由于调查组织严密、调查人员认真负责,基本没有应填不填的空项。但对于Q5很少去该商场购物,允许不对满意程度进行评比;Q6没进行此项消费或记忆不清,Q7不常去外地购物,则允许空项。

9.2.2 原始数据录入

现代统计基本都是计算机处理,尤其数据量比较大时。因此,首先要将原始数据录入成电脑数据文件形式。具体形式有文本形式(.txt)、Word文档形式、Excel数据库形式、SPSS数据库形式等。由于不同系统都提供了较好的数据转换功能,故具体形式可以根据操作人员熟悉程度或习惯确定。从定量分析的角度,建议都形成数据库形式。

如果问卷比较复杂或录入人员非职业化,建议给出详细的录入说明。

录入数据应保证准确,除核对原始问卷外,也可通过录入数据排序等方式进行相关检查。以本章第 4 节案例为分析对象,介绍如何进行数据录入。

【案例2】

如何进行原始数据录入

(1) 录入形式:Excel 数据库形式。主要考虑是录入人员较为熟悉,应用较为普遍,后期统计处理时数据格式转换也较为方便。

(2) 录入标准:首先制作标准的 Excel 文件,然后写出详细的录入说明,对照问卷向录入人员讲解,保证录入数据准确。

表 1　商业需求调查问卷录入说明

名　　称	对 应 问 题	录入内容
编　　号	一边录入,一边编号	数字
商　　场	问卷右上角,手写	商场1:1,商场2:2,商场3:3,商场4:4
1	1. 下面三类场所中,您最常去哪里购物?(只选一项) (1)综合商厦　(2)商业街店铺　(3)小市场小店铺	1 项对应数字
2	2. 您是否喜欢在各类专卖专营店购买商品?(只选一项) (1)喜欢　(2)一般　(3)不喜欢	1 项对应数字
3.1		
3.2		
3.3		
3.4	3. 您前往大型商业中心,除了购物外,您还希望得到哪些配套服务?(可选多项) (1)餐饮　(2)银行　(3)邮局　(4)文娱休闲　(5)体育休闲 (6)图书音像　(7)美容美发　(8)家具建材　(9)儿童看护 (10)其他____	若有选择, 则录入对应数字
3.5		
3.6		
3.7		
3.8		
3.9		
3.10		其他项还要录入相应文字
4.1.1		
4.1.2	4. 您希望在本市引入以下哪些餐饮品种? 4.1 小吃类:(1)家常风味　(2)上海风味　(3)广东风味 (4)北京风味　(5)其他____	若有选择, 则录入对应数字
4.1.3		
4.1.4		
4.1.5		其他项还要录入相应文字

续表

名　称	对应问题	录入内容
4.2.1	4.2 快餐类:(1)肯德基　(2)麦当劳　(3)比萨饼　(4)永和大王　(5)加州牛肉面　(6)其他____	若有选择,则录入对应数字
4.2.2		
4.2.3		
4.2.4		
4.2.5		
4.2.6		其他项还要录入相应文字
4.3.1	4.3 特色餐厅:(1)中餐厅　(2)西餐厅　(3)其他____	若有选择,则录入对应数字
4.3.2		
4.3.3		其他项还要录入相应文字
5.1.1	商场1:购物次数:1,2,3	1项对应数字
5.1.2	商品种类:1,2,3	1项对应数字
5.1.3	商品档次:1,2,3	1项对应数字
5.1.4	购物环境:1,2,3	1项对应数字
5.1.5	服务配套:1,2,3	1项对应数字
5.2.1—5	商场2:同上	同上
5.3.1—5	商场3:同上	同上
5.4.1—5	商场4:同上(若有其他,挑出!)	同上
6.1.1	1男/2女　衬衣	1项对应数字
6.1.2	元/件	具体数值
6.2.1	1男/2女　皮鞋	1项对应数字
6.2.2	元/双	具体数值
6.3	手机　元/部	具体数值
6.4	外出就餐　元/顿	具体数值
6.5	娱乐休闲　元/次	具体数值
7.1	上海　几次/年	具体数值
7.2	南京　几次/年	具体数值
7.3	扬州　几次/年	具体数值
7.4	无锡　几次/年	具体数值
7.5	北京　几次/年	具体数值

续表

名　　称	对应问题	录入内容
7.6	其他　几次/年	具体地点和数值
8.1	年龄	具体数值
8.2	性别:(1)男　(2)女	1项对应数字
8.3	婚否:(1)已婚　(2)单身	1项对应数字
8.4	家庭成员:____人	具体数值
9	14.您的职业:(1)政府机关企事业管理人员　(2)政府机关企事业职员　(3)专业技术与文教科技人员(医护者、教师等)	1项对应数字
	(4)私营业主(企业、商店等私营者)　(5)商业、服务人员 (6)离退休或无业　(7)农业人口　(8)其他____	若是其他,录入具体文字
10	15.您的家庭月收入是:(1)少于800元　(2)800～1 500元 (3)1 500～3 000元　(4)3 000～5 000元　(5)5 000～10 000元 (6)超过10 000元	1项对应数字
11	身份证号	具体数值

(3)具体录入、核查:由多个录入人员录入,然后交换核查,最后汇总成一个总的文件。

(4)小技巧:从数据查问题。虽然各个步骤都严格把关,但仍然可能有一些错误,对于总数据文件的核查是保证数据质量的最后一步。本例的核查发现如下问题:

一般性排序核查:对于有限选择项都可以用此方法。例如,Q1只能填录1,2,3,如果超出3个答案,肯定是错了,就需要重新核对。

范围性排序核查:对于具体数值,如果有一些正常范围的,也可以通过排序检查出错误。如Q6的消费金额就不可能过大或过小,Q8的年龄也应在正常的范围内。

9.2.3　统计数据整理与分组

数据整理的内容一般指统计分组。所谓统计分组,是指如果原始数据非常琐碎,则通过分组反映出研究对象的各项基本特征。

严格来讲,统计分组已经进入到简单统计分析阶段。这里只是沿用传统习惯,归在数据整理这部分。

按统计时所采用的分组标志的多少,统计分组可以分为单一分组和复合分组。单一分组是按一种标志进行分类,如按年龄分、按性别分。复合分组是按两种或两种以上标志进行分类,如按不同年龄性别分。另外,对于分组还有一条默认的规则,即"上限不在内",例如对于30～40岁和40～50岁组,40岁的样本在后一组。

以本章第4节案例为分析对象,介绍如何进行统计数据的整理和分组。

【案例3】

如何进行统计数据整理——单一分组和复合分组

对 Q1,Q8 进行单一分组的结果如下:

表1 购物场所类型偏好统计表

购物场所	人 数
综合商厦	1 175
商业街店铺	350
小市场小店铺	51
总计数	1 576

表2 年龄结构比例表

年 龄	人 数
小于30岁	762
30~40岁	492
40~50岁	167
50岁以上	121
未 选	34
总人数	1 576

对 Q1,Q8 进行复合分组的结果如下:

表3 年龄和购物场所类型交叉分析结果表

场所类型 \ 年龄	<30岁	31~40岁	41~50岁	>50岁	未填	总体
综合商厦	517	396	136	100	26	1 175
	67.8%	80.5%	81.4%	82.6%	76.5%	74.6%
商业街店铺	225	81	24	12	8	350
	29.5%	16.5%	14.4%	9.9%	23.5%	22.2%
小市场小店铺	20	15	7	9	—	51
	2.7%	3.0%	4.2%	7.5%	0.0%	3.2%

按测量尺度不同,统计分组可以分为品质标志分组和数量标志分组。品质标志分组要根据事物性质特征进行划分,有时比较简单,如性别划分;有时比较复杂,如职业划分。数量标志分组则更为复杂,从形式看,有单项式分组和组距式分组。单项式分组表现为一项一项的数值,一般都是整数;组距式分组表现为一个范围。

对于组距式分组,组距的确定是一个重要问题。如果数据分布较为均匀,就可以采用相等的组距(表);否则,就要采用不等的组距,这样才能反映不同类型指标的特征。不等的组距,可能是按比例的,也可能是不规则的。

以本章第4节案例为分析对象,介绍如何进行统计数据整理和分组。

【案例 4】

如何进行统计数据整理——单项式分组和组距式分组

对 Q6 手机消费、娱乐休闲消费进行分组。

首先看其分布,发现集中在若干整数上。累计超过 75% 的前几位分布数值如下:

表 1　手机消费主要集中分布数值

分布最多的数值	1 000 元	1 500 元	2 000 元	2 500 元	3 000 元	合计
频　次	201	332	427	63	66	1 089
所占百分率/%	14.0	23.2	29.8	4.4	4.6	76.0

表 2　娱乐休闲消费主要集中分布数值

分布最多的数值	10 元	20 元	30 元	50 元	100 元	200 元	合计
频　次	99	124	79	343	350	94	1 089
所占百分率/%	7.2	9.0	5.8	25.0	25.5	6.9	79.4

可以看出,对于集中数值,手机分布相对均匀,而娱乐休闲则相对不均匀,因此最后对于手机采取等距分组,对于娱乐休闲采取不等距分组,结果如下:

表 3　手机消费分组情况

组别/元	<1 000	1 000~1 500	1 500~2 000	2 000~2 500	2 500~3 000	≥3 000	合计
频　次	49	306	454	453	82	88	1 432
所占百分率/%	3.4	21.4	31.7	31.6	5.8	6.1	100

表 4　娱乐休闲消费分组情况

组别/元	<20	20~30	30~50	50~100	100~200	≥200	合计
频　次	115	130	129	434	407	156	1 371
所占百分率/%	8.4	9.5	9.4	31.6	29.7	11.4	100

说明:娱乐休闲消费出现了极端数值,因此采用了开口组的分法。

9.3　调查资料的简单统计分析

9.3.1　统计量

统计量是进行统计分析时使用的最简单的一种数量指标,能初步反映数据分布

类型及特点。它一般仅需对原始统计数据进行简单处理,如平均数、标准差等。常用的统计量有以下几种:

1)集中趋势度量指标

有一类统计量指标,主要用来反映数据分布的集中趋势,包括:

（1）众数

众数是指在一组数据中,出现次数最多的数值,即最明显集中趋势点的数值。在【案例4】中,考察手机消费档次的分布,有几个较为集中的数值,但最集中的是2 000元这一数值,频次比例达到29.8%,因此2 000元就成为手机最集中的消费档次。

（2）中位数

中位数是指一组数据排序后,正好位于中间位置上的数值,反映中间位置分布特征。求取中位数可以先确定中间位置,公式为$(N+1)/2$;然后针对排序后的数值,中间位置的数值就是中位数。当N为偶数时,中间位置有两个,$N/2$和$N/2+1$,中位数取这两个位置数值的平均数。

例如,截取部分手机消费数据见表9.2。$N=8$,中间位置有两个,$N/2=4$和$N/2+1=5$,排序后两个中间位置的平均数$=(1\,800+2\,000)/2=1\,900$,手机消费的中位数就是1 900元。

表9.2　部分手机消费数据表

位　次	1	2	3	4	5	6	7	8
消费数值/元	500	1 000	1 500	1 800	2 000	2 500	2 800	3 000

（3）分位数

一组数据排序后,被分割成若干相等部分,正好位于分割点位置上的数值叫做分位数。分位数反映中间位置分布特征。

求取分位数也是先确定位置,公式为$N/n \times i$,n为要分割的份数,i为具体位次。若位置不是整数,针对排序后的数值,分割位置的数值就是分位数。当位置不为整数时,取这相邻两个位置数值的平均数。

分位数包括四分位数、八分位数、十分位数、百分位数等。如表9.2,求取四分位数。先确定位置,$8/4 \times 1=2$,$8/4 \times 2=4$,$8/4 \times 3=6$,$8/4 \times 4=8$,对应的数值为1 000元,1 800元,2 500元,3 000元。

（4）平均数

常用的平均数是算术平均数,此外还有调和平均数、几何平均数等。简单算术平均数的公式为

$$\overline{X} = \frac{x_1 + x_2 + \cdots + x_n}{n}$$

表 9.1 中数据的简单算术平均数为：$(500 + 1\,000 + 1\,500 + 1\,800 + 2\,000 + 2\,500 + 2\,800 + 3\,000)$ 元/8 = 1\,888 元，即手机的平均消费额为 1\,888 元。

加权算术平均数的公式为

$$\overline{X} = \frac{x_1 w_1 + x_2 w_2 + \cdots + x_n w_n}{w_1 + w_2 + \cdots + w_n}$$

如表 9.3 数据，则加权算术平均数为：$(1\,000 \times 14\% + 1\,500 \times 23.2\% + 2\,000 \times 29.8\% + 2\,500 \times 4.4\% + 3\,000 \times 4.6\%)$ 元/$(14\% + 23.2\% + 29.8\% + 4.4\% + 4.6\%) = 1\,753$ 元

表 9.3　手机消费分布数值表

分布最多的数值/元	1 000	1 500	2 000	2 500	3 000	合　计
所占百分率/%	14.0	23.2	29.8	4.4	4.6	76

2）离散趋势度量指标

有一类统计量指标，主要用来反映数据分布的离散趋势，包括：

（1）极差

极差是指一组数据中最大值和最小值的差，反映了这组数据的最大差距。公式为：$R = $ 最大值 − 最小值。

（2）平均差

平均差是指一组数据与其均值之差的绝对值之和的平均数，公式为：

$$A.D. = \frac{\sum_{i=1}^{n} |x_i - \overline{X}|}{n} \quad 或 \quad A.D. = \frac{\sum_{i=1}^{n} |x_i - \overline{X}| f_i}{\sum_{i=1}^{n} f_i}$$

后面公式适用于分组数据。

（3）方差和标准差

方差和标准差是测度离散趋势最重要、最常用的指标。方差是指一组数据与其均值之差的平方和的平均数，标准差是方差的平方根，公式为：

$$方差\ \sigma^2 = \frac{\sum_{i=1}^{n} (x_i - \overline{X})^2}{n} \quad 标准差\ \sigma = \sqrt{\frac{\sum_{i=1}^{n} (x_i - \overline{X})^2}{n}}$$

适用于分组数据的对应公式是：

$$\text{方差 } \sigma^2 = \frac{\sum_{i=1}^{n} (x_i - \overline{X})^2 f_i}{\sum_{i=1}^{n} f_i} \quad \text{标准差 } \sigma = \sqrt{\frac{\sum_{i=1}^{n} (x_i - \overline{X})^2 f_i}{\sum_{i=1}^{n} f_i}}$$

3) 相对离散趋势度量指标

需要比较不同组数据的离散趋势时,在不同组数据数量单位有较大差距下,用上述离散趋势度量指标就会产生很大问题。例如,对于表9.4数据计算得到的离散趋势度量指标差距很大,见表9.5。

表9.4　数据表

一组/m	1	3	5	7	9
二组/cm	100	300	500	700	900

表9.5　离散趋势度量指标计算表

	极差	平均差	标准差
一组/m	8	2.4	3.16
二组/cm	800	240	316

但不能由此说,两组数据的离散趋势差距很大。这时,可以采用如下相对离散趋势度量指标。

①极差系数:是极差与平均值的比值。
②平均差系数:是平均差与平均值的比值。
③标准差系数:是标准差与平均值的比值,也叫做变异系数或离散系数。

计算上述两组数据的相对离散趋势度量指标见表9.6。

表9.6　相对离散趋势度量指标

	极差系数	平均差系数	标准差系数
一组/m	1.6	0.48	0.632
二组/cm	1.6	0.48	0.632

可以看出,相对离散趋势度量指标去掉了指标单位的影响,可以正确地反映相对离散趋势。

9.3.2　动态指标

前面提到的统计量,主要根据同一时期的统计指标进行计算分析,有时也被称为静态分析。而有时需要从事物发展角度进行分析,即考虑时间发展,被称为动态分析。对于一个时间序列 $a_1, a_2, \cdots, a_n$，主要动态指标有：

累计增长量　$a_2 - a_1, a_3 - a_1, \cdots, a_n - a_1$

逐期增长量　$a_2 - a_1, a_3 - a_2, \cdots, a_n - a_{n-1}$

定基发展速度　$\dfrac{a_2}{a_1}, \dfrac{a_3}{a_1}, \cdots, \dfrac{a_n}{a_1}$

环比发展速度　$\dfrac{a_2}{a_1}, \dfrac{a_3}{a_2}, \cdots, \dfrac{a_n}{a_{n-1}}$

定基增长速度　$\dfrac{a_2}{a_1} - 1, \dfrac{a_3}{a_1} - 1, \cdots, \dfrac{a_n}{a_1} - 1$

环比增长速度　$\dfrac{a_2}{a_1} - 1, \dfrac{a_3}{a_2} - 1, \cdots, \dfrac{a_n}{a_{n-1}} - 1$

增长率的平均数　$\dfrac{\left(\dfrac{a_2}{a_1} - 1 + \dfrac{a_3}{a_2} - 1 + \cdots + \dfrac{a_n}{a_{n-1}} - 1 \right)}{n}$

平均增长率　$\left(\dfrac{a_n}{a_1} \right)^{-n} = \left(\dfrac{a_2}{a_1} \times \dfrac{a_3}{a_2} \times \cdots \times \dfrac{a_n}{a_{n-1}} \right)^{-n}$

以北京市九五期间人均国内生产总值增长状况为例，得到表9.7。

表9.7　动态指标计算表

年　份	1995	1996	1997	1998	1999	2000
人均国内生产总值/元	13 085	15 044	16 735	18 478	19 846	22 460
累计增长量/元		1 959	3 650	5 393	6 761	9 375
逐期增长量/元		1 959	1 691	1 743	1 368	2 614
定基发展速度/%		115	128	141	152	172
环比发展速度/%		115	111	110	107	113
定基增长速度/%		15	28	41	52	72
环比增长速度/%		15	11	10	7	13
增长率的平均数/%						11
平均增长率/%						7

9.3.3　统计表

把统计汇总数据、统计量、统计指标等用一定形式的表格表示出来，就是统计表。统计表是比较形象的一种统计分析方式。

（1）统计表的一般形式

统计表一般由标题、横行、竖栏、标目、统计数字、说明等构成。表9.8是摘自北京市统计年鉴的一张统计表。

表9.8　国民生产总值表　　　　　　　单位:万元

项　目 Item	2000 年	1999 年	2000 年为 1999 年的 百分率/%	构成/%	
				2000 年	1999 年
国民生产总值 Gross National Product	24 793 200	21 749 700	111.0		
国内生产总值 Gross Domestic Product	24 787 600	21 744 600	111.0	100	100
第一产业 Primary Industry	899 700	874 800	104.0	3.6	4.0
第二产业 Secondary Industry	9 435 100	8 402 300	111.4	38.1	38.7
工　业 Industry	7 453 200	6 493 400	113.2	30.1	29.9
建筑业 Construction	1 981 900	1 908 900	102.1	8.0	8.8
第三产业 Tertiary Industry	14 452 800	12 467 500	111.1	58.3	57.3
农林牧渔服务业 FFAF Services	22 500	22 700	95.6	0.1	0.1
地质勘探业、水利管理业 Geological Prospecting and Water Conservancy	53 300	46 000	111.9	0.2	0.2
交通运输、仓储及邮电业 Transportation, Storage, Posts and Telecommunications	1 901 200	1 675 400	110.9	7.7	7.7
批发和零售贸易、餐饮业 Wholesale, Retail and Catering	2 185 400	2 104 300	105.0	8.8	9.7
金融保险业 Banking and Insurance	3 788 900	3 163 700	116.4	15.3	14.5
房地产业 Real Estate	773 700	694 500	109.5	3.1	3.2
社会服务业 Social Services	1 911 800	1 477 400	111.1	7.7	6.8
卫生、体育、社会福利事业 Health, Sports and Social Welfare	431 900	335 900	118.9	1.7	1.5
教育、文艺、广播电影电视事业 Education, Culture, Art, Radio, Film and Television	1 484 200	1 199 500	117.2	6.0	5.5
科学研究和综合技术服务业 Scientific Research and Polytechnical Services	1 028 700	1 011 700	97.8	4.2	4.7
国家政党机关、社会团体 Government Organs, Party Organs and Social Bodies	700 100	579 100	117.1	2.8	2.7
其他 Others	171 100	157 300	105.3	0.7	0.7
国外(地区)净要素收入 Net Income of Essential Factor from Foreign Country(Territory)	5 600	5 100	108.7		
人均国内生产总值(元) Per Capita Gross Domestic Products　　(yuan)	22 460	19 846	110.2		

注:绝对数按现价计算,发展速度按可比价格计算。

（2）统计表的类型

统计表类型按统计标志是否分组，分为简单表、分组表和复合分组表。如案例分析 3 中的前两个表是分组表，后一个表是复合分组表。

（3）统计表设计原则

使用统计表，是为了更清晰、形象地说明问题，因此在设计统计表时要注意：

①表的内容应简明扼要，主题突出，如果内容太多，可分成多个表。

②标题要清晰，概括地反映表的内容，与说明的问题一致。

③分组合理，指标排列合乎逻辑，标明计量单位。

④整理后的统计数据不能有空白，数据为"0"的不能省略，不能以数据表示的标成"—"，缺项或暂时未定的标为"…"。

9.3.4　统计图

一般图形所反映的信息比数字反映的信息更直观、更形象、更易于理解和接受。在统计学中，采用了大量统计图形式来说明问题。

统计图一般包括图名、图例、数轴及数据标志等。绘制统计图的基本要点是：

①目的明确，主题突出。首先要明确图形要说明什么问题，并且一个图形一般只说明一个主题。

②选择适当的类型。根据数据形式和研究目的选择适当的类型。如研究发展状况就不应用饼图，而用折线图比较恰当。

③准确形象。统计图要反映准确的统计数据，因此图形的尺度、比例等都要准确，同时要注重图的形式、线条等合理搭配，给人以美感。

现在很多软件都配有制图工具。Excel 的制图工具形式多样，基本考虑到了各类专业需求，而且比较容易掌握。SPSS 等统计软件包都有专门的绘图功能，且更为专业，但普及性差些。如果是简单的数据，Word 本身的绘图功能也能满足。

下面以 Excel 为例，举出几个常用的类型。

（1）饼图

饼图一般适用于形象反映比例关系。对【案例 3】中购物场所偏好做饼图，如图 9.1 所示，可以明显看出对综合商厦的偏好大些。与饼图类似的，还有可以包含多个系列的圆环图等。

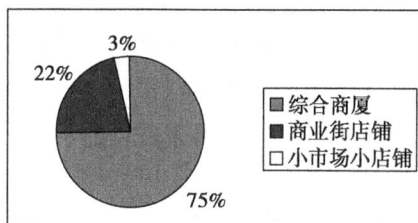

图 9.1　购物场所偏好图

（2）柱形图

对【案例 3】中不同年龄段购物场所偏好做柱形图，如图 9.2 所示，可以比较不同年龄段对综合商厦的偏好差异。与柱形图类似的，还有条形图、圆柱图、圆锥图、棱锥图等。

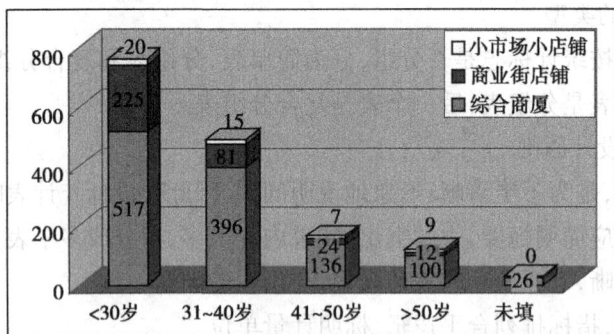

图 9.2　不同年龄段购物偏好图

（3）折线图

折线图适合反映发展趋势。图 9.3 反映了北京市九五期间人均国内生产总值增长状况。

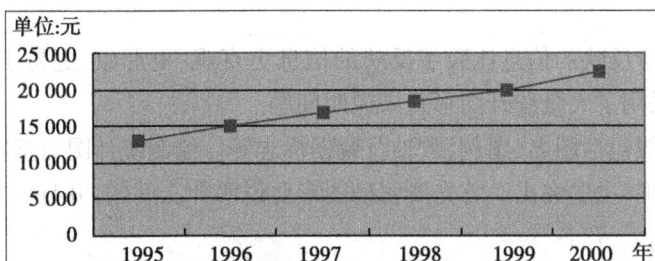

图 9.3　北京市人均国内生产总值增长状况图

9.4　相关案例

1）明确调查任务和目的

以一个区域商业需求调查为例。这是为建设区域综合商业中心而进行的若干调查之一，在分析了本次工作的任务——建设满足市场需求的区域综合商业中心——后，进一步明确本项目调查目的——了解本区域具体商业需求特征。

2）设计调查问卷

商业需求特征包括很多内容，根据调查目的，主要是回答建设什么类型商业物业及其比例、具体配套功能、消费档次及其他消费特征。因此，将本次调查内容明确为以下几项：

①喜欢哪种类型的商业物业。

②希望商业设施中包括哪些配套服务。

③现有消费行为(消费地)及满意程度(侧面考察消费特征)。

④代表性消费行为的档次。

⑤消费主体特征。

在此例中,需要了解整个区域普通消费者的需求,调查范围应该是整个区域,但对于几十万人口的区域,不可能采取普查方法。因此,选定典型调查与抽样调查相结合的方法,即将该区域现有的几个主要商业区选定为典型对象,然后在这些区域进行简单随机抽样调查。

商业需求调查问卷

根据城市总体规划,在我市××区域将兴建大型商业中心。我们希望了解普通消费者需求特征。您的回答对我们及该商业中心的建设非常重要,希望得到您的支持,谢谢!

(郑重申明:本次调查所取得资料仅供研究之用,决不外泄)

1. 商业设施部分

Q1.下面三类场所中,您最常去哪里购物? (只选一项)

□综合商厦　□商业街店铺　□小市场小店铺

Q2.您是否喜欢在各类专卖专营店购买商品? (只选一项)

□喜欢　□一般　□不喜欢

Q3.您前往大型商业中心,除了购物外,您还希望得到哪些配套服务? (可选多项)

□餐饮　□银行　□邮局　□文娱休闲　□体育休闲

□图书音像　□美容美发　□家具建材　□儿童看护　□其他_____

Q4.您希望在本市内引入以下哪些餐饮品种:

小吃类: □家常风味　□上海风味　□广东风味　□北京风味　□其他_____

快餐类: □肯德基　□麦当劳　□比萨饼　□永和大王　□加州牛肉面　□其他_____

特色餐厅:□中餐厅　□西餐厅　□其他_____

Q5.您是否常去下列商场? 请对各项指标的满意程度进行评比。

商场名称	每月购物次数(打√)			商品种类 1.丰富 2.一般 3.不丰富	商品档次 1.高档 2.中档 3.低档	购物环境 1.很好 2.一般 3.较差	服务配套 1.满意 2.一般 3.不满意
	经常去 ≥4 次	一般 1~3 次	很少去 ≤1 次				
商场 1	□	□	□	—	—	—	—
商场 2	□	□	□	—	—	—	—
商场 3	□	□	□	—	—	—	—
商场 4	□	□	□	—	—	—	—

Q6.您购买下列商品或全家进行消费一般要花费多少?

项　目	衬　衣	皮　鞋	手　机	外出就餐	娱乐休闲
花费的钱数	元/件	元/双	元/部	元/顿	元/次

Q7.如果您还常去外地购物,请问:

常去地点	上海	南京	扬州	无锡	北京	其他(填上城市名)
几次/年						

2.个人资料部分

Q8.年龄:____　性别:□男□女　婚否:□已婚　□单身　　家庭成员:____人

Q9.您的职业:

□政府机关企事业管理人员　　　　　　　□政府机关企事业普通职员

□专业技术与文教科技人员(医护者、教师等)　□私营业主(企业、商店等私营者)

□商业、服务人员　□离退休或无业　□农业人口　□其他____

Q10.您的家庭月收入是:

□少于800元　□800～1 500元　□1 500～3 000元

□3 000～5 000元　□5 000～10 000元　□超过10 000元

为了便于回访,请您留下联系方式:姓名____　身份证号____　联系电话____

调查员:　　　　调查时间:　　　　调查地点:

3)调查的具体组织与实施

(1)调查准备阶段

市场调查的准备工作是否充分周到,对后面实际调查工作的开展和调查的质量有很大影响。

项目组在前期做了大量细致的准备工作,具体包括:

①调查问卷设计印制:在掌握大量前期调查资料基础上,问卷经多次修改,最终设计完成时间为10月29日,于10月30日印制第一批问卷,计1 500份,11月1日又加印第二批问卷计500份,两次共印制调查问卷2 000份。

②联系并确定调查场地:为使本次调查全面真实地反映××市各阶层的消费需求,特别将调查地点选在了具有代表性且人流量较大的重要商业区。通过项目组人员前期对××市当地商业设施的调查了解,选定4个主要商业设施点作为本次商业需求调查的调查地点。10月25日至30日接洽各调查地点负责人,并于10月30日对调查地点完成实地勘察。

③赠品及调查用品准备:于调查工作开始时采购足量精美礼品,提前定做调查人员统一服装,并准备好调查所用的办公桌椅等其他调查所需用品。

④调查组织、培训。具体调查人员由两部分组成:北京××房地产经纪有限公司

的5位调查负责人和北京××学院16位具有丰富市场调查经验的学生,并按照调查地点分成4组(具体组织结构图略)。

培训工作由各组负责人执行。首先介绍项目概况,让调查员认识到此次调查的重要性及在调查中应注意的问题,随后又讲解了此次调查目的、调查内容及相关工作的细节。最后详细解释每一道问题,填写注意事项等。

⑤调查流程:首先由调查员在调查地点迎访被调查人,再引导至调查台前进行一对一的访谈并填写问卷,填写完成后核查无误,赠送一份礼品。

(2)实际调查过程

从11月1日至3日,在各具体调查地点进行实地调查工作,同时完成问卷回收。在各调查地点的工作时间为每日10:00—17:00,中午照常工作。晚上对调查问卷进行初步筛选和编号。

其中由于提前完成样本采集,商场1和商场3的实际工作时间为11月1日至2日。

从各调查地点回收的样本数量见表9.9。

表9.9　各调查地点问卷回收量表

问卷数量/份　　日期　地点	11月1日	11月2日	11月3日	小　计
商场1	236	110		346
商场2	290	157	115	562
商场3	243	184		427
商场4	249	140	174	563
共　计	1 018	591	289	1 898

问卷回收后,就开始进行原始数据审核、原始数据录入、统计数据整理与分组、统计图表等工作。这些内容前几节已述及,此处不再赘述。

实训任务

对第5章实训任务中调查得到的问卷数据进行统计整理。

复习思考题

1.名词解释

数值指标　品质指标　总量指标　比例指标

2. 简答题

①原始数据录入核查有哪些小技巧？

②举例说明什么是单一分组与复合分组。

③举例说明什么是单项式分组与组距式分组。

④简述统计表的主要组成、类型与设计原则。

⑤简述统计图的主要组成、类型与注意事项。

3. 思考与讨论

①简述原始数据审核的步骤。

②有哪些常用的统计量？如何计算？

第 10 章
房地产市场分析

【本章导读】

　　本章主要介绍房地产市场分析的主要内容,不同层次房地产市场分析的主要方法。通过本章学习,要学会对房地产宏观环境、房地产市场发展趋势、市场供求及相关因素和房地产项目市场做出基本分析,掌握进行房地产市场分析的常用方法,如供求关系分析、价格指数分析、房地产政策影响分析、规划影响分析、房地产竞争项目分析等。

10.1　房地产市场分析的主要内容

10.1.1　房地产宏观环境分析

　　房地产市场分析首先要分析影响整个房地产市场的宏观环境。投资者首先要考虑国家和地方的经济特征,以确定区域经济形势是处在上升阶段还是衰退阶段。在这个过程中,要收集和分析的数据包括:国家和地方的国民经济生产总值及其增长速度、人均国内生产总值、人口规模与结构、居民收入、就业情况、社会政治稳定性、政府法规政策、产业结构、各行业投资收益率等。

　　投资者还要分析研究其所选择的特定地区的城市发展与建设情况。例如城市的铁路、公路、机场、港口等对内对外交通设施情况,水、电、燃气、热力、通信等市政基础设施完善程度及供给能力,劳动力、原材料市场状况,人口政策、地方政府产业发展政策等。

10.1.2 　房地产专业市场分析

房地产专业市场分析,主要包括房地产市场发展趋势分析、供求分析以及房地产政策、城市规划等相关因素的影响分析。如在分析供求与价格关系的基础上,对房地产市场供求状况进行分析;运用一定的方法对房地产市场行情做出判断,以确定整体市场或某个区域的房地产市场处于上升还是回落阶段;同时还要收集相关的房地产政策以及所在地区的城市规划,分析他们对房地产市场的影响。

对房地产市场行情的分析,常用的分析方法有价格指数分析和景气分析法。在这个阶段,要收集和分析的数据包括:房地产市场的供给量和供给结构、需求量和需求特色、各个区域或某种物业的价格及价格的变动状况等。

10.1.3 　房地产项目市场分析

房地产项目市场分析,首先要了解如何描述房地产项目的一般特性,建立房地产项目特性描述的基本框架。还要了解房地产项目的环境分析方法、竞争项目的分析方法。在市场分析过程中,主要收集和分析房地产项目的微观数据,如房地产项目的经济特性、法律特性、自然特性和关联性等。这些数据既要有项目本身的,也要有竞争项目的,通过对项目和竞争项目的分析,为项目定位、营销策略的制订等提供参考。

10.2　房地产宏观环境分析

10.2.1 　房地产业市场行情与经济周期的关系

经济条件的变动,影响着房地产价格的走势,使得房地产价格呈周期性的循环波动。对经济周期的研究,有助于人们认识房地产市场行情波动的规律。

1)经济周期的一般概念

经济周期是指总体经济活动的扩张和收缩交替反复出现的过程,表现为经济波动的重复性、规律性运行。经济波动,也叫景气循环,是指企业在完成其经济活动的过程中,从生产流通、分配消费各方面表现出来的规模与数量不断上升和下降的循环往复运动。

经济周期包括两个时期、4 个阶段和两个转折点,即收缩(经济由繁荣时期跌入低谷时期)与扩张(经济由低谷时期跃升到高峰时期)两个时期,衰退、萧条、复苏和繁荣 4 个阶段(其中,衰退和萧条阶段属于收缩期,复苏和繁荣阶段属于扩张期),峰(经济由繁荣阶段转入衰退阶段的那个关键点)和谷(经济走出萧条阶段开始回升的那个关键点)两个转折点。

经济周期是一个连续的过程,从扩张转为衰退,跟着是萧条,然后是复苏,最后又进入扩张,接着又重新开始这一过程。衰退指的是从周期的高峰到波谷的这一时期。复苏是指从低谷到经济活动恢复到其原来高峰水平这一时期。繁荣则指经济增长超出原有水平的时期。图 10.1 描绘了经济周期的阶段划分。衰退阶段是总需求和经济活动下降时期,通常伴随着生产

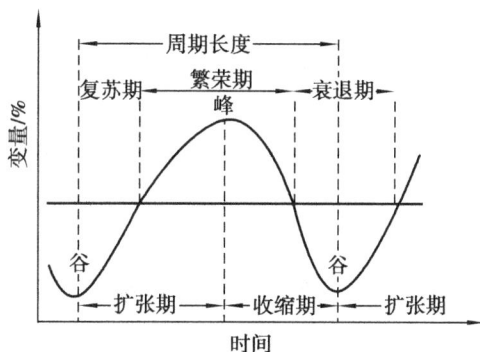

图 10.1 经济周期的阶段划分

过剩、增长率放慢、需求萎缩、价格下跌、总体经济衰退。随着经济的持续衰退,人们对经济前景悲观,消费水平低迷,企业倒闭加重,生产能力大量闲置,逐渐进入萧条期。萧条期内,经济体系中的内生因素和以扩张政策为代表的外生因素开始发挥作用,经济重新开始全面增长复苏,继而进入扩张阶段。在扩张阶段,生产持续恢复,物价上涨,投资增长,经济快速增长,需求不断增加,投资急剧放大,物价快速上涨,进入繁荣阶段。至于谷底和峰顶则分别是整个经济周期的最低点和最高点,也是用来表示萧条与繁荣的转折点。

2)房地产经济周期与宏观经济周期

房地产经济周期是宏观经济周期的组成部分之一,其周期波动与宏观经济周期相协调,二者波动方向相同,是一种正相关关系。与宏观经济周期相比,房地产周期的波动还有以下特点:

①周期波动次序的差别。从周期波动的次序考察,房地产周期与宏观经济周期的复苏、繁荣、衰退、萧条 4 个阶段在时间上并不一致。一般认为,房地产周期的复苏、萧条期滞后,而繁荣、衰退期超前。

从复苏阶段看,由于房地产产品价值大,耗用资金多,生产周期长,因此当经济开始复苏时,房地产开发商需要经过较长时间的筹备、计划才能投入实质性开发。所以房地产业的复苏要稍微滞后于宏观经济。

与宏观经济相比,房地产的繁荣期将会提前一些。主要原因是由于房地产业经过复苏阶段的准备和发展,其先导性和基础性产业的作用开始充分显现出来。由于

经济的快速发展,居民收入水平提高,社会对房地产商品的需求扩张,拉动了房地产业的迅速发展。同时,房地产开发周期一般较长,短期内供给量受到一定限制,加剧了房价的上扬,势必刺激房地产投资,进一步加速房地产业的发展。同样,房地产业的"超前发展"也会导致其提前进入衰退期。

房地产周期的萧条阶段滞后于宏观经济周期,主要是由于房地产具有保值增值的特点。宏观经济萧条时,在其他行业都萧条的时候,人们会放弃其他投资,将注意力转向房地产投资,从而维持了房地产市场一定的供给和需求,推迟了房地产业的萧条。

②波幅与波长不同。一般认为,房地产周期波动的幅度要大于宏观经济周期的波动幅度。从波长来看,房地产周期的波长与宏观经济周期也不一定相同。

10.2.2 宏观环境分析的内容及方法

1)进行宏观环境分析的必要性

虽然宏观经济分析是一个需要长期研究但又很难直接收到经济效益的工作,但对于房地产市场的参与者,却是十分必要的。

①关系到企业的长远发展和持久的竞争力。随着市场竞争的激烈化,企业的发展一方面日益精细化、专业化,一方面也越来越综合化、规模化。无论是向哪个方向发展,企业要想有较长的生命力,都要有驾驭和适应宏观环境的能力。从长远看,宏观环境分析关系到企业有没有长远的发展战略和有没有持久的竞争力的问题。

②房地产市场上消费的各种变化都是以宏观经济因素的变化为基础的。作为房地产企业,开发各种房地产商品,要出售给消费者,就必须了解消费的各种变化,而这种消费的变化都是以宏观经济因素的变化为基础的。比如要了解不同价位商品房的需求变化,就必须了解相关区域的经济发展状况,了解居民的收入增长情况。

③房地产项目开发都是较长的过程,要求投资者对项目所在地的经济状况有一定的预测。任何一个房地产项目的开发都是一个较长的过程,少则一年,多则几年,要考察一个项目的发展前景和增值潜力,就必须对项目所在地的经济发展做出一定的预测。

2)宏观环境分析方法

宏观经济环境是不断变化的,宏观环境分析的方法也是不断发展的。对于房地产企业来说,较好的做法是把常规研究和专题研究结合起来,进行定期分析和不定期分析。

定期分析是要求企业把各种宏观经济及地区经济分析成果收集起来,进行研究并把它当作定期进行的程序化工作。而这种程序化的工作就是常规研究。一些专业研究机构、政府部门、统计部门都会定期发布研究结果和统计数据,定期分析应定期、阶段性地跟踪这些定期公布的信息。

专题研究是指对宏观经济生活中一些突发事件所进行的研究。宏观经济生活中经常会有许多无法解析的重要事件,对于这类突发事件,只靠某个领域的专家是不行的。而是要及时进行不定期的、多方合作的、非程序化的专题研究。这种研究往往也是不定期的。

从上述宏观环境分析所体现出来的特点可见,宏观环境分析所需要的资料主要是二手资料,在实际操作中常采用文案调查法进行资料的收集。

3) 宏观环境分析应关注的内容

①应该关注的是整个国民经济和地区经济的发展走势和发展速度。房地产业是国家和地区经济的构成部分,是众多产业行业中的一个,经济形势总体的走势和速度与房地产业发展是密切相关联的。

②应该关注国家及地区经济政策的整体方向和动态。虽然国家的宏观经济政策不会直接影响房地产业,但通过政策的动向可以判断房地产所在地的总体市场环境状态、未来的发展方向。因此跟踪政策动态,可以把握宏观环境的整体脉络,观测经济波动对房地产业的影响。

③应该关注的是重大事件的发生、发展及其影响。

对上述内容的分析一般要从两个视角展开:一是从时间纵向上进行分析,从历史的波动推测未来的走势;二是从时间的横向上进行分析,分析某一时点或某一时期中各种影响因素的作用方向、部位、结果等。

4) 基本数据的获得

进行宏观环境分析所需的基本数据,从层面上可以分为全国经济统计指标和地方经济统计指标。有关主要指标列示如下:

(1) 全国社会经济统计指标

总量指标:包括 GDP、人口、进出口总额等总量指标。

结构指标:包括 GDP、第一产业、第二产业、第三产业产值等结构指标。

水平指标:包括职工平均工资、人均居住面积等。

动态指标:包括零售价格指数、固定资产投资价格指数、贷款利率、通货膨胀率等。

数据来源:统计年鉴、经济统计年鉴、国家统计局网站、中国经济信息网等。

可借鉴的成果:全国国民经济和社会发展统计公报、中经指数、中国企业景气调查、专家分析成果等。

（2）地方经济统计指标

宏观年度经济指标:包括 GDP、GNP、GDP 指数,人均 GDP,固定资产投资需求,社会消费品零售总额,进出口总额,商品零售价格总额等。

宏观月度经济指标:

①第一、二、三产业的 GDP。

②工业:工业综合效益指数等。

③商业:社会消费品零售额、商品购售存总值等。

④投资:固定资产投资、开复工面积、竣工面积、商品房屋建筑面积、商品房销售额等。

⑤外经外贸及旅游:进出口总值、新批三资企业人数、接待入境旅游人数等。

⑥财经:财政收入、财政支出。

⑦金融:银行存款余额、银行贷款余额、金融机构现金收入、金融机构现金支出、期末居民储蓄存款余额等。

⑧物价:居民消费品价格指数、商品零售价格指数等。

⑨收入:职工数、职工平均工资。

⑩人口:人口总数、家庭规模、出生率、死亡率等。

数据来源:各地方市统计年鉴、地方经济发展月报、地方统计网站、地方政府网站等。

可借鉴的成果:地方国民经济和社会发展统计公报、专家分析成果。

10.3 房地产专业市场分析

10.3.1 房地产市场总体趋势的分析

1)房地产市场供求关系与房地产价格

需求是指消费者在一定的时期内,在某一价格水平下愿意而且能够购买的商品和劳务的数量。从需求的定义可以看出,需求应该具备两个条件:一是消费者具有购买欲望,二是消费者具有购买能力,两者缺一不可。通常,在其他条件不变的情况下,商品的需求量与价格成反比,即商品价格低则需求量大,商品价格高则需求量小。需

求曲线是表明商品价格与需求量之间
关系的一条曲线。以纵轴表示商品的
价格,横轴表示商品的需求量,需求曲
线是一条从左上方向右下方倾斜的曲
线,如图 10.2 所示。

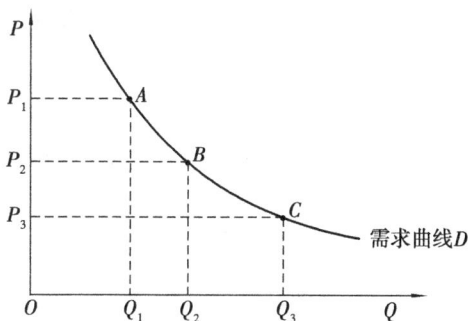

图 10.2 需求曲线

供给是生产者在某一特定时期内,
在某一价格水平条件下愿意而且能够
提供的商品的数量。与需求类似,供给
也要具备两个条件:一是生产者有出售
的意愿,这主要取决于以价格为主的交易条件;二是有供应能力,这主要取决于生产
者的经济实力和生产经营水平,两者缺一不可。在市场经济条件下,以价格为主的交
易条件是主要的。通常,在其他条件不变的情况下,商品的供给量与其价格成正比,
即商品价格低,市场供给量小;商品价格高,则市场供给量大。供给曲线是用来表示
商品的供给量与价格关系的曲线。与需求曲线的坐标图相似,也用纵轴表示价格,横
轴表示商品供给数量,供给曲线是一条从左下方向右上方倾斜的曲线,如图 10.3
所示。

在供给与需求双方作用下,一定数量的产品在某一个价位上成交。在这一价位
上,商品量既是需求者愿意购买和有能力支付的,也是供给者愿意提供并有能力提供
的,双方才能达成交易,形成均衡点。很明显,如果从需求曲线和供给曲线的角度来
分析,均衡点对应着供给曲线与需求曲线的交点,如图 10.4 所示。这个时候形成的
价格称为均衡价格,形成的交易量为均衡交易量。

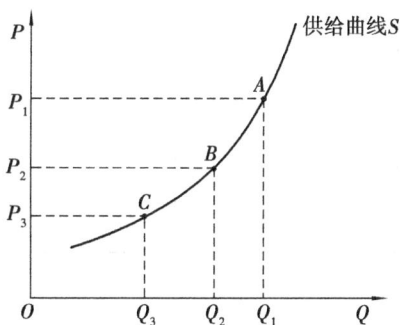

图 10.3 供给曲线

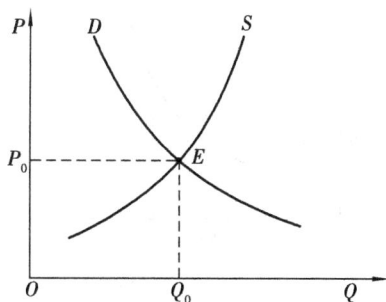

图 10.4 均衡点

2)供求关系的变化影响价格变化

(1)需求量与需求变动

在其他条件不变的情况下,由于某商品自身价格的变化引起消费者在某一时刻

对该商品的需求量的变化,称为需求量的变动。需求量的变动表现为在同一需求曲线上的移动,如图 10.5 所示。假定商品本身价格不变,影响需求量的其他某种因素发生变化,同样会导致消费者对该商品需求量发生变动,这种变化称为需求的变动。如消费者收入增加,同等价格下购买力增加,需求增加。需求变动表现在需求曲线上是需求曲线的平行移动,如图 10.6 所示。分析可得,需求增加时,需求曲线右移;需求减少时,需求曲线左移。

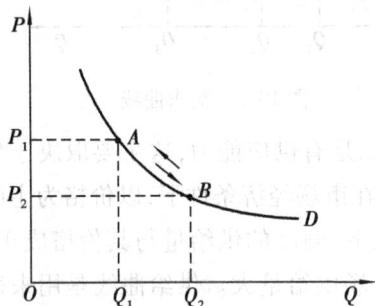

图 10.5 需求量变动

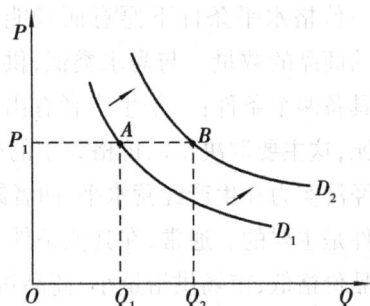

图 10.6 需求变动

(2)供给量与供给变动

当影响供给的其他因素不变时,商品本身价格的变化所引起的供给量的变化称为供给量的变动。这种变动是在同一供给曲线上的移动,如图 10.7 所示。同样,在商品本身价格不变的情况下,影响供给量的其他某种因素发生变化,也会导致供给量的增加或减少,这就是供给的变化,如图 10.8 所示。反映在供给曲线上,供给增加,供给曲线右移,供给减少,供给曲线左移。

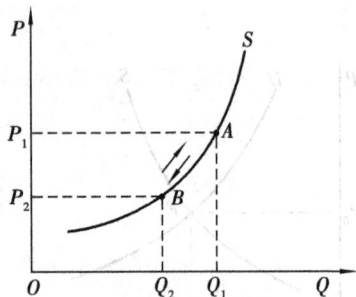

图 10.7 供给量变动

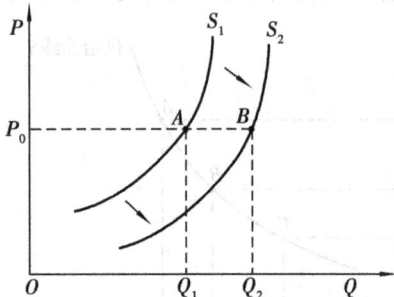

图 10.8 供给变动

(3)供求变动对市场均衡的影响

①供给不变:需求增加,需求曲线右移,均衡价格上升,均衡交易量增加,如图 10.9 所示;当需求减少时,需求曲线左移,均衡价格和均衡交易量均出现下降,如图 10.9 所示。

②需求不变:供给增加,供给曲线右移,均衡价格下降,均衡交易量增加,如图 10.10 所示;供给减少时,供给曲线左移,均衡价格上升,均衡交易量减少,如图 10.10 所示。

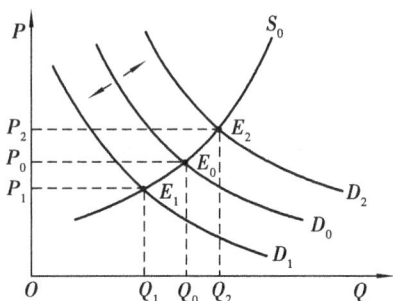

图 10.9　供给不变下的需求曲线

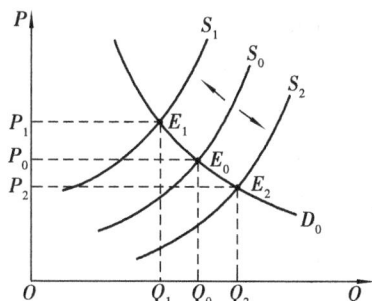

图 10.10　需求不变下的供给曲线

③供求同时变动:用同样的方法分析,可以观察到供求同时变动时,均衡价格与均衡交易量的变动情况见表 10.1。供求变动后新平衡点的分布如图 10.11 所示。

表 10.1　供求变化对价格的影响

平衡点	供求变动情况	PH,QH 变动
1	需求增加 > 供给减少	PH 增、QH 增
2	需求增加 > 供给增加	PH 增、QH 增
3	需求增加 < 供给增加	PH 减、QH 增
4	需求减少 < 供给增加	PH 减、QH 增
5	需求减少 > 供给增加	PH 减、QH 减
6	需求减少 > 供给减少	PH 减、QH 减
7	需求减少 < 供给减少	PH 增、QH 减
8	需求增加 < 供给减少	PH 增、QH 减

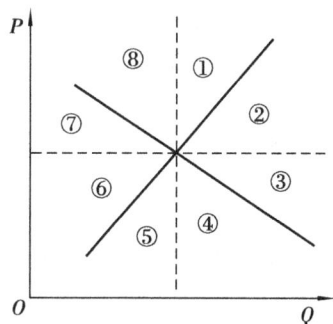

图 10.11　供求变动后新平衡点的分布

从上述分析可以看出,供给和需求之间的相互作用,会使新的均衡点定位在以原均衡价格为原点的坐标系的某个象限上。在第一象限价格和交易量均上升;第二象限价格下降,但交易量上上升;第三象限价格和交易量均下降;第四象限价格上升,但交易量下降,表明房地产市场有价无市。

10.3.2　房地产市场行情分析的主要方法

1) 指数分析法

观察市场行情的变动,最简单而常用的方法是观察其发展变动的速度。通过计算其发展速度,不仅可以了解市场行情的变动方向,而且可以知道其变动幅度。连续观察这种变动,就可以描述市场行情的波动。指数分析法正是基于此而产生的。

指数是一种对比性的统计指标,具有相对数的形式,通常表现为百分数,常用来考察现象水平相对于基数的多少,如某年 GDP 指数为 109.5%。

根据反映对象范围的不同,指数可以分为个体指数和总指数。个体指数是指个别事物变动的相对数,如个体物价指数 $K_P = P_1/P_0$;总指数是指度量单位不同的多种事物变动的相对数,如工业总产量指数、零售物价总指数。

指数构造的核心是指数公式的选择和确定。进行房地产市场行情分析,常用的指数公式有以下两大类:

(1)简单指数公式

简单合成法 $K = \dfrac{\sum P_1}{\sum P_0} \times 100\%$

简单算术平均法 $K = \dfrac{1}{N \sum P_1/P_0} \times 100\%$

P_0, P_1 —— 基期、报告期价格

(2)加权综合指数公式

将价格固定在基期的销售量综合指数 $q = \dfrac{\sum P_0 Q_1}{\sum P_0 Q_0} \times 100\%$

将价格固定在报告期的销售量综合指数 $q = \dfrac{\sum P_1 Q_1}{\sum P_1 Q_0} \times 100\%$

将销售量固定在基期的价格指数 $p = \dfrac{\sum P_1 Q_0}{\sum P_0 Q_0} \times 100\%$

将销售量固定在报告期的价格指数 $p = \dfrac{\sum P_1 Q_1}{\sum P_0 Q_1} \times 100\%$

P_0, P_1 —— 基期、报告期价格;Q_0, Q_1 —— 基期、报告期销售量

例:某市(某区域)住宅、商用楼、写字楼三类物业的销售价格与销售面积的资料见表10.2,试计算其报告期价格指数。

表10.2   住宅、商用楼、写字楼销售价格与销量统计表

物业类型	销售面积/万 m²		销售价格/(元·m⁻²)	
	2006	2007	2006	2007
住 宅	500	700	3 400	4 500
商用楼	400	600	5 200	6 000
写字楼	300	500	8 000	10 000

$$解: p = \frac{\sum P_1 Q_1}{\sum P_0 Q_1} \times 100\%$$

$$= \frac{(4\,500 \times 700 + 6\,000 \times 600 + 10\,000 \times 500)}{(3\,400 \times 700 + 5\,200 \times 600 + 8\,000 \times 500)} \times 100\%$$

$$= 122.9\%$$

2) 价格指数在房地产市场行情分析中的应用

在进行某一项目的决策之前,开发商除对房地产市场的总体状况及走势进行研究和判断外,还会关心不同区位、不同类型物业、不同档次物业、不同聚集区的物业的价格走势。具体来看,运用房地产价格指数可以帮助我们得到以下方面的研究和判断:

①判断总体价格走势。通过计算某区域不同时期的房地产综合价格指数,描绘出房地产综合价格的走势图,可以让人们清楚地看到价格发展的历史过程,了解目前的价格水平。

②分析不同物业的价格走势。主要是对物业类型进行分类研究,报告不同物业类型的价格状况,可以让人们了解到各时段中,哪一类物业价格上涨或下跌得更快。

③分析不同区位物业的价格走势。房地产市场具有明显的地域性,即使完全相同的物业在不同地点,价格也可能相差甚远。随着城市建设的发展,不同区域在整个城市中的功能定位也影响着不同物业的分布。因此,利用价格指数描述不同区位的物业市场是必不可少的。

10.3.3　房地产市场供求分析

1) 供求分析的基本内容

供求分析一般包括以下三个方面:

(1) 商圈的界定

对于某一地区某种类型物业的市场分析,首先要确定其商圈,目的是为了确定一个研究范围。商圈通常是指客流的来源范围。理解商圈时,要注意以下几个要点:

①不同项目的商圈是不同的。对于商铺物业来说,商圈是它的服务半径所涉及的范围;对于住宅来说,商圈通常指距项目的车程距离,如距项目一个小时车程范围内的地区。

②不同用途、不同特征的物业,它们的服务范围是不同的。一个小区级商业物业的商圈是以小区为服务范围的,而度假型别墅区的商圈可能是全市或全省。

③商圈不一定是一个圆形的范围,它可能因为一些因素的影响而变成不规则的,如一条高速公路、一座高架桥。

④在实际的商圈分析中,根据与物业的紧密联系程度不同,一般把商圈分成三个层次,即初级商圈、二级商圈和三级商圈。

在实际工作中,一般总是先根据路程或服务半径划定一个范围,再在实际调查中,根据经验进行商圈的修改。

（2）市场细分

市场细分包括两方面的工作,一是对需求方的细分,即根据消费者的特性把消费者分为具有各种共同特征或消费偏好的组;二是对产品的细分,即根据产品的用途、特点、性能等对市场供给的产品进行分类。

不同的物业,细分的标准不同。最基本的分类标准有档次、地域、收入、人口等。进行市场细分的目的是要寻找某类子市场与某组消费者之间的配合关系,如什么样的住户需要什么样的房屋,什么样的商家需要什么样的商铺。供给和需求经过分类后,把供给量和需求量进行对比,差额便是供求缺口。

市场细分是任何一种商品供求分析的前提,也是市场营销的基础工作。通过市场细分组织需求和供给的匹配关系,对于市场研究来说,可以使研究的范围缩小,使市场调查的工作更加有效。

（3）供求缺口分析

市场细分之后要进行的工作就是子市场供求数量的分析。首先要分析供给量,供给量分为潜在供给量和现实供给量两部分。需求量的分析也分为潜在需求和有效需求。这里所指的供求缺口分析,是在供求结构分析的基础上,把不同子市场的供给量和需求量进行对比,需求大于供给的差额就是供求缺口。比如,把某一区域的住宅供给细分为三个档次,对应于不同档次的供给有不同层次的需求,不同层次的需求可以按收入细分,经过对比可能会高档住宅的供给量已经大于需求量,而低档的住宅供不应求,于是可以把低档住宅的缺口当作目标市场。再比如,对一个街区的商铺物业进行分析后发现,这个街区缺少的是一个专门店,而不是购物中心或便利店,那么这就是一个供求缺口。

2）房地产供给分析

供给量分析包括现有供给量和潜在供给量的分析。现有供给量分析主要是运用市场调查的方法。潜在供给量分析主要有两种常用方法:管道分析法和运用土地供给量的资料估算新增房地产供给量。

（1）管道分析法

管道分析法是根据房地产开发程序分析潜在供给量的方法。按我国房地产管理法的规定,土地出让或划拨之前,要由政府进行土地利用的总体规划及功能分区的规划。土地批租或划拨以后,建设单位要上报建设规划和施工方案,再由政府主管部门批准,获得建设规划许可证和建设工程开工许可证。在获得了建设规划和建设工程开工许可证以后,才可以申请预售,得到商品房预售许可才就可以卖期房。这一审批流程可以用图 10.12 表示。

在管道分析法中,把整个管理过程当作一个流动的过程,把一个个审批环节连接起来看成是一个"管道",分析"管道"中各个部分的数据,层层分流,最后得到潜在供给量数据。

在政府审批的各个环节上可以了解的与供给量有关的数据有:

①获得《建设用地规划许可证》的土地面积。

②获得《国有土地使用证》的土地面积。

③获得《建设工程规划许可证》的土地面积。

④获得《建设工程开工许可证》的土地面积。

⑤获得《商品房预售许可证》的土地面积。

假设获得每个许可证的时间为 1 年,从获得预售证到售完这个周期的时间为 2 年,那么:

未来 2 年的供给量 = (5) + (4)

未来 3 年的供给量 = (5) + (4) + (3)

未来 4 年的供给量 = (5) + (4) + (3) + (2)

未来 5 年的供给量 = (5) + (4) + (3) + (2) + (1)

这里的办证周期是假设的,在实际工作中可以总结一个经验数据。同时,在所有申请立项的项目中,会有一些项目由于得不到批准而退出市场。所以在进行供给量预测时还应根据实际情况对数据进行修正。

(2)运用土地供给量的资料估算新增房地产供给量

潜在土地供应量的来源包括三部分:

①新增城区的土地供给量 M_1:M_1 = 规划城区面积 − 已开发建成区面积 − 已出让面积。

②旧城改造过程中可供开发的土地供给量 M_2:M_2 = 规划改造面积 − 已改造面积。

③改变土地用途可供开发的土地量 M_3:M_3 = 工业仓储实际面积 − 工业仓储规划面积。

下面通过案例介绍这种方法的使用。

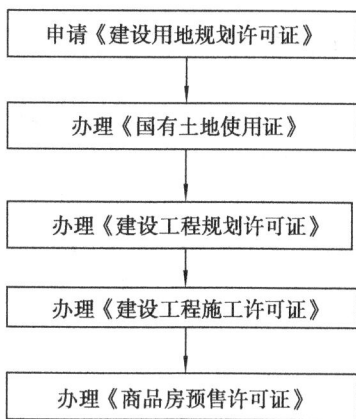

（图中流程框，自上而下：）

申请《建设用地规划许可证》

办理《国有土地使用证》

办理《建设工程规划许可证》

办理《建设工程施工许可证》

办理《商品房预售许可证》

图 10.12　审批流程图

【案例1】

商品住宅潜在供给量的分析

2000 年上半年北京市出让使用权的国有土地共计 184 宗,其中用于住宅建设的共计 122 宗,占 65.76%,总面积 132.86 公项,占出让地总面积的 56.17%,在各类用地中所占比例最大;商业、高档公寓、别墅的用地所占比例很小;工业用地所占比例较大,详见表1。

表1 2000 年北京市出让国有土地按用途分类

分 类	数量/宗	比例/%	占地面积		规划建筑面积		备 注
			面积/公项	比例/%	面积/公项	比例/%	
商 业	9	4.89	5.90	2.49	7.10	1.87	
综 合	3	1.63	1.02	0.43	2.52	0.67	
办 公	8	4.35	4.96	2.10	5.24	1.38	
公 寓	3	1.63	3.54	1.49	17.78	4.68	
住 宅	121	65.76	132.86	56.17	308.42	81.22	
工 业	34	18.48	78.82	33.33	33.10	8.72	
别 墅	1	0.54	3.42	1.45	5.03	1.32	
其 他	5	2.72	6.02	2.55	0.53	0.14	
总 计	184	100	236.52	100	379.72	100	

资料来源:北京市房屋土地管理局。

1. 新建城区提供的土地总量(M_1)

根据北京市的总体规划,到 2010 年,规划市区内的城市建设用地面积共约 61 410 公项。根据有关资料统计,1995 年规划市区范围内的建成区面积为 47 428 公项。

2000 年上半年出让土地约 237 公项。由此推算,从 2000—2010 年的 10 年间,规划市区范围内可开发的城市建设用地面积为 M_1 = 61 410 公项 − 47 428 公项 − 1 492 公项 − 237 公项 = 12 253 公项,详见表2。

表2 北京市出让国有土地分布情况　　　　　　　　　　单位:公项

年 份		1989 年	1990 年	1994 年	1995 年	2010 年
市 区	建成区面积	42 219	42 629	46 698	47 428	61 410
	增 加		410	4 069	730	13 982
远郊区	建成区面积	15 500	16 630	25 733	27 585	
	增 加		1 130	9 103	1 852	
总 计	建成区面积	57 719	59 259	72 431	75 031	
	增 加		1 540	13 293	2 582	

资源来源:《北京市统计年鉴》,北京城市总体规划专业规划说明(1991—2010 年)。

2. 旧城改造过程中可开发的土地供给量(M_2)

根据 1990 年对市区建成区内居住区的调查,有成片危旧房 221 片,总占地面积 2 089.22 公顷,其中 4 个城市共有 147 片,占地面积 1 576.4 公顷。截至到 1996 年底,大约有 50% 的成片危旧房已经或正在改造。2000—2010 年可供投资者改造的危旧房区占地面积约 1 000 公顷。

3. 工业、仓储用地转换用途过程提供的土地用量(M_3)

根据北京市 2010 年总体规划的安排,现建成区内工业用地的数量将大大减少,从表 3 中可以看出,在 1990—2010 年的 20 年内,规划市区内工业用地将净减少 1 242 公顷,如果考虑到北京市在解决污染扰民企业搬迁和城市中心区用地结构调整的过程中减少的工业用地,在 2000—2010 年将有 1 242 公顷的工业用地需要改变用途,可供商业和居住等项目的开发。

表 3　北京市出让国有土地分布情况

用地代号	用地名称	1989 年			2010 年		
		面积/公顷	占城市建设用地/%	人均/m²	面积/公顷	占城市建设用地/%	人均/m²
R	居住用地	11 302	26.77	22.07	14 528	23.65	22.52
C	公共设施用地	6 729	15.94	13.14	8 413	13.780	13.04
	其中商业金融用地	756	1.79	1.48	1 041	1.70	1.61
M	工业用地	7 516	17.80	14.67	6 978	11.36	10.82
W	仓储用地	2 478	5.88	4.84	1 774	2.89	2.75
T	对外交通用地	1 593	3.77	3.11	3 668	5.97	5.69
S	道路广场用地	3 523	8.34	6.88	10 721	17.46	16.62
V	市政公用设施用地	1 355	3.21	2.64	1 841	3.00	2.86
G	绿地	4 441	10.52	8.67	11 089	18.06	17.19
	其中公共绿地	3 073	7.28	6.00	6 474	10.54	10.04
D	特殊用地	3 282	7.77	6.41	2 398	3.91	3.72
总计	城市建设用地	42 219	100.00	82.43	61 410	100.00	95.21

4. 可供开发总量(即新增土地供给量 M)

预计北京市 2000—2010 年土地供给总量:

$M = M_1 + M_2 + M_3 = 12\ 253$ 公顷 $+ 1\ 000$ 公顷 $+ 1\ 242$ 公顷 $= 14\ 495$ 公顷。

5. 预计新增商品住宅面积总量(S)

从表 3 中可以看出,到 2010 年,北京市住宅建设用地将占城市用地的 23.65%,2000—2010 年用于住宅建设的用地 $M \times 23.65\% = 14\ 495$ 公顷 $\times 23.65\% = 3\ 428$ 公顷。按照平均容积率 1.6 计算,2000—2010 年每年新增商品房面积在 548 万 m^2 左右。

从案例可以归纳出运用土地供给量的资料估算新增房地产供给量的基本思路。

①计算潜在土地供应量 $M = M_1 + M_2 + M_3$。

②估算新增住宅用地总量：$S = M \times$ 住宅用地占城市用地比率。

③折算为每年可供商品房面积 S'：$S' = S/$ 使用年限 $\times$ 容积率。

（3）现有市场商品住宅存量分析

现有市场商品住宅存量，在理论上是指获得销售许可证的商品住宅面积。

①采用管道分析方法，现有市场商品住宅存量即理论上的存量，则总供给量 = 潜在供给量 + 现有存量。

②运用土地供给量的资料估算新增房地产供给量，现有市场商品住宅存量 = 施工面积总量 + 历年在售面积之和；总供给量 = 每年新增住宅面积总量 + 现有住宅存量。

下面通过案例介绍现有市场商品住宅存量的分析。

【案例2】

现有市场商品住宅存量的分析方法

根据国家统计局2000年上半年的统计，北京市场商品房面积总量为2 486.53 万 m^2。

下表为北京市历年竣工与销售面积统计，我们在统计已竣工面积时参考历年平均销售周期（最新的统计数据表明北京市优秀项目的销售周期为0.499年，忽略1994年以前的竣工面积（认为在此以前的住宅已被市场消化））。同时考虑到二手房市场还未成熟，假定购房者的购买力不会向二手市场转移，这样历年在售面积之和为1 914.95 万 m^2（即记为 K）。

这样现有市场商品住宅存量2 486.53 万 m^2 + 1 914.95 万 m^2 = 4 401.48 万 m^2，在2000—2010年10年内消化这些住宅，每年市场平均需要吸纳约440 万 m^2。

综合上述分析，每年市场潜在供给量 Q 是新增商品住宅面积总量 S 与现有市场商品住宅存量 K 之和，即 $Q = S + K = 548$ 万 m^2 + 440 万 m^2 = 988 万 m^2。

北京市历年竣工与销售面积统计表   单位：万 m^2

年 份	1994 年	1995 年	1996 年	1997 年	1998 年	1999 年	2000 年上半年	合 计
当年商品房竣工面积	383.53	503.56	441.86	483.31	588.71	908.26	453.03	3 762.26
当年商品房销售面积	149.03	186.28	188.13	241.91	376.84	484.71	220.41	1 847.49
历年剩余在售面积	234.5	317.28	253.73	241.4	211.87	423.55	232.62	1 914.95

（4）供给量结构分析

要分析某一子市场的供给情况，在总供给量分析的基础上，还要进行供给量的结构分析。供给量结构分析，就是分析某一种类物业中某一类型产品供给量的大小。包括对区域市场供给量的结构分析和不同区域市场供给量结构的比较分析两个层面。

①区域市场供给量的结构分析:对区域市场供给量结构进行分析,要求在供给量分析基础上收集某一区域的资料,然后对该区域的产品按户型、面积、价位进行分类,分别计算供给量。如对某区域产品按面积水平统计见表 10.3。同样的方法可对区域产品按户型、价位进行结构分析。

表 10.3　某区域产品按面积水平统计表

面积水平/m²	80 以下	80～120	120～150	150 以上
套数/套	899	4 797	3 728	4 262
比例/%	6.64	35.44	27.54	31.48

②不同区域市场供给量结构的比较分析:在对某个区域的市场供给量结构进行分析以后,还可以对各区域的供给量结构进行对比,从而发现各区域的特征。如对各区域产品按面积水平统计见表 10.4。

表 10.4　各区域产品按面积水平统计表

面积/m²　　区域	80 以下	80～120	120～150	150 以上
A 区	10.77	35.75	30.72	20.23
B 区	2.33	54.56	18.42	24.69
C 区	7.67	45.28	23.60	23.45
D 区	5.45	36.44	30.54	27.57

3)房地产需求分析

需求量分析包括需求潜力分析和需求偏好分析。需求潜力分析的方法有以下三种:

(1)运用人口资料分析

运用人口资料分析潜在住宅需求的方法,在实际中应用中相当普遍,要掌握新增人口数量及人均居住面积的数量。具体做法通过案例加以说明。

【案例3】

分析北京市的住宅潜在需求

20 世纪 90 年代初,经济发达国家的人均住房建筑面积达到 40 m²,每套新建住房的建筑面积平均为 200～300 m²,而我国到 1998 年人均住房建筑面积不足 19 m²,平均每套住房为 70～80 m²。20 世纪 90 年代,北京市人均住房使用面积一直呈增长趋势,年平均增长 3.88%,见表 1。2000—2003 年将能保持或超过这一平均增长率,见表 2。

表1 1990—1999年北京市人均住房使用面积

年份/年	1990	1991	1992	1993	1994	1995	1996	1997	1998	1999
使用面积/m²	11.17	11.64	12.1	12.45	12.85	13.34	13.82	14.36	14.96	15.88
年增长率/%	—	4.2	4	2.9	3.2	3.8	2.6	3.9	4.18	6.1
平均年增长率/%	3.88									

表2 2000—2003北京市人均住房面积

年份/年	2000	2001	2002	2003
使用面积/m²	16.5	17.14	17.8	18.5
建筑面积/m²	21.9	22.84	23.67	24.6

20世纪90年代以来北京市人口增长速度很快,1994—1999年北京市城镇人口从683万人增至747万人,年平均增长12.68万人。根据《北京城市总体规划》,到2010年北京市城镇人口将控制在850万人,实际增长速度已大大超过。由于人口增长几乎都是机械增长,我们将结合规划和实际两个方面,按年平均净增人口为12.68万人进行预测,见表3。

表3 2000—2003年人口预计

年份/年	1999	2000	2001	2002	2003
城镇人口/万人	747.2	759.88	772.56	785.24	797.92

住房面积需求总量(S)由每年新增人口需求面积(S_1)和原有人口需求增加面积(S_2)、年拆迁面积(S_3)三部分构成。表4、表5分别列出了2000—2003年有关预测数据。

表4 2000—2003年新增人口需求面积(S_1)

年份/年	2000	2001	2002	2003
使用面积/m²	209.22	217.34	225.7	234.58
建筑面积/m²	277.69	289.61	300.13	311.93

表5 原有人口需求增加面积(S_2)

年份/年	2000	2001	2002	2003
增加建筑面积/万 m²	592.71	726.21	651.75	742.07

1991—1999年每年平均拆迁2万户,安置拆迁用房户均建筑面积为70 m²,年拆迁安置用房需求建筑面积(S_3)140万 m²。

北京市2000—2003年住房面积需求量 $S = S_1 + S_2 + S_3$,见表6。

表6 北京市2000—2003年住房需求量

年份/年	2000	2001	2002	2003
建筑面积/万 m²	1 010.4	1 155.82	1 091.88	1 194

从本案例可归纳运用人口资料分析潜在住宅需求的思路:

①根据历年人均住房使用面积数据,计算年平均增长率。

②根据年平均增长率,估算未来几年人均住房面积。

③根据城镇人口年平均增长情况,估算未来几年人口数。

④估算未来几年每年新增人口需求面积 S_1 及原有人口需求增加面积 S_2。

$$S_1 = 年平均增长人口数 × 人均住房面积$$

$$S_2 = 原有人口数 × 人均住房面积增量$$

⑤计算住房面积需求总量: $S = S_1 + S_2 + 年拆迁安置用房需求面积 S_3$。

(2)运用家庭规模资料进行分析

①家庭人口构成与套型:人们常说的户型即建筑设计上的套型。"套"是住宅供给的基本单位,是家庭独用的空间范围,并提供家庭生活所必需的活动空间。家庭人口和结构影响着户型的变化。套型不仅与家庭的人口数有关,还与家庭成员的性别、代际关系、年龄大小、婚姻状况等相关。家庭人口构成与套型的对应关系如下:

单间	1 人户
一房一厅一厨一卫	2 人户
二房一厅一厨一卫	3 人户
二房二厅一厨一卫	3 人户、4 人户
三房一厅一厨一卫	3 人户、4 人户
三房二厅一厨一(二)卫	5 人户
四房二厅一厨一(二)卫	5 人户或 5 人以上(核心家庭)

②家庭规模与需求:运用家庭人口和家庭规模的资料可以分析出家庭人口结构的变化趋势。家庭人口数与住宅的居室数量有直接的关系,分析家庭规模的构成结构,如 1 人户占总户数的比例、2 人户占总户数的比例、3 人户占总户数的比例,从中可以推断各种户型的需求。

从家庭规模上看,我国家庭规模的变动趋势呈现两大特点:一是新婚家庭与老年居户所占比例增加,对中小户型的需求增加;二是家庭规模缩小,核心家庭减少,导致需求的套型规模有减少趋势。

(3)运用收入资料进行分析

住房需求与人口有关,更与人们的收入状况密切相关。收入状况不仅影响相关区域的需求总量,还决定着消费者所能承担的价格水平。对收入状况的分析主要有两个方面:

①分析不同收入档次的消费者的需求特点。不同收入阶层的承受能力和需求也各有特点,通过对消费者需求特点的分析,可以引导开发商针对性地开发满足消费者需求的产品。这方面的信息往往通过调查问卷来获取。

②分析不同档次收入的结构,即各档次收入家庭数占家庭总数的比例,从而估算每种价位下房产的需求量。

10.3.4　房地产政策影响分析

我国的房地产市场受政策影响极大,不仅因为政府是房地产市场的管理者,而且因为政府代表国家行使土地所有者的权力。对房地产市场进行分析,必须关注和分析房地产政策。

1)房地产政策概述

(1)房地产政策的类型

房地产政策就是国家凭借政权制定的房地产市场主体都必须执行的行为准则。它是连接房地产市场和政府的纽带,是政府在房地产市场中的重要行为内容。房地产政策的作用是由政府在房地产市场的干预作用和特殊地位决定的。

从房地产政策的功能来看,房地产政策可以分为两大类:一类是直接服务于市场的,可称之为市场性的政策;另一类是服务于社会的,是对市场起间接影响作用的,可称之为社会性政策。前者针对企业法人与消费者间的利益关系,调整对象是平等的经济利益关系,多数情况下是以经济手段为主。政府对他们的管理和调节,也必须遵守市场原则,如土地出让与转让等。后一类政策多数是发生在管理者和被管理者之间,多采取行政手段,要求企业和消费者服从,如产权登记、房地产税费的制定等。

从政策的渊源来看,房地产政策也和其他各种产业政策相同,可以分为法律、法规、规章、制度、办法等。

从政策指向的部位来分析,房地产政策和法律体系又可分为两类:一类是房地产专门性的政策和法律规范,如《中华人民共和国城市房地产管理法》、《中华人民共和国城镇国有土地使用权出让和转让暂行条例》;另一类为相关的规范,如《经济法》、《民法》、《合同法》、《消费者权益保护法》、《社会保障法》等。

(2)政府在房地产业中的基本功能

在房地产业中,政府担当着多种角色,它的作用可以概括为4大基本功能,即保障功能、分配功能、收益功能和调节功能。如政府要保证土地价值增值;政府有责任为所有的社会成员提供安身立命的基本居住条件;政府有责任为保证整个社会经济的持续发展而对自然资源和文物进行保护;政府有责任为保证城市的持续发展,而控制城市的规模、城市扩张的速度、城市功能的分区、城市土地开发的程度;政府有责任保持房地产业的稳定发展,负责土地的出让并收取土地出让金,协调与解决纠纷等。

2）房地产政策对房地产市场的影响分析

（1）政策影响分析步骤

房地产政策影响分析主要包括以下几个步骤：

①进行政策信息的收集。房地产市场的相关政策很多是来自本部门的主管单位，也有很多是来自本部门以外的，所以关注和收集各种渠道的政策信息就非常困难，但这一步是非常重要的。

②正确理解政策信息的真正含义，这就要理解政策的来龙去脉，分析它产生的背景，以及它的政策目标，当然包括潜在的政策目标。

③对政策的影响进行分析，包括政策影响的当事人、部位，判断政策影响程度等。

（2）政策影响分析方法

政策分析是一门艺术而不是一种技术或技能，这就使其分析方法不可能完全固定。但一般来说，市场分析人员要进行房地产政策影响分析，需要做到以下几点：

①跟踪市场政策动向信息，了解最新政策动态及背景。

②要认真领会政策信息的内容和含义，并把相关政策联系起来分析，比较其中的差异或进行前后对比，发现其中的变化和联系脉络，由此判断政策目标和意图。

③判断政策影响的确切部位，以及对各主体的影响程度。

④要尽可能地对政策影响进行定量分析，当然在数据不全或不可靠的情况下，不应勉强运用数量分析，特别是不要运用计算机模型。

⑤分析说明政策的后果，特别是对供求关系的影响，进行必要的预测。这一点在分析房地产价格走势的时候经常用到。

⑥尽可能地进行政策评论，如评论它的缺失之处，这样可以预测政策的未来趋势。

必须说明一点，由于政策本身的一些特性，如政策目标表达的清晰性，政策实施的效果、是否能达到预期目标、是否有保证政策目标的适当手段等，要对政策影响做出完美的分析几乎是不可能的。因此，房地产政策影响分析只是给开发商或投资人提供信息，起一些辅助决策的作用。

10.3.5　规划影响分析

1）城市规划与城市功能分区

城市规划是指为了实现一定时期内城市的经济和社会发展目标，确定城市性质、规模和发展方向，合理利用城市土地，协调城市空间布局和各项建设的综合部署和具体安排。简而言之,城市规划就是城市在发展过程中在空间和时间上的部署和安排。

城市规划是建设城市和管理城市的基本依据,是保证城市土地合理利用和房地产开发等经营活动协调进行的前提和基础。城市规划经过法律规定的程序审批确立后,就具有法律效力,城市规划区内的各项土地利用和建设活动,都必须按城市规划进行。

城市规划体系包括城镇体系规划、城市总体规划、城市分区规划和城市详细规划4个层面。城镇体系规划是对某一地区或区域内城市的综合部署。城市总体规划主要是综合研究和确定城市性质、规模和空间发展形态,统筹安排城市各项建设用地,合理配置城市各项基础设施,指导城市合理发展。城市分区规划的主要任务是在总体规划的基础上,对城市土地利用、人口分布和公共设施、城市基础设施的配置做出进一步的安排,以便与详细规划衔接。城市详细规划分为控制性详细规划和修建性详细规划。控制性详细规划是以总体规划或分区规划为依据,详细规定建设用地的各项控制性指标和其他规划管理要求,控制和引导各项用地的开发和投资建设。修建性详细规划的主要任务是以总体规划、分区规划或控制性详细规划为依据,直接对建设做出具体的修建安排及其规划设计,指导建筑设计和工程施工图设计。

2) 规划对房地产市场的影响分析

规划一般是通过政府在公共基础设施投资行为对城市形态起到实质的影响,只有通过基础设施投资和政策法律的制定等政府行为才能改变城市和地区的实体状况。所以研究规划对房地产市场的影响,必须结合政府基础设施投资来分析,规划的影响实际上也就是基础设施投资对房地产的影响。

规划实施则表现为一种渐进的过程,因此规划实施的每一步对于城市的影响是局部的、渐进的、分时段的。因此如果说政策、法规、规划设计是市场环境中起普遍作用的影响因素,那么规划实施即基础设施投资的影响就是个别的,因地点不同而不同,只有了解基础设施投资的动向,才能准确把握时机,选择增值潜力大的地点、区域。因此这里的规划影响分析主要是分析基础设施投资的影响。

基础设施主要由交通系统、通信系统、园林绿化和大型公共设施构成,它的建设开发有点(如大型公共建筑的建设)线(如道路的建设或水路的开通)面(如开发区的建设)三种形式,所以它对房地产市场的影响也可以从这三方面来分析。

(1)点状基础设施建设对房地产市场的影响

一座立交桥的修建、一个交叉路口的改建都可以称为点状交通设施的建设。点状基础设施的建设起初造成环境的破坏,致使房价大幅下跌,但工程完工以后负面影响逐步消失。点状设施建设规模小、时间短,对房地产商品价格的刺激作用不大,因此影响时间短、影响范围小。

（2）线状基础设施建设对房地产市场的影响

一条轨道的兴建，一条公路的改扩建都可称为交通设施的线状建设。线状设施对周边物业有一定影响，特别是在前期的影响更大，但影响持续时间不会太长，随着建设工程的竣工，影响逐渐消失，影响具有趋前性，影响范围亦呈线性分布。

（3）面状基础设施建设对房地产市场的影响

对某个区域进行大规模的市政改造或重新建设，都可以称为面状开发。典型的面状开发有城市危房改造、新区的建设开发等。面状设施建设规模较大，持续时间较长。其对周边物业的影响，从价格上看虽然每一期的影响幅度不会太大，但却是长期的、持续性的，这种影响会带动整个区域的发展，提升区域内的房价。随着时间的推移，面状设施对于周边物业的影响潜能会逐渐发掘出来。

10.4　房地产项目市场分析

10.4.1　房地产项目的一般特性

评价房地产项目应从项目的通达性、关联性、可视性、项目所在区域的自然条件及项目的经济、法律特性等几个方面入手，概括起来房地产项目有以下 4 个方面的特性。

1）经济特性

竞争对手的经济特性包括的内容很多。例如：销售价格和租金水平，各种价格折扣，促销手段中的技巧，付款方式上的某种特殊设计，采用怎样的价格策略。这些因素对于营销能力的影响是极大的，因此分析人员应重视这些信息的分析。

2）法律特性

分析者通过分析项目或竞争对手的法律特性，可以知道所有者所拥有物业的产权状况。例如：获得土地的渠道是划拨出让，还是协议、拍卖、招标出让；出让年限是多少；出让合同中还有哪些规定；项目的规划条件，既开发的限制条件、相关的标准及要求；详细规划条件，即确定项目的种类设计，对土地开发及基础设施的要求；建筑标准，如设计风格等；环境及污染限制的条件等。只有弄清楚这些法律限制之后，才能准确评价房地产项目的价值，及其在产权方面的优势和劣势。

3）自然特性

房地产项目的分析,离不开对项目所在地点自然条件的分析。项目地点的自然条件有时形成对项目开发的限制,有时也会给项目带来独有的优势。项目地点的自然条件包括以下几个方面。

（1）地块的物理条件

①地块的面积。

②地块的形状。

③地块的高度、深度、角度。

（2）地表的自然状况

①地貌（坡度和地形）。

②地表土质和景观。

③地基状况。

④水文地质状况。

⑤植被状况。

（3）配套设施的物理特性

①建筑物的布置。

②建筑物的质量。

③配套设施空间布局。

④构筑物的设计,如遮蔽式的通道、道口等。

⑤构筑物内的通行模式,如平面布局、通道、朝向等。

（4）便利配套

①停车场的特色,如空间的大小,停车场与建筑物的相对位置、入口、通道等。

②安全性设施。

4）关联性

关联性属于项目地点的非自然条件,是指项目在社会交流网络中所处的相对位置。与社会交流越方便,占用的交通、交流网络的数量越多,关联性就越好。不同用途的物业,不同的使用者对关联性的需求不同,房地产市场分析人员应能够确定不同物业和不同的使用者所要求的关联性。

关联性又可以分为两个方面：

①通达性。通达性即来往于项目地和目的地的方便程度,比如商业物业的使用者——零售商希望很快到达销售地点,住户希望很快到达上班、上学的地点。所谓方便程度不仅指行程的长度,还包括是否拥挤,是否安全,是否有特别的交通限制等。

②可视性。可视性也是关联性的一个重要方面,表明某项目同周围环境相比吸引力的大小。这一点对于商业物业和一些写字楼物业来说是很重要的。

不同物业对关联性、环境、功能方面的要求不同,应分别考察对不同物业的特性及关联性有较大影响的因素。如住宅物业的环境特性具体包括以下因素:

①地块的物理条件。

②地块周围景观。

③环境卫生、社会治安情况。

④地块周围的交通条件,如:公交线路的多少,离上下站点的距离,车流量的大小等。

⑤周边配套设施,如市场、商场、学校、医院、酒店、银行等。

10.4.2 评价房地产项目及竞争对手的方法

对房地产项目及竞争对手的评价是对竞争对手的实际资料进行分析,分别对它们的法律、经济、地点、区位特性进行评价,在上述定性地分析项目与竞争对手优势与劣势的基础上,使评价量化,从而发现某些"市场空缺"并确定自己的特色。

1) 项目及竞争对手的评价方法

对房地产项目及其竞争对手进行评价,其基本思路为:首先对项目特性进行分解,并用一些指标进行描述分析,然后用一个从小到大的排序或权数来确定这个因素的作用与重要程度,最后总结评分的结果,分析项目地点的最佳用途,得出竞争对手的竞争特色。

（1）对项目特性进行分解

对项目特性进行分解,就是把主要特性分解成一个个可测量的因素。如表 10.5 所示对通达性的特性分解。

表 10.5 对通达性的特性分解

研究对象	衡量内容	衡量标准
通达性	①车流量； ②道路承载力； ③道路水平； ④瓶颈及障碍	各构成因素正常质量水平的标准测量值

（2）指标评价

指标评价就是针对上步制订的衡量指标,将项目实际状况与衡量标准逐个进行评价分析。

（3）对作用因素的重要性程度进行评价

用评分和确定权数的方法,可以确定作用因素的重要程度。常用的方法有以下两种:

● 第一种评价方法:按作用水平打分。

+2 = 作用远远超过平均水平

+1 = 作用超过平均水平

0 = 正常水平

−1 = 低于正常水平

−2 = 远远低于正常水平

● 第二种评价方法:权数评价法。

同等作用水平的因素,按重要程度确定其权数。

1 = 不重要

2 = 有些重要

3 = 正常和平均

4 = 非常重要

5 = 极为重要

用重要性权数与作用程度的档次数相乘,就可以得到某一个因素的总得分。

（4）分析评分结果

对项目及其竞争对手特性进行综合分析,判断各自的特点、优势。然后根据这些特性,判断项目的最佳用途和竞争对手的特点,从而对所研究的项目提出相关建议。

2）评价方法的应用——确定最适合的用途

项目及竞争对手的每个要素都影响项目的发展潜力。因此,要对项目及竞争对手的通达性、可视性、法律特性、经济特性等逐一比较评价,这种评价和分析对下一步分析市场占有率极为重要。现以一个商业加写字楼项目为例,说明项目及竞争对手的评价。

（1）分析项目的通达性

与项目相连有两条主干道 A 路、B 路,项目的通达性分析见表 10.6 和表 10.7。

表 10.6　A 路通达性衡量

衡量内容	设计标准	衡量结果	评 价
车流量	2 000 辆/h	6 000 辆/h	
道路荷载	2500 辆/h	严重超载	−2 分
拥挤水平	轻微、没有	很拥挤	
瓶颈及障碍	无耽搁	过多耽搁,三处瓶颈	

得分: -2 分,因为严重超载,且有多处瓶颈。

权数:5,A 路为项目唯一的南北干道。

总得分:5×(-2)分 = -10 分。

表 10.7　B 路通达性衡量

衡量内容	设计标准	衡量结果	评　价
车流量	2 000 辆/h	4 100 辆/h	
道路荷载	2 500 辆/h	超载	1 分
拥挤水平	轻微或少量	不太拥挤	
瓶颈及障碍	无耽搁	无瓶颈	

得分:1 分,车流较大,且有若干条公交车由此通过。

权数:3,通向项目地点主要的东西向道路之一。

总得分:3 ×1 分 =3 分。

(2)分析项目的可视性

项目的可视性衡量见表10.8。

表 10.8　项目的可视性衡量

衡量内容	标　准	衡量结果	评　价
地点高度	略高于道路	与道路持平	1 分
主要障碍和建筑物遮蔽	没有	两座旧楼,没有大的广告牌	1 分
通道的视点	一眼望到	进深较长,不能一眼望见	
入口处的视点	较好的可视性	均较差	-1 分

权数:5,对于商业物业,可视性极为重要。

总得分:1 分×5 +1 分×5 +(-1)分 ×5 =5 分或 1 分 ×5 =5 分

(3)分析配套设施(略)

(4)项目得分加总,并进行评价

项目的通达性与可视性较差,作为商业物业经营潜力受到一定的限制。但该项目环境安静,周边配套设施齐全,作为写字楼具有一定的优势。

3)评价方法的应用——估计市场占有率

通过对项目地点特性的评价,可以进一步考察和分析竞争对手,还可以对这个项目的潜在市场获利能力做出评价。对项目及各竞争项目进行评价打分,把各自的得分与总得分相比得出的百分率,可以认为是各项目在市场竞争中的相对地位,从而就可以把这个百分率作为市场占有率的代表。表 10.9 清晰地反映了这种评价方法的应用。从表 10.9 中可以得到每个项目各自的得分,它们总体分数的百分率可以理解为可能的市场占有率。

在专业物业市场分析中,我们可以大致计算出未被满足的需要缺口。假如在项目所在区域内,写字楼的总需求量为 300 000 m^2,那么就可以知道项目物业的市场占有量为 300 000 $m^2 \times 12\% = 36 000\ m^2$。因此,从理论上说,市场占有量可用以下公式计算:

$$市场占有量 = 总需求量 \times 市场占有率$$

此外,我们还可以清楚地看到各竞争对手的竞争特点,也就是说人们常说的"卖点"。表 10.9 中带有阴影的部分代表各个项目不同的特性比较中得分最高者,也就是各个项目的竞争特色,或者说是"卖点"。

表 10.9　项目的各特性要素与竞争对手比较

		项目A	项目B	项目C	项目D	项目E	项目F	项目G	项目H	项目I	项目J	合计
财务特性	租　金	5	5	3	4	0	6	0	4	2	3	
	管理费	4	2	3	5	5	6	2	5	5	3	
建筑特性	房　龄	4	6	6	6	7	2	2	4	1	2	
	单位面积	4	1	2	7	1	3	1	1	3	2	
	房间的数量	1	3	2	4	4	1	1	1	3	5	
	房间的功能和种类	2	4	5	7	0	5	7	2	4	4	
	楼　层	2	2	5	2	3	4	5	2	2	1	
	电　梯	6	2	4	2	1	4	3	6	2	2	
	阳　台	7	7	1	3	2	1	4	7	7	5	
	其他设计要素	6	2	1	3	5	2	4	6	1	6	
地点特性	游泳池	6	1	6	5	5	7	6	6	5	4	
	网球场	5	5	5	5	0	1	4	7	3	2	
	健身房	1	2	0	6	4	1	5	5	5	5	
	会　所	6	5	4	5	4	0	1	2	5		
	景观质量	6	2	3	4	0	3	1	6	3	4	
	停车场	7	3	2	8	2	3	2	6	1	6	
环境特性	与就业中心的接近程度	4	4	4	3	0	5	3	4	4	2	
	与商业中心的接近程度	3	7	4	1	5	1	3	3			
	与各种交通枢纽的接近程序	3	7	4	0	6	4	6	7	3	2	
	与学校的接近程度	6	4	4	2	3	4	5	3	7	4	
得分合计		88	74	66	81	57	63	68	86	72	71	726
市场占有率/%		12	10.2	9.1	11.2	7.9	8.7	9.4	11.8	9.9	9.8	100

实训任务

根据第 1 章实训任务搜集的资料,进行房地产市场分析。

复习思考题

1. 名词解释

经济周期　房地产政策　城市规划

2. 简答题

①房地产市场分析的基本流程是什么?

②供求分析的主要内容是什么?

③需求潜力分析常用的分析方法有哪几种?

3. 思考与讨论

①价格指数在房地产市场总体趋势分析中有哪些应用?

②如何进行房地产政策影响分析?

③如何对项目及竞争对手进行评价?

【阅读材料】

2004 年北京市房地产市场分析报告

1. 市场发展背景概述

1.1　经济发展平稳,宏观调控成效渐显

2004 年全国经济发展速度放缓,主要是国家宏观调控政策初见成效,今年全国第三季度经济增长率为 9.1%,较第二季度的经济增长率 9.6% 发展速度有所放慢,但仍高于普遍预期的 8.9% 的增幅,表明政府部门对于经济降温的相关举措逐步开始取得成效,土地与信贷是这次宏观调控的两个重点。

而北京市前三季度经济增长速度虽然也有所缓慢,但经济增长速度仍然高于全国 9.1% 的增速,较去年同期增长 13%。其中,第一产业实现增加值 81.8 亿元,同比增长 0.8%;第二产业实现增加值 1 126.1 亿元,同比增长 16.7%;第三产业实现增加值 1 761.6 亿元,同比增长 11.2%。

1.2　2004 年"地产政策法规年"

2004 年全国房地产市场普遍进入了一个政策法规年,不仅仅是因为国家宏观调控力度的加大,更是因为各项直接、间接的宏观调控手段和政策法规陆续出台,引起 2004 年的房地产市场有较大波动,重要的有金融政策、市场规范规定、土地政策等。

(1)金融政策方面:今年较为重要的主要有《关于进一步加强房地产信贷业务管理的通知》、《商业银行房地产贷款风险管理指引》以及央行加息的政策,可谓在房地产市场引起了较大的波澜,特别是对高档公寓、别墅项目的影响较为强烈。

（2）市场规范方面：今年市场规范方面发布了较多的规范、通知、法规，除了规范整个市场朝向良性发展外，对于行业规范也有一些相应的指引，如房地产开盘须有国土土地使用证，且需先付40%的土地出让金；资金到位25%才能卖期房；土地评估机构要与政府脱钩等。

（3）土地政策方面：今年在市场宏观调控上的一个重头就是土地市场的规范和管理上，一连串的相关法规政策的颁布，在房地产市场引起了相当大的漩涡，让众多的开发商时喜时忧。从2月份的土地4号令到3月底的土地71号令，"8.31大限"从此成为地产界尽人皆知的专有名词。此外还有4月29日农用地转建设用地冻半年、7月1日北京市国土资源局正式挂牌成立等，表明北京地区土地管理市场逐渐规范，正从无序发展向有序发展进步。

1.3　相关大事件

今年北京可谓是一个多事年，不仅仅是各项政策引起较大的反响，同时也有较多的大事件成为众多购房者津津乐道的话题，如关于总体规划的修编、奥运场馆即将进入集中实施阶段⋯⋯。

2. 房地产市场供应情况分析

2.1　历史供应情况

从北京历史供应情况上来看，历年的供应量是呈现较强的高增长态势的，虽然今年国家宏观调控政策的有效执行使得今年的增长较为缓慢，但是总体的项目供应的增长态势还是较为明显的，特别是"8.31大限"的影响，大量的项目在明后年集中推出，可以预见的是：明后两年的北京地产市场将会逐渐开始形成较为惨烈的竞争格局。

2.1.1　供应量变化

从1997年北京进入房地产飞速发展阶段以来，北京地区的房地产市场供应总量就呈现出较强的增长态势。特别是2002年入世、申奥成功的双重利好消息影响，京城楼市的供应发展便呈现出不可遏制的超级增长态势，大盘的增加、存量项目的再包装上市均不同程度地影响到整个市场的供应总量。

从伟业顾问市场研究中心多年监测的市场数据来看，近几年北京地区房地产项目的供应总量（当年新增项目的总规模之和）增长迅速，特别是2002年的增幅非常大，达到了约40%的增幅。

而从各季度市场在售规模的变化情况来看，住宅市场的供应变化较大，而高档公寓、别墅、办公和商服物业的各季度市场供应数据则是相对平稳的。而从各季度不同细分物业所占比重的变化情况看，办公用地的比重逐年增加，总量也有所增加，普通住宅的比重则是呈现出一定的波动，而高档居住物业的比重则呈现较为稳定的发展。

2.1.2　供应结构变化

从各种数据显示，目前北京地区房地产市场仍然未进入所谓的"地产泡沫时代"，这是因为目前北京地区房地产市场仅仅呈现出的是较强的地产供应结构失调，并非市场容量已满，而是供应结构有所变化导致市场价格上升、空置率有所变化。

2.1.3　供应价格变化

北京地区房地产市场价格指数有很多种，其中影响较大的指数主要有国房景气指数、中房指数、伟业指数等，其中国房景气指数、中房指数等均是以全国范围的城市指数为主，具有非常强的宏观指导性，而以伟业指数为首的咨询公司指数则主要是以微观数据为主的市场表现指数，其所表现的意义各有不同，也具有一定的指导意义。

（1）宏观价格指数变化

2004 年 10 月份"国房景气指数"比 9 月微升了 0.04 点。在空置率方面,10 月末全国商品房空置面积为 9 777 万 m²,空置时间在 1 年以上的商品房面积为 5 663 万 m²,所占比重为 57.9%,比去年同月提高 15.9 个百分点。按用途分,商品住宅空置面积为 5 703 万 m²,同比下降 13.2%。1—10 月,全国商品房平均销售价格为 2 758 元/m²,同比上涨 11.7%,增幅比上月回落 1.3 个百分点。其中,商品住宅平均销售价格为 2 566 元/m²,同比上涨 10.2%。从 10 月份的"国房景气指数"我们可以看到,在全国范围内房价依然保持着较高的增长速度,但增幅已在不断减小。全国房价上涨确实很快,不过与北京相比,仍只能到北京房价的一半。

北京市统计局发布的 1—10 月最新统计数据显示,北京市商品房均价达到了 5 072 元/m²,比上年同期提高了 251 元/m²。其中商品住宅均价为 4 635 元/m²,比上年同期提高了 76 元/m²。

2004 年 1—3 季度,北京房地产开发完成投资 870.6 亿元,房地产开发景气指数(简称"京房指数")值为 102.6,比 1—2 季度上升 2.8 点,比上年同期下降 1.5 点。1—9 月全市销售各类商品房 1 130.5 万 m²,同比增长 29.2%,实现销售额 573 亿元,增长 36.6%;销售商品住宅 1 034.3 万 m²,增长 25%,实现销售额 480.5 亿元,增长 27.3%。商品房平均售价 5 068 元/m²,比上年同期上涨 276 元/m²;商品住宅平均售价 4 646 元/m²,比上年同期上涨 84 元/m²。

(2)市场价格指数变化

北京地区较有影响的市场价格指数主要有伟业指数、中原指数、戴德梁行指数等,但是究其指数历史及样本数据的采集方式来看,伟业指数是通过全市样本的价格指数,中原、梁行指数则是典型样本指数,主要是通过对典型样本成交情况的变化进行相关价格指数的表现。因此在其数据的市场表现力上,伟业指数更加能够真实反应北京地区房地产整体市场的供应情况,以下价格分析主要以伟业指数为基础数据进行说明。

2004 年 1—3 季度伟业指数显示:2004 年 1—3 季度北京楼市住宅整体表现出强劲的上升态势,个别指数呈现微降态势,特别是办公物业市场有所下调,表现稳中有降。2004 年 1—3 季度新综合价格(包括远郊区县住宅样本)为 7 159 元/m²,较 2003 年全年上升 4.74%,保持了较强的上升幅度;综合价格(未包括远郊区县内销住宅)为 8 210 元/m²,较 2003 年全年上升了 4.98%。而在各物业类型的综合价格表现上,居住物业的价格基本全部呈现不同幅度的上升态势,而办公物业的价格和租金指数则不同程度的出现下跌迹象,其中居住物业(除别墅项目)综合价格为 6 783 元/m²,较 2003 年全年上涨 2.69%;别墅指数(全市)总体有所上升,其中 2004 年 1—3 季度城近郊区别墅综合价格表现为 11 080 元/m²,较 2003 年全年微涨了 0.67%,2004 年 1—3 季度远郊区别墅综合价格为 7 512 元/m²,较 2003 年全年增长 4.74%;2004 年 1—3 季度办公物业市场表现出疲态,整体市场走势小幅下降,写字楼综合售价为 13 414 元/m²,较 2003 年全年有 1.27%的降幅,而写字楼综合租金 2004 年 1—3 季度则为 137 元/(月·m²),较 2003 年全年微降了 0.72%。

2.2　2004 年新增供应情况

根据伟业顾问市场研究中心项目监测数据统计,截止至今年 11 月上旬,全年北京市共推出新盘将近 294 个。其中住宅 173 个,别墅 37 个,写字楼 46 个,商业 20 个,商住两用房 10 个,经济适用房 4 个。

从全部新盘的地区分布来看,朝阳区、海淀区项目推出量比较大,其中四个老城区 48 个,朝阳区 81 个,海淀区 55 个,丰台区 31 个,石景山区 6 个,其他郊区县共 73 个,通州区今年随着轻轨八号线的正式开通,新盘量也大大增加。

2.2.1 住宅物业新增项目情况

从住宅物业新增项目的地区分布来看,主要集中在朝阳区,海淀区、丰台区和通州区紧随其次,项目推出量均在 20 个以上,其中中心四城区共 20 个,朝阳区 46 个,海淀区 24 个,丰台区 24 个,石景山区 4 个,通州区 23 个,其他郊区县新增项目总数为 32 个。

从住宅物业新增项目的环线分布来看,二环沿线项目 23 个,三环沿线项目 26 个,四环沿线项目 38 个。由此可见,北京地区住宅项目的发展正在以"摊大饼"的趋势向外延伸。

从住宅物业新增项目的方位分布来看,今年住宅物业新增项目大都分布在东部、南部、东北部和北部,这几个方位推出的新盘占整个新盘量的 66%。其中东北部项目 22 个,北部 21 个,西北部 15 个,西部 17 个,西南部 17 个,南部 30 个,东南部 9 个,东部 42 个。

从住宅物业新增项目的均价分布来看,均价在 4 000 元/m² 以下的项目有 46 个,均价在 4 000~6 000 元/m² 的项目有 63 个,均价在 6 000~8 000 元/m² 的项目有 31 个,均价在 8 000~10 000 元/m² 的项目有 12 个,均价在 10 000 元/m² 以上的项目有 8 个。由此可见,住宅物业新增项目主要集中在 6 000 元/m² 以下的价格区间内,占全部住宅物业新增项目的 68% 之强。

从住宅物业新增项目的规模分布来看,总规模在 10 万 m² 以下的项目有 68 个,总规模在 10 万~20 万 m² 有 45 个,总规模在 20 万~40 万 m² 有 30 个,总规模在 40 万 m² 以上有 24 个。由此可见,今年住宅物业新增项目的规模均较小,总规模在 20 万 m² 以下的成为绝对主力,占全部住宅物业新增项目的 68%。

2.2.2 别墅物业新增项目情况(略)

2.2.3 写字楼物业新增项目情况(略)

2.2.4 商业物业新增供应情况(略)

2.2.5 综合型物业新增供应(略)

2.2.6 相对集中区域(略)

3. 市场需求情况

1999 年以来市场成交面积一直呈加速上升态势。1999 年市场总成交面积仅 173 万 m²,2002 年市场总成交面积 539 万 m²,2003 年市场总成交面积 1 043 万 m²,而 2004 年市场总成交面积达 1 733 万 m²。

6 年来,市场成交价格保持下降状态。2004 年同 2003 年相比,市场总体成交价格下降约 600 元/m²。但这种价格降低的形成,很大一部分来自于商业地产和工业地产的价格降低的影响。

3.1 物业细分

3.1.1 住宅

2004 年北京普通住宅成交面积共 1 514 万 m²,是 2003 年成交面积的 1.87 倍;2004 年成交套数共 129 028 套,是 2003 年成交套数的 1.77 倍。成交量增长显著,并且成交房屋单套平均面积有所增加。

2001 年,普通住宅成交均价达到最高的 6 005 元/m²,其后一直处于下降状态。2003 年普通住宅成交均价 5 739 元/m²,2004 年下降至 5 659 元/m²。

3.1.2 公寓(略)

3.1.3 别墅(略)

3.1.4 商业(略)

3.1.5　写字楼(略)

3.2　按城区细分(略)

3.3　不同户型销售表现

2003 年和 2004 年北京市各种户型的销售比例较为稳定,并且以两居以下的小户型为主。三居中,两客厅的户型销售表现明显好于一客厅的户型。

单套面积上,几年来成交户型中,各户型基本保持了稳定的面积,例外的是两室两厅这一户型的单套面积,2004 年由前 5 年的约 110 m²/套的水平提高至 130 m²/套。

成交均价方面,自 2000 年开始,各户型整体保持了下降趋势,而各户型降价多少则受居室配置、户型大小影响较大。三室二厅和四室一厅两种容易产生功能缺陷的户型,和两居室以下的小户型降价幅度较大。

3.4　购房客户来源

3.4.1　北京本地客户

这部分客户包括:北京的企业、行政单位、事业单位、社会团体,中央的企业、机关、事业单位以及本市的城镇和非城镇居民。

北京本地购房客户的成交户型面积呈逐年下降趋势,1999 年平均面积为 160 m²/套,至 2003 年降为 126 m²/套,2004 年的成交户型平均面积为 120 m²。成交均价方面,2004 年基本保持了 2003 年的水平,为 8 055 元/m²。

3.4.2　外地客户

这部分客户包括:外省企业、行政机关、个人,(包括港澳台企业及个人)外国企业、个人等。

同北京本地购房客户相比,从 2001 年开始,外地购房客户的年总成交比例呈持续上升状态。2001 年以前,外地客户在京成交面积约为北京本地客户成交面积的 15%,至 2003 年这一比例上升至 48%,2004 年的比例为 61%。

外地客户在京购房的户型面积亦呈下降趋势,且更为明显。1999 年外地客户在北京购房的户型面积平均为 206 m²/套,平均比北京本地购房客户购房面积大 46 m²/套;2004 年外地客户购房的平均户型面积已经降至 123 m²/套,与北京本地客户持平。成交均价方面,2004 年亦基本保持了 2003 年的价格水平,略有降低,成交均价为 8 788 元/m²,这个数值同北京本地客户成交均价相比也并不高出很多。

【讨论】

结合本章知识,谈谈进行房地产市场分析应从哪些方面入手? 你认为本市场分析报告有哪些可取之处? 还存在哪些问题?

第11章
房地产市场分析预测

【本章导读】

本章主要介绍房地产市场分析预测的作用与内容以及房地产市场调查的主要分析预测方法,并通过案例介绍线性回归分析预测法的具体步骤和应用。通过本章学习,要学会运用线性回归分析预测法对房地产市场进行预测和分析。

面对收集来的海量调查数据,在初步整理与分析基础上,进行进一步的统计预测,是对房地产调查分析工作的深化,对于了解房地产市场未来趋势起着非常重要的作用。一个科学的统计预测分析结果可以及时反映出市场的变化情况,为决策层提供有效的参考。

11.1 房地产市场分析预测的作用与内容

1) 房地产市场分析预测的作用

①预测是进行决策的依据。
②预测是塑造未来型管理者的途径。
③预测是提高经济效益的重要手段。

2) 房地产市场分析预测的内容

(1) 房地产宏观预测

①房地产总体市场发展大趋势。

②房地产产品发展趋势。

③房地产市场供需形势。

④房地产价格走势。

（2）区域和微观层面的预测

①区域房地产市场需求趋势：

a. 人口增长情况。

b. 城市化进程。

c. 住宅条件的改善。

d. 收入和消费。

e. 消费预期。

f. 区域房地产投资需求。

②房地产行业生产能力分析：

a. 生产能力：施工面积、竣工面积、投资等。

b. 生产情况和产出。

c. 销售面积。

d. 价格走势。

e. 生产能力分布。

③房地产总体效益水平分析：

a. 负债状况。

b. 盈利状况。

c. 劳动生产率。

④房地产总体分析：

a. 供求分析。

b. 价格分析。

c. 房地产行业景气循环。

11.2　房地产市场的分析预测

11.2.1　回归分析预测法概述

1）回归分析预测的概念

回归分析预测法就是从各种经济现象之间的相互关系出发，通过对与预测对象有联系的现象变动趋势的分析,推算预测对象未来状态数量表现的一种预测方法。所谓回归分析就是研究某一个随机变量(因变量)与其他一个或几个变量(自变量)之间的数量变动关系,由回归分析求出的关系式通常称为回归模型。

2) 回归分析预测模型的分类

①根据自变量个数的多少,可以分为一元回归模型和多元回归模型。

②根据回归模型是否线性,可以分为线性回归模型和非线性回归模型。所谓线性回归模型就是指因变量和自变量之间的关系是直线形的。

③根据回归模型是否带虚拟变量,可以分为普通回归模型和虚拟变量回归模型。普通回归模型的自变量都是数量变量,而虚拟变量回归模型的自变量既有数量变量也有品质变量。

在运用回归模型进行预测时,正确判断两个变量之间的相互关系,选择预测目标的主要影响因素做模型的自变量是至关重要的。

3) 回归分析预测的步骤

用回归分析方法研究问题,进行预测的主要思路与工作步骤是:

(1)建立回归模型

首先,通过专业分析假设要研究的主要问题或主要变量(因变量 Y)受一个或多个变量(自变量 X_i)的影响,并将这种影响关系表示成回归数学模型。

(2)确定回归方程

根据大量调查或实验获得数据,用统计方法确定 Y 与 X_i 间的定量关系表达式。

(3)方程准确性判断及准确化

通过对回归方程和回归系数的检验,一方面判断整个方程的准确性(可信度);另一方面根据每个自变量 X_i 对因变量 Y 的影响程度,在回归方程式中去除影响程度小的变量,使回归方程只包含主要的自变量,从而简化(准确化)回归方程。

(4)利用方程预测及控制

求出的回归方程反映了因变量 Y 与自变量 X_i 间存在的客观关系,因此,可以用求得的这种关系进行预测,即根据自变量 X_i 的值求出对应因变量 Y 的值。对于一元回归,也常常用求得的这种关系进行控制,即根据因变量 Y 的值求出对应自变量 X_i 的值。

11.2.2 一元线性回归分析预测法

只有一个自变量并且自变量的次数为一次的回归分析为一元线性回归分析。一元线性回归分析是回归分析中最简单的情况。通过对一元线性回归的介绍,我们不仅可以初步了解回归分析的基本步骤,而且可以对回归的数学原理有一个初步了解,这些可以帮助我们更好地理解和利用多元回归分析及逐步回归的方法。

1) 假设及建立回归模型

首先,通过专业分析假设要研究的主要问题——主要变量(因变量 Y)受另一个变量(自变量 X)的影响,并且这种影响是线性的(X 的一次方),然后将这种影响关系表示成数学模型。

一元线性回归的数学模型形式如下:

$$y = \beta_0 + \beta_1 x + \varepsilon$$

这里 β_0,β_1 是待确定(待估计)的常数,也称回归系数;$\beta_0 + \beta_1 x$ 表示 y 随 x 线性变化的部分;ε 是随机误差,代表其他一切不确定因素影响的总和,通常假定 ε 的均值 $E(\varepsilon) = 0$,方差 $D(\varepsilon) = \delta^2$,服从正态分布 $N(0, \delta^2)$。

需要注意的是,虽然我们假定因变量 Y 与自变量 X 具有线性关系,但这种关系是近似的,而不是确定的函数关系,因此数学模型不能写成 $y = \beta_0 + \beta_1 x$ 形式,必须加上一个随机误差项 ε,表示 y 的值与其线性变化部分 $\beta_0 + \beta_1 x$ 具有随机误差 ε。

【案例 1】

城市化水平与经济发展水平相关关系研究——假设及建立模型

在进行城市化问题研究时,发现一个地区城市化水平与该地区经济发展水平有正相关关系,即随着经济发展水平的提高,城市化水平也在不断提高。为了研究北京市城市化问题,用非农业人口占总人口的比重这一指标代表城市化水平(设为因变量 y),用人均国内生产总值这一指标代表经济发展水平(设为自变量 x),搜集了 1981—2000 年的统计数据,见下表。

城市化水平研究相关数据表

年份	城市化水平	人均 GDP/元	年份	城市化水平	人均 GDP/元
1981	58.0%	1 558	1989	61.8%	4 509
1982	58.2%	1 704	1990	62.0%	4 878
1983	58.6%	1 979	1991	62.4%	5 782
1984	59.1%	2 306	1992	62.8%	6 804
1985	59.7%	2 702	1993	63.6%	8 239
1986	60.4%	2 953	1994	64.4%	10 261
1987	60.8%	3 336	1995	65.1%	13 085
1988	61.3%	4 124	1996	65.8%	15 044

续表

年份	城市化水平	人均 GDP/元	年份	城市化水平	人均 GDP/元
1997	66.6%	16 735	1999	67.9%	19 846
1998	67.3%	18 478	2000	68.7%	22 460

数据来源:北京统计年鉴2001年。

为了分析它们之间的关系,首先画出散点图。

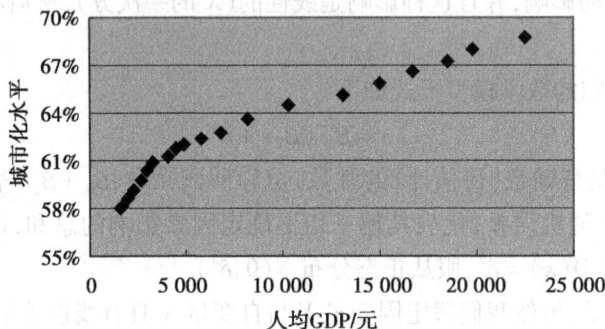

城市化水平与人均 GDP 关系散点图

从图上可以看出,城市化水平和经济发展水平成正相关关系且近似直线,即近似认为在此范围内 y 与 x 具有线性关系。假设具有线性关系后,就可以列出一元线性回归的数学模型:

$$y_\alpha = \beta_0 + \beta_1 x_\alpha + \varepsilon_\alpha$$

各 ε_α 相互独立(因为是随机的),$\mathrm{E}(\varepsilon_\alpha)=0$,方差 $\mathrm{D}(\varepsilon_\alpha)=\delta^2$,$\alpha=1981,1982,\cdots,2000$。

这里需要注意的是,从数学上看,线性关系是相互的,即 y 与 x 具有线性关系,则 x 与 y 也具有线性关系,但不能就此建立城市化水平影响经济发展水平的回归模型。因为从专业角度分析,城市化水平是"果",并不能影响经济发展水平这个"因"。

2) 确定回归方程

在前面的数学模型中,β_0,β_1 是待确定(待估计)的常数,这里就要利用一定的数学方法去估计 β_0,β_1 的值。若 β_0,β_1 估计出来的值为 $\hat\beta_0$,$\hat\beta_1$,则称

$$\hat y = \hat\beta_0 + \hat\beta_1 x$$

为 y 关于 x 的一元线性回归方程。

可见,确定方程就是确定回归系数 β_0,β_1 的估计值 $\hat\beta_0$,$\hat\beta_1$。最常用的确定 $\hat\beta_0$,$\hat\beta_1$ 的方法是最小二乘法(LSE)。

最小二乘法的原理可以从【案列1】中散点图直观说明:最小二乘法估计出来的 $\hat\beta_0$,$\hat\beta_1$ 决定的直线应该最接近实际观测数据的各点,也就是说,它应使实际观测数据的各点离这条直线的距离最近,即所有距离之和最小。写成数学形式就是:

若总距离　　　　　$Q(\beta_0,\beta_1) = \sum\limits_{\alpha=1}^{n} (y_\alpha - \beta_0 - \beta_1 x_\alpha)^2$

运用最小二乘法使　$Q(\hat{\beta}_0,\hat{\beta}_1) = \min Q(\beta_0,\beta_1)$

根据微积分求极值的原理,得到:

$$\frac{\partial Q}{\partial \beta_0} = -2\sum\limits_{i=1}^{n} [y_i - (\beta_0 + \beta_1 x_i)] = 0 \qquad \frac{\partial Q}{\partial \beta_1} = -2\sum\limits_{i=1}^{n} [y_i - (\beta_0 + \beta_1 x_i)]x_i = 0$$

求解上面方程组,得到:

$$\hat{\beta}_1 = \frac{L_{xy}}{L_{xx}} \qquad \hat{\beta}_0 = \bar{y} - \hat{\beta}_1 \bar{x}$$

其中,$L_{xy} = \sum\limits_{i}^{n} (x_i - \bar{x})(y_i - \bar{y}) \qquad L_{xx} = \sum\limits_{i}^{n} (x_i - \bar{x})^2$

【案例2】

城市化水平与经济发展水平相关关系研究——确定回归方程

对【案例1】的数据通过 Excel 计算出的中间结果见下表。

城市化水平研究相关数据及中间计算结果表

年份	城市化水平	人均 GDP/元	$y - \bar{y}$	$x - \bar{x}$	$(y - \bar{y})(x - \bar{x})$	$(x - \bar{x})^2$
1981	58.0%	1 558	−4.7%	−6 781	320.9	45 981 961
1982	58.2%	1 704	−4.5%	−6 635	301.8	44 023 225
1983	58.6%	1 979	−4.1%	−6 360	260.7	40 449 600
1984	59.1%	2 306	−3.7%	−6 033	221.0	36 397 089
1985	59.7%	2 702	−3.0%	−5 637	168.9	31 775 769
1986	60.4%	2 953	−2.3%	−5 386	125.1	29 008 996
1987	60.8%	3 336	−1.9%	−5 003	94.6	25 030 009
1988	61.3%	4 124	−1.5%	−4 215	61.9	17 766 225
1989	61.8%	4 509	−1.0%	−3 830	36.9	14 668 900
1990	62.0%	4 878	−0.8%	−3 461	26.3	11 978 521
1991	62.4%	5 782	−0.3%	−2 557	7.6	6 538 249
1992	62.8%	6 804	0.1%	−1 535	−1.0	2 356 225
1993	63.6%	8 239	0.8%	−100	−0.8	10 000
1994	64.4%	10 261	1.7%	1 922	32.9	3 694 084
1995	65.1%	13 085	2.4%	4 746	114.7	22 524 516
1996	65.8%	15 044	3.1%	6 705	208.9	44 957 025

续表

年份	城市化水平	人均 GDP/元	$y-\bar{y}$	$x-\bar{x}$	$(y-\bar{y})(x-\bar{x})$	$(x-\bar{x})^2$
1997	66.6%	16 735	3.9%	8 396	326.0	70 492 816
1998	67.3%	18 478	4.5%	10 139	458.8	102 799 321
1999	67.9%	19 846	5.2%	11 507	599.4	132 411 049
2000	68.7%	22 460	6.0%	14 121	842.2	199 402 641
均值	62.7%	8 339	总　　和		$L_{xy}=4\ 206.7$	$L_{xx}=882\ 266\ 221$

回归系数：

$$\hat{\beta}_1=\frac{L_{xy}}{L_{xx}}=\frac{4\ 206.7}{882\ 266\ 221}=4.77\times10^{-6}$$

$$\hat{\beta}_0=\bar{y}-\hat{\beta}_1\bar{x}=62.7\%-4.77\times10^{-6}\times8\ 339=58.8\%$$

得到回归方程：

$$Y=58.8\%+4.77\times10^{-6}X$$

当然，现在多利用计算机软件进行回归分析，分析预测人员的主要精力在专业分析预测方面。之所以在这里详细介绍最小二乘法，主要是希望理解"总距离最近"的基本原理，进而可以推断，任意找出两列数据，无论它们是否存在线性关系，都可以运用最小二乘法找出一条直线使之满足"总距离最近"。这就提出一个问题，既然任意两组数据都可以找出"线性关系"，那我们如何判断哪些是真正的线性关系，哪些又不是呢？

判断的办法首先要从专业角度分析，即从因素的实际意义看是否存在相关关系，但相关关系不一定是线性的，这时可以辅以散点图，但仅从图上看也难以有明确的标准。在统计学中发展了较为完善的检验线性关系是否存在的定量方法，这就是方程的显著性检验。

3) 显著性检验

方程显著性检验的统计学原理这里不做详细介绍，仅给出具体的指标及使用方法。

(1) 回归方程的 F 检验

对回归方程进行 F 检验，首先求出回归方程的 F 值，再查 F 分布表(参见相关统计学图书中的该表)，求出 $F_\alpha(1,n-2)$ 的值，若 $F>F_\alpha(1,n-2)$，则认为回归方程是显著的。

求取 F 值的公式是：

$$F=\frac{ESS}{RSS/(n-2)}$$

其中，ESS 为回归平方和，$ESS = \sum\limits_{i}^{n} (\bar{y}_i - \bar{y})^2$，代表 x 的变化对 y 的影响；

RSS 为残差平方和，$RSS = \sum\limits_{i}^{n} (y_i - \bar{y}_i)^2$，代表试验误差和其他随机因素对 y 的影响；

$ESS + RSS$ 称为偏差平方和或总离差平方和，用 TSS 表示，代表总体误差。

F 分布表的查表方法是：先确定显著性水平 α 的值，$(1-\alpha) \times 100\%$ 可以理解为准确程度，例如 $\alpha = 0.1$，可以理解为方程准确程度是 90%，$\alpha = 0.05$，可以理解为方程准确程度是 95%。在对应的 α 表中，查 $f_1 = 1$ 所在列，$f_2 = n - 2$ 所在行对应的数，就是 $F_\alpha(1, n-2)$ 的值。

【案例 3】

城市化水平与经济发展水平相关关系研究——方程显著性检验

对【案例 1】的数据通过 Excel 计算出的中间结果见下表。

城市化水平研究相关数据及显著性检验中间计算结果表

年份	城市化水平	$\hat{y}$	$\hat{y} - \bar{y}$	$(\hat{y} - \bar{y})^2$	$y - \hat{y}$	$(y - \hat{y})^2$
1981	58.0%	59.5%	-3.2%	1.05×10^{-3}	-1.5%	2.25×10^{-4}
1982	58.2%	59.6%	-3.2%	1.00×10^{-3}	-1.4%	1.92×10^{-4}
1983	58.6%	59.7%	-3.0%	9.20×10^{-4}	-1.1%	1.14×10^{-4}
1984	59.1%	59.9%	-2.9%	8.28×10^{-4}	-0.8%	6.19×10^{-5}
1985	59.7%	60.0%	-2.7%	7.22×10^{-4}	-0.3%	9.47×10^{-6}
1986	60.4%	60.2%	-2.6%	6.60×10^{-4}	0.2%	6.06×10^{-6}
1987	60.8%	60.3%	-2.4%	5.69×10^{-4}	0.5%	2.46×10^{-5}
1988	61.3%	60.7%	-2.0%	4.04×10^{-4}	0.5%	2.94×10^{-5}
1989	61.8%	60.9%	-1.8%	3.34×10^{-4}	0.9%	7.45×10^{-5}
1990	62.0%	61.1%	-1.7%	2.72×10^{-4}	0.9%	7.93×10^{-5}
1991	62.4%	61.5%	-1.2%	1.49×10^{-4}	0.9%	8.47×10^{-5}
1992	62.8%	62.0%	-0.7%	5.36×10^{-5}	0.8%	6.34×10^{-5}
1993	63.6%	62.7%	0.0%	2.28×10^{-7}	0.9%	8.04×10^{-5}
1994	64.4%	63.6%	0.9%	8.40×10^{-5}	0.8%	6.36×10^{-5}
1995	65.1%	65.0%	2.3%	5.12×10^{-4}	0.2%	2.39×10^{-6}
1996	65.8%	65.9%	3.2%	1.02×10^{-3}	-0.1%	6.64×10^{-7}
1997	66.6%	66.7%	4.0%	1.60×10^{-3}	-0.1%	1.46×10^{-6}

续表

年份	城市化水平	$\hat{y}$	$\hat{y}-\bar{y}$	$(\hat{y}-\bar{y})^2$	$y-\hat{y}$	$(y-\hat{y})^2$
1998	67.3%	67.6%	4.8%	2.34×10^{-3}	-0.3%	9.58×10^{-6}
1999	67.9%	68.2%	5.5%	3.01×10^{-3}	-0.3%	7.70×10^{-6}
2000	68.7%	69.5%	6.7%	4.53×10^{-3}	-0.8%	5.90×10^{-5}
均值	62.7%			回归平方和 $ESS=2.01\times10^{-2}$		残差平方和 $RSS=1.19\times10^{-3}$

$$F=\frac{ESS}{RSS/(n-2)}=\frac{2.01\times10^{-2}}{1.19\times10^{-3}/(20-2)}=304$$

查表 $F_{0.05}(1,20-2)=4.41$，$F>F_{0.05}(1,20-2)$，说明在 $\alpha=0.05$ 的水平下，回归方程是有显著性意义的。

（2）相关系数检验

相关系数 R 的公式是：

$$R=\frac{L_{xy}}{\sqrt{L_{xx}L_{yy}}}$$

其中，$L_{yy}=\sum\limits_{i}^{n}(y_i-\bar{y})^2$。

相关系数的取值范围是 $|R|\leqslant1$。

当 $R>0$ 时，称 y 与 x 正相关，当 $R<0$ 时，称 y 与 x 负相关。

当 $R=1$ 时，称 y 与 x 完全正相关，当 $R=-1$ 时，称 y 与 x 完全负相关。这在实际中其实就表明 y 与 x 是精确的函数关系。

当 $R=0$ 时，称 y 与 x 完全不相关。在实际中基本不会出现这种绝对的情况，即使毫不相干的两组数据，计算出的相关系数绝对值一般也会大于零。

当 $0\leqslant|R|\leqslant1$ 时，一般地，$|R|$ 越接近于 1，我们说 y 与 x 的线性相关关系越强。

但从数学角度，当变量的样本数 n 越小时，计算出的 $|R|$ 越容易接近 1；当变量的样本数 n 越大时，计算出的 $|R|$ 越小。因此，用相关系数指标衡量线性相关关系时，还要考虑样本数量。

具体运用时，在计算出回归方程的 R 值后，再查"相关系数 R 检验表"（参见相关统计学图书中的该表）。若 $|R|>R_\alpha(n-2)$，则认为回归方程的线性相关水平是显著的。

查表方法也是先确定显著性水平 α 的值，在对应的 α 表中，查 $f=n-2$ 所在行对应的数，就是 $R_\alpha(n-2)$ 的值。

仍看前例，计算出 $R=0.972$（计算过程略）

查表 $R_{0.05}(20-2)=0.444$，$|R|>R_{0.05}(20-2)$，说明在 $\alpha=0.05$ 的水平下，回归方程是有显著线性相关意义的。

4）利用方程预测及控制

求出的回归方程反映了因变量与自变量间存在的客观关系,但回归分析绝不仅仅是寻求这一关系,回归分析的重要作用在于利用这种关系进行预测和控制。

所谓预测,就是根据自变量 X 的值求出对应因变量 Y 的值。

所谓控制,就是根据因变量 Y 的值求出对应自变量 X 的值。

在预测和控制中,仅仅求出对应值是不够的,还需要考察对应值的准确程度。

（1）因变量 Y_0 的准确程度测量

对于预测问题,考察对应值的准确程度,就是要求出置信区间。

得到回归方程 $\hat{y} = \hat{\beta}_0 + \hat{\beta}_1 x$ 后,对于给定的自变量的值 X_0,就可以求出对应因变量的值 $Y_0 = \hat{\beta}_0 + \hat{\beta}_1 X_0$。

求出的 Y_0 的准确程度到底如何? 这就要用到统计学的置信区间分析方法。置信区间分析较为复杂,从应用角度出发,这里仅给出最常用的公式:

Y_0 的准确程度为 95%（$\alpha = 0.05$）的取值区间为 $(Y_0 - 2S, Y_0 + 2S)$

Y_0 的准确程度为 99%（$\alpha = 0.01$）的取值区间为 $(Y_0 - 3S, Y_0 + 3S)$

其中,$S^2 = $ 残差平方和 $/(n-2)$

根据上面公式,样本个数 n 越大,S 值越小,则 Y_0 的预测区间越小,说明预测越精确。这就要求在实际应用中要达到一定的样本数量。

此外,X_0 距离 x 均越近,S 值越小,则对 Y_0 的预测越精确。因此,在实际应用中 X_0 的值不应离 x 太远。这在以时间为基础的回归分析预测中要特别注意。

（2）自变量 X_0 的置信区间

所谓控制,就是当因变量 Y 在一定范围内取值时,自变量 X 应控制在什么范围内才能保证一定的准确度?

当样本量 n 足够大时,对于一定范围内取值的 $y(y_1, y_2)$,可以用下面公式作为控制 X 的上下限,同时,要满足区间 (y_1, y_2) 的长度不小于 $4S$。

$$y_1 = \hat{\beta}_0 + \hat{\beta}_1 x_1 - 2S$$

$$y_2 = \hat{\beta}_0 + \hat{\beta}_1 x_2 - 2S$$

【案例4】

城市化水平与经济发展水平相关关系研究——利用方程预测与控制

仍看前例,假定已知 2001 年北京市人均 GDP 为 25 354 元,首先利用回归方程预测城市化水平并分析可靠程度。

根据前面结果,$Y_0 = 58.8\% + 4.77 \times 10^{-6} \times 25\,354 = 70.8\%$。

残差平方和 $= 1.19 \times 10^{-3}$，$S^2 =$ 残差平方和 $/(n-2)$，因此，$S = 0.008\ 125$。

$Y_0 - 2S = 69.2\%$，$Y_0 + 2S = 72.4\%$，即 Y_0 的准确程度为 95% 的取值区间为 (69.2%, 72.4%)；

$Y_0 - 3S = 68.1\%$，$Y_0 + 3S = 73.2\%$，即 Y_0 的准确程度为 99% 的取值区间为 (68.1%, 73.2%)。

再求取自变量 X_0 的置信区间。

仍看前例，希望北京市城市化水平在 70% ~ 72%，则人均 GDP 需要在 22 799 ~ 31 188 元。

11.2.3 多元线性回归

当研究对象受多个因素影响时，就需要运用多元回归分析。这里仅讨论较为成熟的多元线性回归方法。这一部分的实际例子参见 11.3 回归分析预测应用案例。

1) 假设及建立回归模型

首先应通过专业分析，明确研究对象作为因变量 Y，影响因变量的若干因素 X_i 作为自变量，假设因变量与自变量之间存在线性关系，列出数学模型。

n 个样本、p 个自变量的多元线性回归模型为：

$$Y_\alpha = \beta_0 + \beta_1 X_{\alpha 1} + \beta_2 X_{\alpha 2} + \cdots + \beta_p X_{\alpha p} + \varepsilon_\alpha \quad \alpha = 1, 2, \cdots, n$$

$$\mathrm{E}(\varepsilon_\alpha) = 0, \mathrm{D}(\varepsilon_\alpha) = \sigma^2, \mathrm{COV}(\varepsilon_\alpha, \varepsilon_\alpha') = 0$$

$$\alpha \neq \alpha', \alpha, \alpha' = 1, 2, \cdots, n$$

2) 估计回归系数，确定回归方程

多元线性回归通常也是用最小二乘法估计出回归系数 $\beta_0, \beta_1, \beta_2, \cdots, \beta_p$，从而确定出回归方程。由于多元方程的计算较为复杂，这里不介绍其运算方法，具体求解由计算机软件完成。

3) 方程显著性检验

多元线性回归除了像一元线性回归那样要对回归方程进行显著性检验外，还需要对每一个回归系数进行检验。

(1) 对回归方程进行检验

我们在列出回归模型并求出回归方程时，其实是对因变量 Y 与自变量 X_i 间存在关系的一种假设，因此，在求出回归方程后，还需对这种假设进行检验。

通常，可以用统计量 F 进行检验和复相关系数 R 进行衡量。

① F 检验：对回归方程进行 F 检验，同样首先求出回归方程的 F 值（这一过程由计算机软件完成），再查 F 分布表求出 $F_\alpha(p, n-p-1)$ 的值，若 $F > F_\alpha(p, n-p-1)$，则认为回归方程是显著的。

②复相关系数 R 衡量:复相关系数 R 类似于一元线性回归的相关系数,其取值范围在 $0 \sim 1$,R 越接近于 1,表明方程的相关性越高。R 值计算同样由计算机软件完成。

(2)对回归系数进行检验

对于有多个变量的回归方程来说,还应考虑每一个自变量 X_i 对因变量 Y 的影响程度问题,即对回归系数进行检验。对于检验后影响不显著的自变量,应该在回归方程式中予以剔除,从而更准确地描述回归方程。

通常,可以用统计量 t 和 F 进行检验。t 和 F 的关系是:$F = t^2$。

对给定的显著性水平 α,当 $|t_j| > \dfrac{t_\alpha}{2(n-p-1)}$ 或 $F_j > F_\alpha(1, n-p-1)$ 时,认为自变量 X_j 对因变量 Y 有显著性影响。

4)利用方程预测

对于多元线性回归分析,其主要作用是利用求出的相关关系进行预测(即根据自变量 X_i 的一组值求出因变量 Y 对应的值)。同样,在预测时还需要考察预测值的准确程度。

对于多元线性回归分析,由于自变量个数较多,一般很难进行控制分析(即根据因变量 Y 的值求出对应自变量 X_i 的值)。

(1)Y_0 的点估计

得到回归方程 $\hat{y} = \hat{\beta}_0 + \hat{\beta}_1 x_1 + \cdots + \hat{\beta}_p x_p$ 后,对于给定的一组自变量值 $X_{01}, X_{02}, \cdots, X_{0p}$,预测对应的因变量

$$\hat{Y}_0 = \hat{\beta}_0 + \hat{\beta}_1 X_{01} + \hat{\beta}_2 X_{02} + \cdots + \hat{\beta}_p X_{0p}$$

称为对 Y_0 的点估计。

(2)Y_0 的准确程度测量(区间估计)

对因变量 Y_0 的准确程度测量也称区间估计,就是要求出置信区间。在应用中,置信区间最常用的公式为:

Y_0 的准确程度为 95%($\alpha = 0.05$)的取值区间为 $(Y_0 - 2S, Y_0 + 2S)$

Y_0 的准确程度为 99%($\alpha = 0.01$)的取值区间为 $(Y_0 - 3S, Y_0 + 3S)$

其中,S 的意义与一元回归近似。

同样,在上述公式下,要求样本个数 n 较大。X_0 距离 x 均较接近,这样对 Y_0 的预测才能较精确。

11.2.4　时间序列回归模型分析概述

回归模型预测法必须要找到影响预测目标的主要因素。实际上,经济现象的复

杂性使得影响预测目标的主要因素较难找到,或者即使找到了,也可能存在主要因素缺乏必要的统计资料。这时,回归分析预测法就不能使用,但可以使用时间序列平滑预测法。

时间序列平滑预测法是将预测目标的历史数据按照时间顺序排列成时间序列,然后分析它随着时间的变化趋势,外推预测目标的未来值。时间序列平滑预测法可分为确定性时间序列预测法和随机时间序列预测法。

确定性时间序列预测法常用的方法有移动平均法、指数平滑法、差分指数平滑法、自适应过滤法、直线模型预测法、多项式模型预测法、指数曲线模型预测法、修正指数曲线模型预测法、成长曲线预测模型和季节变动预测法。

随机时间序列预测法是通过时间序列模型来预测。建立随机时间序列模型需要较深的数学知识和较多的历史数据,方法复杂,计算量大,但它在短期预测方面精度高,因此得到了愈来愈广泛的应用。

11.3 回归分析预测应用案例

本案例是对影响人均居住面积的因素进行分析预测。

11.3.1 问题的提出

某研究人员进行住房需求量分析时需用到人均居住面积指标。现在想进一步研究哪些因素影响人均居住面积? 根据问题,通过专业分析,假定影响人均居住面积的因素有家庭收入、储蓄存款额、国民生产总值、基本建设投资额等指标,根据统计年鉴得到表 11.1。

表 11.1　多元回归进行住房需求量分析原始数据

年份	城市人均居住面积/m²	城镇居民家庭平均每人每年全部收入/元	城镇居民家庭平均每人每年可支配收入/元	城镇储蓄存款余额/亿元	人均城镇储蓄存款余额/元	国内生产总值/万元	人均国内生产总值/元	基本建设投资额/万元	人均基本建设投资额/元
1981	5.08	619.6	514.1	15.74	295.31	139.15	1 558	238 693	447.83
1982	5.38	668.1	561.1	19.19	352.76	154.94	1 704	259 866	477.69
1983	5.68	716.6	590.5	25.11	450.81	183.13	1 979	271 126	486.76
1984	5.92	837.7	693.7	32.14	563.86	216.61	2 306	360 756	632.91
1985	6.17	1 158.8	907.7	42.24	720.82	257.12	2 702	541 911	924.76
1986	6.46	1 317.3	1 067.5	55.62	895.65	284.86	2 953	587 030	945.30

续表

年份	城市人均居住面积/m²	城镇居民家庭平均每人每年全部收入/元	城镇居民家庭平均每人每年可支配收入/元	城镇储蓄存款余额/亿元	人均城镇储蓄存款余额/元	国内生产总值/万元	人均国内生产总值/元	基本建设投资额/万元	人均基本建设投资额/元
1987	6.82	1 413.2	1 181.9	75.19	1 180.38	326.82	3 336	763 286	1 198.25
1988	7.17	1 767.7	1 437.0	90.55	1 393.08	410.22	4 124	926 549	1 425.46
1989	7.45	1 899.6	1 787.1	133.75	2 014.31	455.86	4 509	835 661	1 258.53
1990	7.72	2 067.3	1 787.1	188.03	2 793.91	500.72	4 878	888 405	1 320.07
1991	8.01	2 359.9	2 040.4	249.88	3 658.57	598.79	5 782	902 052	1 320.72
1992	8.31	2 813.1	2 363.7	328.21	4 742.92	709.00	6 804	1 185 313	1 712.88
1993	8.51	3 935.4	3 296.0	482.48	6 824.33	863.23	8 239	1 726 260	2 441.67
1994	8.73	5 585.9	4 731.2	745.88	10 288.00	1 084.33	10 261	2 851 219	3 932.72
1995	9.03	6 748.7	5 868.4	1 111.50	13 638.04	1 395.12	13 085	2 649 775	3 251.26
1996	9.33	7 945.8	6 885.5	1 528.41	18 436.79	1 616.03	15 044	3 138 456	3 785.83
1997	9.66	8 741.7	7 813.1	1 770.90	21 439.47	1 810.49	16 735	3 743 212	4 531.73
1998	10.03	10 098.2	8 472.0	2 063.19	24 620.41	2 011.77	18 478	4 295 514	5 125.91
1999	10.63	10 654.8	9 182.8	2 429.03	28 442.97	2 174.97	19 846	4 327 251	5 067.04
2000	11.15	12 560.3	10 349.7	2 663.30	28 423.69	2 479.32	22 460	4 469 841	4 770.37

数据来源:北京统计年鉴 2001 年。

11.3.2　建立多元线性回归模型

根据问题的性质,决定采用多元线性回归模型加以解决。在具体确定变量时,由于从专业角度不能确定人均居住面积受全部收入还是可支配收入影响大、受总量指标还是人均指标影响大,因此将上面指标全部选定为分析变量,希望通过后面的回归检验进一步明确。各指标变量对应符号见表 11.2。

表 11.2　多元回归进行住房需求量分析指标变量对应表

变量名称	城市人均居住面积/m²	城镇居民家庭平均每人每年全部收入/元	城镇居民家庭平均每人每年可支配收入/元	城镇储蓄存款余额/亿元	人均城镇储蓄存款余额/元	国内生产总值/万元	人均国内生产总值/元	基本建设投资额/万元	人均基本建设投资额/元
符号	Y	X_1	X_2	X_3	X_4	X_5	X_6	X_7	X_8

假设所有因变量与自变量之间存在线性关系,列出数学模型:

$$Y_\alpha = \beta_0 + \beta_1 X_{\alpha 1} + \beta_2 X_{\alpha 2} + \cdots + \beta_8 X_{\alpha 8} + \varepsilon_\alpha \qquad \alpha = 1, 2, \cdots, 20$$

需要说明的是,虽然理论上要求因变量间线性无关,求出的回归方程才有意义,但在实际中经常遇到因变量间有一定相关关系的情况,很难避免。这时需要用到多重共线性方法解决,请参阅相关书籍。这里用到的解决办法是在后面回归系数检验时加以剔除。

11.3.3 多元线性回归模型求解及检验

采用 SPSS 软件进行求解(具体操作参见相关参考文献),得到回归方程式为:

$$Y = 3.466 - 1.2 \times 10^{-3} X_1 - 4.4 \times 10^{-4} X_2 + 9.649 \times 10^{-3} X_3 - 8.7 \times 10^{-4} X_4 +$$
$$1.374 \times 10^{-3} X_6 - 6.5 \times 10^{-6} X_7 + 5.109 \times 10^{-3} X_8$$

需要说明的是,国内生产总值(X_5)没有在回归方程式中。具体原因在于该变量与其他变量的相关性极高,特别是与人均 GDP 的相关系数达到了 1(详细数据见上一节有关部分)。

前面讲到,对于回归模型,由于采用的是最小二乘法,任何一组数据都可以求出回归方程,因此一定要检验。

对于回归方程的检验,求得 $F = 157.003$,查表值$[F_{0.05}(6, 20-7-1) = 3.00, F_{0.05}(8, 20-7-1) = 2.85]$,都远远小于 F 值,说明在 $\alpha = 0.05$ 的水平下,回归方程是有显著性意义的。

同时,复相关系数 $R = 0.995$,表明方程的总体相关性很高。

从表 11.3 可以看出,变量 X_1, X_2, X_7 回归系数 F_j 值小于 $F_{0.05}(1, 20-7-1) = 4.75$,而在通过检验的 4 个变量中,只有 X_6 的 F 值较大,可以说,回归系数的检验结果并不理想。

表 11.3　多元回归进行住房需求量分析各回归系数检验值比较表

变量名	全部收入 X_1	支配收入 X_2	储蓄余额 X_3	人均储蓄 X_4	人均 GDP X_6	基建投资 X_7	人均基建 X_8
F 值	3.258	0.523	8.416	11.909	42.955	4.020	6.355

这就出现了一个看似矛盾的现象,即回归方程总体检验显著性非常高,而各个回归系数检验显著性却很低。从统计学理论出发,解释为多重共线性问题,即各个回归变量之间具有线性相关关系。

解决多重共线性或者多个自变量中存在不显著的情况,一般采用逐步回归方法。由于比较复杂,这里略去。

11.3.4 结果分析、预测与区间估计

(1)结果分析——对回归系数要综合理解

运用逐步回归方法得到的方程如下:

$$Y = 4.34 - 1.4 \times 10^{-3} X_2 - 2.2 \times 10^{-3} X_3 + 1.2 \times 10^{-3} X_6$$

变量 X_2, X_3 的回归系数是负值。那么,是否就认为因变量 Y(人均居住面积)与自变量 X_2(每人年可支配收入)、X_3(城镇储蓄余额)呈负相关?从专业角度分析,这

显然是不正确的。从统计学角度,如果我们单独分析这两个自变量与因变量的相关关系,得到以下结果。

自变量 X_2(每人年可支配收入)与因变量 Y(人均居住面积)的相关关系:

回归方程　　$Y = 6.048 + 5.071 \times 10^{-4} X_2$

方程检验　　$F = 132.249 > F_{0.05}(1, 20-1-1) = 4.41$

自变量 X_3(城镇储蓄余额)与因变量 Y(人均居住面积)的相关关系:

回归方程　　$Y = 6.596 + 1.82 \times 10^{-3} X_2$

方程检验　　$F = 78.510 > F_{0.05}(1, 20-1-1) = 4.41$

可以看出,这两个自变量与因变量都呈正相关关系,这与我们的专业认识是一致的,那么为什么综合起来会出现负相关?

我们认为,由于选取的变量样本都是随时间而变化的,呈一定相关性,在多个变量情况下,某些影响力强的变量可能会消弱其他变量的作用,当达到一定程度时,一直出现一些变量系数成为负值,但这种负值并不真正代表负相关。

由此也可以推论,对于社会学科中的多元回归,不应该单独看某一项自变量对因变量的影响,而应该分析所有自变量对因变量的综合影响。

(2)预测

假设已知 2001 年每人年可支配收入、城镇储蓄余额和人均 GDP 的数值分别为 11 577.8 元、3 253.8 亿元和 25 523 元/人,代入回归方程:

$$Y = 4.34 - 1.4 \times 10^{-3} X_2 - 2.2 \times 10^{-3} X_3 + 1.2 \times 10^{-3} X_6$$
$$= 4.34 - 1.4 \times 10^{-3} \times 11\,577.8 - 2.2 \times 10^{-3} \times 3\,253.8 + 1.2 \times 10^{-3} \times 25\,523$$
$$= 11.60$$

即预测的 2001 年人均居住面积为 11.60 m^2,与统计数值 11.54 相差 0.517%。

(3)区间估计

还是采用上面的预测数据,根据 Y_0 的准确程度为 95%($\alpha = 0.05$)的取值区间为 $(Y_0 - 2S, Y_0 + 2S)$。

根据 SPSS 给出的模型摘要表(见表 11.4),$S = 0.298\,1$,因此,$Y_0 = 11.60$ 的准确程度为 95% 的取值区间为(11.04, 12.16)。

表 11.4　多元回归进行住房需求量分析模型摘要表

Model Summary

Model	R	R Square	Adjusted R Square	Std. Error of the Estimate
1	0.951[a]	0.905	0.900	0.564 1
2	0.981[b]	0.962	0.958	0.336 4
3	0.988[c]	0.976	0.972	0.298 1

a. Predictors:(Constant),人均 GDP

b. Predictors:(Constant),人均 GDP,储蓄余额

c. Predictors:(Constant),人均 GDP,储蓄余额,支配收入

实训任务

参考相关案例,进行本地区住房需求量的回归预测。

复习思考题

1. 名词解释

回归分析预测法　线性回归　时间序列平滑预测法

2. 简答题

①房地产市场预测的内容包括什么?

②简述运用回归方法进行分析预测的步骤。

3. 思考与讨论

结合本章案例,思考并讨论如何运用回归分析方法进行房地产市场分析预测?

第 12 章
调查结果的书面报告与口头报告

【本章导读】

  本章主要讲述房地产市场调查结果书面报告的主要形式、分类,并介绍报告的写作过程与注意事项。通过本章学习,要求学生熟悉书面报告的撰写,并且掌握口头报告时的注意的事项。

  作为调研结果的重要表现形式,书面报告以正式的文本形式表达,配以各种图表数据和分析结论,并具有科学的推导过程,而口头报告相对来讲,可以用简洁的语言迅速地表达调查结果。

12.1 调查结果的书面报告

  调查报告是记载调查成果的书面报告。调查报告经历了调查、研究和整理成文三个环节才最终形成书面材料。市场调查书面报告的任务有二:一是说明市场调研的结果;二是说明市场调研的过程。前者使报告阅读者清楚地了解本项市场调研得出的基本结论,后者可证明所得出调查结论的可信度。

12.1.1 根据调查对象分类

  从调查目的和最终形成书面报告的内容综合考虑,调查报告大体可分为以下类型:

1) 楼盘项目性调查报告

对单个楼盘的调查,实质上是对竞争项目的调查。它是房地产市场调查的基础,不但是新员工接触房地产知识的第一课,也是任何资深人员及时了解房地产市场最为具体、直接的方法和途径。

这类调查报告是专门针对某一特定的房地产物业项目而作的调查报告。这类报告一般为前期的项目可行性研究提供参考依据,因此它具有针对性强、时效性要求高的特点。

单个楼盘的市场调查资料的填写,根据调查目的不同,会有各种各样的项目和要求,但是基本上都包括以下几个方面的内容:

①楼盘产品:地理位置(区域历史沿革,区域特征包括商业、工业、教育等,交通如公交系统和轻轨铁路,公共配套,市政设施,公园,学校,医院,影剧院,商业中心,超市,宾馆,体育场馆,图书馆,集贸市场,著名餐馆,人文环境等)、具体指标(土地大小、总建筑面积、类别、建筑设计、建筑结构、格局配比、施工进度、建筑用材等)、基本参数(占地面积、总建筑面积、容积率、楼盘分类、得房率、户型、建材装潢、公用配套设施等)。

②价格组合:单元房单价、总价和付款方式等。

③广告策略:广告基调、主要诉求点、媒体选择、广告密度、具体效果等。

④销售执行:销售点选择、业务执行情况、人员配置、销售率、销售效果等。

⑤竞争企业:开发商、销售代理商、物业管理、规划设计单位、建筑公司、营销与广告公司、项目主要负责人等。

楼盘调研总结一般从产品(地点)、价格、广告和销售4个方面来分析,不断深入细化,以系统的观点、专业的角度和充分的理由,寻找出楼盘个案在市场操作时的成功和失败的地方,并加以归类表述。通常,楼盘调研总结中应包括成功点、失败点和建议等几个方面。

①成功点:指楼盘为市场所接纳,客户据此引发购买欲望的具体原因。

②失败点:指楼盘为市场所抛弃,客户由此减少,甚至丧失购买欲望的具体原因。

③建议:面对楼盘的成功点和失败点,企业应采取的具体措施,以发扬自身的优势,弥补已有的缺陷,合理优化营销组合,提高销售效率。

楼盘调研书面报告的写作要求是真实、具体、有感而发,一切都是以调查者自己的切身感受为依据,并且用具体形象的语言来表达,切忌泛泛而谈,用一些共同的理由来搪塞;同时,要尽量用系统的观点,从专业的角度来表达,对楼盘的感性化表达一定要以楼盘的调研思路为基础,以产品、价格、广告和销售为主要基础,认真分析并总结归类,将切身的感受以严谨的方式表达出来。

2）区域性调查报告

房地产区域市场调查报告是房地产市场研究的一种表现形式,和仅仅填写一份或几份楼盘调查表不同,它的视野更开阔、敏锐性更强,对报告撰写者的要求也更高。这类调查报告概括区域性房地产的发展现状和特征,调研对象是整个区域。调查报告中所概括的特征可以为相关人员或单位所借鉴,使之从中受到启发,也可作为有关主管部门制定相关政策的依据。

一般来讲,一个完整的区域调研报告大致包括以下几部分:

（1）区域概况

区域概况是房地产区域特征的总结,主要是对该区域的历史发展、人文环境、生活环境和市政交通等各方面的基本情况的一个概括性描述。因为房地产商品的地域性特征强,区域概况也成为任何一份市场调研书面报告的基本点和出发点。一份好的区域概况描述应当通过简练的语句和独到的归纳总结出该区域有别于其他区域的显著特点。

（2）目标区域的楼盘情况

房地产市场分类复杂多变,楼盘可以按照地理环境、产品种类、房屋总价、房屋结构等进行多种分类。通常企业会根据需要,在大量详实的原始资料的基础上,筛选部分细项,或列表或叙述,有条不紊,努力做到完整表达、一目了然。在分类的基础上,通常会选择某一典型楼盘,利用大量的篇幅进行详细的举证分析,也会选择那些与计划楼盘具有类似特征、功能的竞争性楼盘进行分析,有时也称为竞争性项目评价,从而获取对本项目的准确认识。

（3）报告结论或建议

对调研结果的详细分析和结论以及对形成结论的根本原因的深刻分析,是报告结论的关键部分。一份好的报告,除了应该对未来发展趋势中的供求关系进行准确的宏观预测外,更应该在一些细微方面有独到的见解和判断,例如对本项目的形象、包装、推广、定位、财务分析等方面的结论往往是最被审阅者看重的部分,也是报告撰写人显示其辛勤劳动和创新性成果的地方。

12.1.2　根据调查报告撰写格式分类

调查结果的书面报告主要包括三类:表格式报告、叙述式报告和说明性报告。

1）表格式报告

表格式报告是除了叙述式报告以外的最常用报告。表格式报告根据支持文件的多少及详细程度又可以分为限制式报告和摘要式报告。在政府部门和商业报告中一一般常用表格式报告,因为已经有明确的规章和工作流程,审阅人对报告内容已经有了较深的掌握程度,所以运用表格式报告可以提高效率与便利性。使用表格式报告时,审阅人可以明确知道在报告的哪一部分可找到哪一种类、哪一项目的具体资料和情况。在完成一份表格式报告时,撰写人必须确保审阅者要求的所有项目没有被遗漏。

2)叙述式报告

叙述式报告包括对资料、推理、推导分析过程等的详细描述,这种报告是最普遍、最完整的。叙述式报告的目的是为了用书面的方式解答委托人的问题,并以事实、推理及结论来佐证其答案。为了达到此目的,并使报告使用者获得最有用的信息,叙述式报告必须提供充分、适当的支持数据和逻辑分析,以引导阅读报告的人了解报告人的最后结论。

叙述式报告汇总了报告人在得到结论之前的整个分析过程所使用的事实资料、分析方法和技术。在编写报告时,应将描述与分析、解释分开。事实性和描述性的资料通常出现在报告的前半部分,以便使随后的分析和解释能参考这些资料,并指出如何影响到最后的结论。写作过程中应避免不必要的重复,但资料的表现方式则视报告的性质和长度而定。

一个质量上乘的叙述式报告,一般应符合以下要求:

①报告的纸张、封面及装订应有良好的质量。

②计算机技术的进步能使撰写者在办公室印制高质量的报告文本。字体的大小与形式必须直观易懂,图片说明、图片及相应表格应当谨慎制作,题目及小标题的形式应适合主题内容。

③从理论上讲,图表应与所讨论的内容在相应的一页上。如:房地产项目照片应当与该项目的相关资料在同一页上;表示项目区位的地图应当与描述文字安排在同一页上,而与报告没有直接关联的图表应置于附录中。

④报告各部分的内容,应按目录所标示的章节页码清楚地呈现。

⑤如果报告是由著名的公司和单位制作,一般应当有该企业或单位的徽标。报告的序言部分应当注明制作人(团队)的部门、单位、职称、级别及制作时间等。

3)说明性报告

说明性报告是介于叙述式报告和表格式报告之间的一种报告形式。它包括一部分的资料、推理和推导分析过程的描述,但并非全部。虽然在说明性报告里,对某些主题的讨论较少,但它仍应包括充足的信息,以便阅读报告者了解其结论。在完成说明性报告之后,撰写人应当将所有的说明及数据资料存盘,包括原始资料、分析过程、结论、对策及建议的完整资料。

12.1.3　市场调查书面报告起草过程

市场调查报告的起草顺序与其文体结构的顺序正好相反,即从准备有关的图表和附件入手,进而草拟报告正文,最后再撰写调查报告摘要。

1)市场调查报告起草过程

在草拟调查报告正文之前,调查人员应对报告的文体结构、章节、段落有一个大概的设计框架,这需要反复的思考和构思才能形成。起草时,要有条理性和系统性,集中阐明市场调研结论及其论据,注意突出重点,避免平辅直叙,面面俱到。报告初稿形成后应进行认真审查,仔细修改,使报告更加完整和丰满。

2)合理进行图表的使用

调查报告的撰写要充分利用各种图表的功能。因为图表不仅可以向阅读者提供一个简明系统的资料,而且可以使阅读者迅速地利用图表进行直观的对比和分析,一目了然地了解调查工作的成果。在说明市场现象某种数量关系及其变化趋势等问题时,使用图表可以收到更为明显的效果。

3)报告的修改过程

书面调查报告不是一蹴而就的,它是通过草稿(大纲)、内部讨论交流稿、初稿/征求意见稿、修改稿、最终稿(成稿)而成的。大纲是由撰写团队内部反复详细讨论而成;内部讨论交流稿是集体智慧的第一次大碰撞,在这过程中会产生更多新的想法和问题,需要在下一步的写作和分析过程中去完成;初稿是一种具有试探性的、带有强烈的征求意见性质的报告文本,它的对象一般是面向报告的使用者,通过与服务者(或使用者聘请的相关专家)的讨论,进而形成对初稿的修改意见;修改稿一般是作为过程稿处理的,可以作内部的交流使用,目的是为了使报告有更高层次和深度的挖掘,根据时间和相关的要求,有时可以省略;终稿是在以上的基础上经过仔细的校对、审核完成的,是报告完成的最后一关;最后是调查报告的排版整理、打印、出稿阶段,一般由专业排版人士完成或代交有关印刷机构执行。

12.1.4　书面调查报告写作的注意事项

1)书面调查报告写作成功的细节因素

①依据重要程度顺序排列。

②内容应力求简明且与题目有关,避免行话及不必要的修饰词汇。

③核对全部有关数字及统计资料,务必准确。

2)下结论之前的细节

①有关实际情况及调查资料是否考虑到了。

②有与之相同的结论也足以说明调查的事实。

③结论是否符合一般情理。

④结论立场是否公正客观。

⑤结论是否前后一致。

⑥结论是否严谨、细腻。

一般来说,市场调查资料永远不可能是完整的,因此调查报告的结论也不应苛求十全十美。

3)市场调查报告制作的注意事项

制作市场调查报告时应注意避免以下几点:

①过份自信,过度夸张。

②趋于保守,结论无力。

③报喜不报忧,过分乐观。

④行文琐碎,只见树木不见森林。

⑤使用生僻的文字和语言。

⑥缺乏自我创见。

⑦书写格式及内容潦草,有明显的语言错误。

4)书面调查报告撰写中容易出现的问题

①调研主题不突出:偏离主题的文字或资料堆集。

②文体结构安排不当:结构层次不清,线路混乱,没有写作提纲且平铺直叙。

③论据不够充分:市场调研资料不足,或对市场调研过程的说明不充分。

④定量分析不足或过量:数据过多或不足,图表过多或不足。

⑤资料使用不当:对数据资料的理解或解释不当。

12.1.5 市场调查书面报告的内容

1)书面报告的组成部分

市场调查报告的主要内容包括以下几个部分:

①题目部分:包括市场调查题目、报告日期、制作目的、撰写单位等。

②调查目的部分:包括简洁说明调查动机、调查要点及所要解答问题、调查问题的目的和意义等。

③调查结论和建议部分:包括对调查目的的实现、调查问题的解答、可行性建议、调查重大发现及对策建议。

④附录和附注部分:包括资料来源、参考文献、使用的统计方法、致谢等。

为了表现调查者对调查内容的热忱与用心,调查报告书一般采用行业标准格式来增加调查报告的可信度。市场调查人员应该重视调查书面报告的形式,如封面设计、报告文本的编辑、图表的制作及题目的醒目性等,目的是能够引起相关人员的注意,使阅读者无障碍地进行阅读,并能在阅读中迅速抓住主题。

2) 调查报告基本结构

市场调查报告的结构与格式是多种多样的,没有完全统一的标准。但是,无论市场调查报告的格式如何,一些必要的内容应该包括其中,主要有以下 6 个方面:

（1）扉页

①市场调研题目。

②市场调研用户。

③市场调研组织者。

④市场调研日期。

（2）序言

①目录。

②简介(项目背景、人员配备等)。

（3）市场调研结论摘要

①调研主题简要陈述。

②调研结论简要陈述。

③调研方法简要陈述。

④建议简要陈述。

（4）报告正文

①详细背景介绍。

②调研主题详细说明。

③调研方法的详细说明。

④调研主题的详细论述过程。

（5）调研图表解释

（6）市场调研结论

（7）提出建议

(8)附录

(9)参考文献及致谢

12.1.6 附注的写作

附注中外部资料检验表的写作,包括:

(1)资料内容是否适当

①资料内容对所研究的市场调查是否适当?

②由哪个单位制作的资料?何时完成?制作目的是什么?

③如何摘取其有关资料内容?

④资料是否支持本调查?原因何在?

(2)资料收集方法的鉴定

①资料制作人是否以公正的立场制作本资料?

②资料是否经过适当编辑及分析?

③资料收集调查方法及样本数是否正确?

④有无原始资料可供对照和检验?调查过程有无非抽样误差?

⑤资料是否正确可用?

12.2 调查结果的口头报告

12.2.1 口头报告的准备

在进行口头报告之前,市场调查人员要进行两个方面的充分准备:一方面是报告者对报告内容的准备,要求根据口头报告时间的长短来取舍,安排和控制汇报的基本内容;在考虑报告的内容时,应该充分注意到听众的特点与偏好,以说服听众并得到听众认可为报告的基本目标;同时可以利用现代化的交流手段,将报告的主体部分,如主题、结论、图表等制作成各种可视性资料。另一方面是对报告辅助材料的准备,它可以是一份纲要,也可以是调查报告全文,一般在口头报告之前应先行发给相关人员。为使自己的调查报告达到某种应有的效果,在报告过程中应注意报告沟通方式的严肃性。

12.2.2　口头报告注意事项

作口头报告时,应注意以下事项:
①内容简明扼要,抓住重点,有效地表述调查发现及建议。
②尽量使用浅显的语言传达讯息,最好使用行业通用语言。
③以热诚的表情传达自己的意图。
④运用动态数据、行业指数和简单的曲线示意图辅助讲解。
⑤热心讲解并努力澄清可能引起的误解。
⑥热情接受上级的质询,并作好充分沟通的准备。

市场调查主持人在报告递送之后,应继续做必要的跟踪访问,以便了解报告被采用的程度和采用后产生的实际效果。如果上级领导对报告内容有不明白的地方,报告拟定人可以做详细解说,从而协助执行人员落实报告的建议事项。

12.3　相关案例

中国海滨地产调查报告

海滨地产是一个内涵比较丰富的概念,而不因其只是一个岸线地产。距离海岸一定距离内的房地产都应列为海滨地产。中国的海滨地产首先集中于北戴河,当时消费客群是社会的上层人士。建国后,北戴河、青岛等海滨城市建起了大量疗养院,政府官员和社会小群体是消费的主体。改革开放后,海南房地产和北海房地产成为房地产泡沫的肇事者。中国海滨地产出师不利!

但是由于经济的持续发展和人民生活水平提高,社会精英和大众都有了消费海滨地产的需求。海滨地产的需求和开发都出现了"井喷想象"。本文的样本大部分来自赴海南和山东半岛的实地考察研究。

1.海滨房地产市场运行状况

1.1　海滨地产开发高速增长

山东 19 个项目,几乎所有的开盘时间都集中在 2004 年,开发的时间十分集中。海南三亚的开发速度也十分惊人,我们可以在一些公开的资料里找到结论:据统计,去年三亚市房地产交易办证量 20 万 m², 房地产交易额 9.7 亿元,比上年增长 50%。今年 1—5 月,三亚商品房销售量 28.26 万 m²,销售额达 6 亿元,同比分别增长 87.5% 和 29%。三亚购房者约有 80% 来自内地,这表明,三亚已成为许多内地人的"第二居所"。许多旅游地产开始从原来的高端客户转向普通的工薪阶层。在 2004 年 4 月中旬北京举办的旅游房展上,据组委会介绍,逛展人中有将近 50% 具有明显的购买意向。低价位是这些旅游项目的最大卖点。海南不少楼盘打出首付 9 000 元,月供 450 元。

1.2　新开工建设规模继续扩大

当然,房地产开发商更是看好这一商机,因此也对旅游地产大兴土木。山东海滨地产的"地方部队"成为开发的主角。海南海滨地产的主角是"岛外"企业占了多数。海南房地产目前涉足旅游房地产的公司超过百家,这其中既包括海航、中信、中旅等大型企业,也包括万通集团等一大批房地产投资商、开发商、旅游企业。

1.3 海滨地产价格急剧上升

沿海楼盘平均比非沿海的楼盘均价高出 1 000 ~ 3 000 元。以青岛为例,房地产价格的涨幅远远超过内陆城市。专家分析,当恩格尔系数在40%时,有关各国的住房消费在消费结构中所占的比重会达到15% ~ 20%。目前青岛市恩格尔系数已降到40%以下,而住房消费比重不足10%,比国际水平低5~10个百分点,住房消费还有较大的消费空间。

影响房地产价格的最主要因素就是城市的规模,青岛的房地产价格最高,乳山的价格最低,全部在 3 000 元以下。威海和烟台处在价格的中间,其中烟台的价格又在威海价格之上。

2.海滨房地产存在的主要问题

2.1 土地供应增幅过大

各路开发商纷纷瞄准了这块"肥肉",采取多种方式抢夺这"最后的晚餐"。有关系的利用当地的人脉关系,掌握了大量的优质资源,但是开发的质量和物业管理和配套水平都很低。乳山由于拿地相对容易,开发的大盘都在 20 万 m² 以上。有钱的企业有雄厚的行业背景和先进的行业理念,这些企业将是海滨地产的主角。万通在三小东海建设红树林项目。既有钱又有关系的凭借着雄厚的资金实力,在海滨地产行业上一出手就是大手笔。

海岸线是一种稀缺不可再生的自然资源。我国海滨地产的发展战略应该是"可持续发展的战略"。过大的市场供应量不利于房地产市场的健康发展。

2.2 结构失衡是海滨房地产的根本矛盾

山东海滨房地产项目多以大户型为主,100 ~ 130 m² 的两居和130 ~ 180 m² 的三居占了市场的十多数份额,小户型在5%以内。

一线的海滨资源得到了过度开发,海滨二线房地产很少开发,大部分海滨地产缺少纵深,景观单调。单一的公寓楼占据了开发总量的绝大部分。长期会影响当地房地产市场持续健康的发展。

海滨地产应该是多种多样的,包括海滨公园、宿营地等国际流行的海滨地产,还没有公共游憩用地规划,应该得到规划部门的重视。以美国、澳大利亚为代表的西方沿海发达国家海洋环境保护意识较强,对海洋保护的力度远高于发展中国家,在亚洲,日本、韩国、东南亚各国也相继建立多个以海洋生态环境保护为目的的、兼顾海洋资源适度利用的国家海滨公园。

2.3 局部出现泡沫的危险

北海的海滨房地产噩梦还时刻在警示人们。在一些热点地区过高的房价助长了投机行为,尽管"旅游地产"的概念早已提出,但还是面临许多问题需要解决。

首先,旅游地产主打的"假日经济"概念,仅仅局限在"假日",时空范围很小,同时人们休闲度假选择的自由度受到限制,度假时间过于集中,容易形成"瓶颈"。

分时度假和产权酒店的概念已经成为社会中产阶层新的投资工具。当时在社会金融和信用体制没有建立和完善起来的时候,这种投资会有很大风险。旅游地产虽然也打出休闲娱乐的旗号,但风险投资的味道更浓一些。

2.4 海滨地产对环境的依赖太大

地产是依赖于自然环境的"复合地产"。并不是所有的岸线都适合开发,有的地方环境承载力脆弱,容易造成生态灾难,开发过来会影响房地产价格。

随着沿海各地工业和城镇建设的发展,大量工业废水及生活污水排放入海,已造成我国一半以上的近岸海域受到严重污染。近几年,赤潮又呈现出时间提前、频率增加、范围扩大的特点。沿岸海域污染和赤潮的频繁发生,使海洋生态环境恶化。同时由于不合理的围海、筑坝、河流建闸以及大面积挖砂采石、乱挖珊瑚礁、滥伐树林等人为破坏,减少了海洋生态物种的多样性,使台风、风暴潮、海水入侵等自然灾害频发。

海滨房地产和一般的房地产产品不同的一个方面就是注重建筑的品质和周围景观。以山东的地产项目为例,大部分没有营造出独特的功能区,海滨大盘的个性化特色不突出。文化和人文地产的品牌没有在海滨地产中体现出来。

结合山东半岛的考察报告,我们看出海滨房地产的价格被低估,环境因子的计价在中国还没有给予重要的认识。

我国北方的渤海是几乎封闭的内海,和外洋的水体交换周期长,造成污染后很难恢复。

表 1　我国典型海滨度假地因素评价分析

名称	河北(北戴河)	山东(青岛)	海南(三亚)
Sun(阳光)	＊＊＊	＊＊＊	＊＊＊＊＊
Sea(大海)	＊＊	＊＊＊	＊＊＊＊＊
Sands(沙滩)	＊＊	＊＊	＊＊＊＊
Spa(温泉)	＊＊＊	＊＊	＊
Sex(sports)性(运动)	＊＊＊	＊＊＊＊＊	＊＊＊
总　计	13	15	18

2.5　海滨地产市场关联状况

旅游地产是一个关联性很强的行业。所以在讨论海滨房地产问题时,将旅游和房地产两个热点结合在一起。研究旅游房地产非常有价值,其他相关行业的飞速发展会对旅游行业的发展有极大的促进作用。

"一花独放不是春",一个地方的海滨房地产的繁荣程度,只是依靠自然环境一项是不能托市的,必须要充分考虑多项因素。城市的引力是一个非常重要的因子。

表 2　北戴河、山东、海南三地海滨度假地比较分析表

名　称	国　内			国　外	
	河北(北戴河)	山东(青岛)	海南(三亚)	瓦尔纳	美国迈阿密
海　况	渤海	黄海	南海	黑海	加勒比海
一月份气温(水温)	-1 ℃	3～5 ℃	18 ℃	6～3 ℃	23 ℃
八月份气温(水温)	25 ℃	26～28 ℃	30 ℃	25℃以上	27 ℃
客群分析	京津唐	烟青威成都市群	华南城市群、全国	欧洲	美国
休闲方式	集中在夏季(钟摆)	夏季为主	冬季	夏季为主	冬季

3　海滨房地产发展趋势预测

3.1　短期发展趋势预测

海滨房地产在短期会有一个较快的发展速度,房地产商会充分利用手中的资源,抢占资源"跑马圈地"。"有权的"和"有钱的"、"有关系"的开发商一起开发。在市场上表现为开发规模不一,质量参差不齐。

(1) 房地产投资预测

为确保国民经济持续稳定的健康成长,近些年来,我国一直实行扩大内需的政策,一直加大对基本建设的投资。基本建设投资对房地产投资有显著的拉动作用,一般情况下,城镇基本建设达到一定规模和程度后,当地房地产投资会迅速增加。发达国家的房地产投资和基本建设的投资比例一般处于 0.6～0.8。

由于国家对房地产投资的调控主要集中在对银行信贷准入条件的控制上,由于受国家金融政策的影响,短期内海滨房地产的投资速度将受到较大影响,发展的速度将会放慢。

(2) 市场供给预测

由于行业生产周期特点,海滨房地产表现出很强的惯性。2002 年房地产开发高潮时期的开发量在近期内会逐渐转为近期的竣工量。

另外我国海滨房地产供给地广西北海和海南在国家政策的支持下相继出台各种积极措施消化历史遗留的房地产,因此我们预测市场上的供应量还是很可观的。市场房源充足,价格稳中有升。

(3) 市场需求预测

2002 年,我国人均国民生产总值突破了 1 000 美元,我国人民生活水平进入了小康阶段,居民的消费结构发生了巨大变化。我国居民的恩格尔系数降至 40% 以下。根据世界旅游组织预测:当一个国家的国民收入超过 1 000 美元的时候,旅游的模式由观光旅游走向休闲旅游,大众成为休闲消费的主体,旅游的"井喷效应"就会出现。

3.2　中长期发展趋势预测

随着可用资源的减少和市场的成熟,一些有实力的开发商成为海滨房地产市场上的主流品牌。另外政府对环境保护的重视,开发成本将面临大幅度的提高。

(1) 从经济发展水平来看(略)

(2) 从城市化角度来看

我国城镇人口占总人口的比重 1980 年为 19.4%,1995 年升至 29%,2001 年进一步提高到 37.7%,达到 4.7 亿人左右。据权威机构预测,到 2010 年我国城市化率将达到 46%,城市人口将达到 6.4 亿人,比目前净增 1.9 亿人,平均每年要新增人口 1 852 万人。按照城市化水平与人均 GDP 的正相关性的规律,如果到 2020 年中国人均 GDP 增加到 2 800 多美元,那么届时城市化水平可达到 60% 左右。此外,我国正逐步进入"老年社会",养老住宅的市场缺口很大。

城市化进程的加快,必然要求房地产和住宅产业与之相适应。(加上对旅游业的估计)

(3) 从国内的政策层面来看

2001 年开始的"十五"计划和十年规划中,国家要求加快住房建设,使之在提高人均居住水平、扩大内需和带动国民经济发展方面,继续发挥重要作用。

国家继续采取各种措施鼓励旅游行业的发展。国家政策规定的支柱行业有汽车、房地产、旅游、通讯。海滨房地产和四个行业的发展休戚相关,四个行业的飞速发展都会直接和间接促进海滨地产的飞速发展。但是随着国家对环境保护的重视,相继会出台一些措施或者地方法规保护海岸。海滨地产的开发难度和门槛将会有大幅度的提高!

4. 重点地区市场分析

4.1　北京市场分析(略)

4.2　山东(胶东半岛)市场评价分析(略)

4.3　其他热点地区(广州、上海等)(略)

表3　中国主要海滨城市房价表

城　　市	价格/(元·m⁻²)	沿海观景住宅		差价/(元·m⁻²)
		项目名称	价格/(元·m⁻²)	
秦皇岛	2 381	蓝色海岸	6 200	3 819
青　岛	4 639	领世华府	16 000	11 361
上　海	8 627	L ACALA 阳光海岸	9 000	373
广　州	5 660	蓝钻海滨	3 800	− 1 860
三　亚	5 156	擎天半岛	20 000	14 844
厦　门	4 622	新天地豪庭	5 000	378
大　连	4 241	休斯顿公寓	6 000	1 759
珠　海	3 150	海湾雅苑	6 300	3 150
北　海	1 400	蓝色海岸国际家园	1 820	420
威　海	2 360	国际海景城	6 000	3 640
烟　台	2 806	名人广场	7 000	4 194
深　圳	6 037	罗湖金岸	9 000	2 963

5. 国家相关政策述评

5.1　北京新规划

北京将发展成"宜居城市"。大北京概念:华北京津一体化建设的推进,"大北京"成为一个环渤海地区的重要的经济中心。"大北京"事实上成为一个滨海城市。

5.2　交通环境的改善

交通"缩短"城际距离。旅游地产被看好,更主要的原因在于国内旅游房地产市场已经日渐成熟以及交通改善。飞机班车化、城际高速列车公交化,交通便捷,城际距离正变短或消失,是旅游地产兴起的客观外部条件。

5.3　国家循环经济政策和对绿色GDP的重视

在党的十六大文件中,对实行可持续发展的政策给予了充分重视。明确提出循环经济的概念。国家的主流经济学家也对资源转化为资本的途径做了很多卓有成效的研究。这些都会极大地影响今后政策的走势。

5.4　国家采取积极的政策消化海南和广西北海的"烂尾房"

近一个时期,国家为了消化各大银行的不良资产,国家税务局针对海南和广西北海的海滨房地产给于了专项的优惠政策。因此促进了海滨房地产新的营销时代的来临,海滨房地产提前进入了"代销时代"!

6. 研究展望

海滨地产是体验经济的产物,顾客追求的是一种生活方式。适应这种经济方式,必须在营销模式上进行创新,注意营造出独特的"经历"。按照营销学上的划分,房地产市场从生产时代、产品时代到销售时代一直到现在的营销时代,正大步发展,海滨地产的销售需要用整合营销传播的方法进行创新。

在今后的研究中,应该针对以下几个方面进行有重点地研究:

(1)对顾客需求的深入定位研究,包括度假游憩需求、养老需求、投资需求。

(2)海滨地产营销方式研究(互补双赢模式的建立),包括华南热带海滨地产研究("候鸟9+3"模式——适合老年人长期作为养老用地,气候适合,受季节影响小)和华北温带海滨地产研究("钟摆5+2"模式——适合上班族和商务人士短期的休憩用途,受季节的影响大)。

实训任务

1. 撰写一篇关于本地区某楼盘的调查报告。

2. 准备一项关于某楼盘调查的口头报告并分组讨论。

复习思考题

1. 名词解释

书面报告　口头报告　说明性报告

2. 简答题

①什么是书面报告?

②口头报告有哪些特点?

3. 思考与讨论

房地产书面报告与口头报告的不同点在哪儿?

第 13 章
SPSS 软件在房地产市场调查
分析中的应用

【本章导读】

　　本章主要介绍如何利用 SPSS 软件进行调查数据的统计分析。第一节介绍进行数据输入与保存的步骤与操作,第二节介绍如何进行数据预分析,包括数据简单描述、绘制直方图,第三节介绍最常用的一种统计分析方法——交叉分析法的步骤与操作,最后一节介绍如何保存和导出分析结果。

　　随着房地产行业的不断整合和专业化,定性分析占主导地位必定要被定量分析占主导地位所取代,经验的重要性将逐渐被统计分析所弱化。为什么呢? 因为统计是绝对理性化的,统计数据是不会说谎的。对于房地产行业的专业人员来说,我们需要用统计数据去分析消费者心理,分析楼盘的价格,分析楼盘的定位等,那么最直接的方法就是用现在应用最广泛的 SPSS 软件去分析。

13.1　数据的输入和保存

13.1.1　SPSS 界面

　　请打开"程序"栏中的 SPSS 软件(SPSS13.0 版),当打开 SPSS 后,展现在我们面前的是 SPSS 的数据管理窗口。这是一个典型的 Windows 软件界面,有菜单栏、工具栏、数据栏、数据管理窗口的主界面,如图 13.1 所示。该界面和 Excel 极为相似,由若干行和列组成,每行对应了一条记录,每列则对应了一个变量。由于现在我们没有输入任何数据,所以行、列的标号都是灰色的。

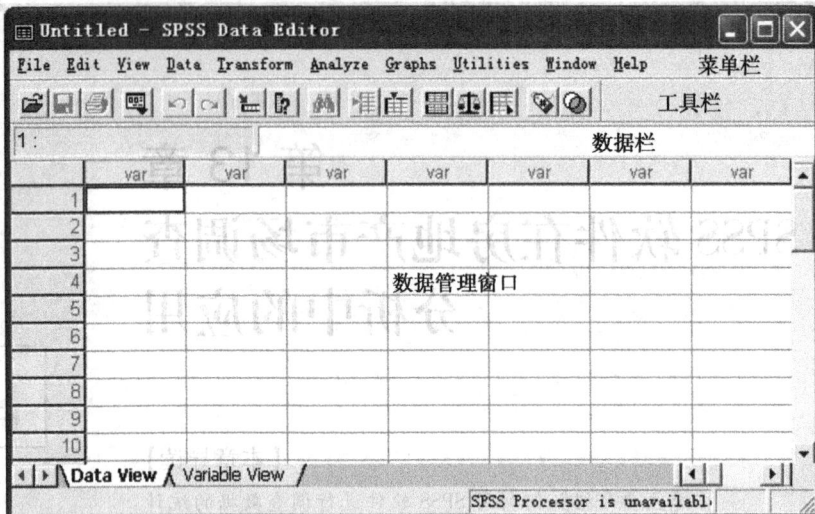

图 13.1　SPSS 软件界面

请注意第一行第一列的单元格边框为深色，表明该数据单元格为当前单元格。窗口左下角有两个标签，当单击“Variable Veiw”标签时，将切换到变量视图窗口。这个视图的每一行代表对一个变量的定义，每一列代表定义该变量时用到的某种属性，如变量的名称(Name)、变量类型(Tape)等。

13.1.2　定义变量

由于我们的调查问卷有很多问题，所以需要建立很多个变量。我们就先从简单的开始，分析一下购房者的家庭构成与其期望的购房面积和期望的购房单价之间的关系。

	A	B	C
1	家庭构成	期望面积	期望单价
2	三口之家	200	100
3	三口之家	200	70
4	三口之家	110	35
5	三口之家	100	35
6	单身	50	30
7	单身	120	60
8	三口之家	100	40
9	四口之家	70	50
10	两口之家	110	40

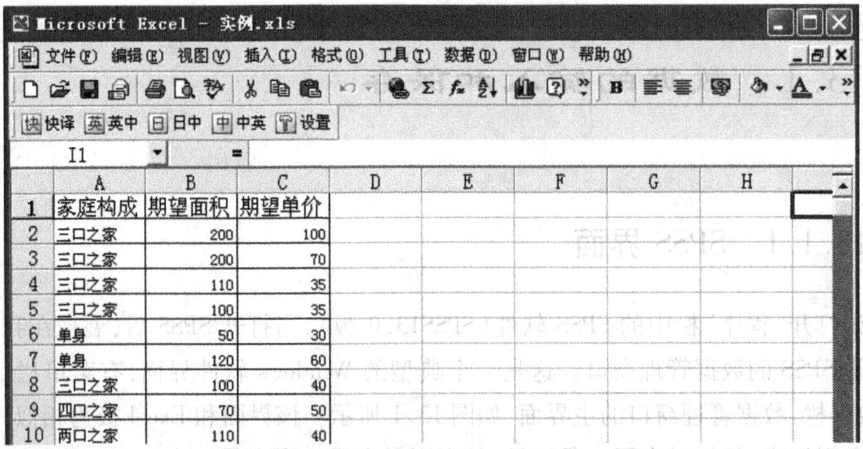

图 13.2　家庭构成与期望购房面积和购房单价 Excel 表

　　根据图 13.2,我们来定义 3 个变量:界面最左方为变量名,往下是变量情况描述,可以看到系统默认该变量为数值型,长度为 8,有两位小数位,尚无缺失值,显示对齐方式为右对齐;现在系统默认新变量为数值变量;最下方则依次是确定、取消和帮助按钮。

　　请将变量名改为家庭构成,然后单击 OK 按钮。第一列的名称已经改为"家庭构成",这就是我们所定义的新变量"家庭构成";然后建立变量期望的购房面积。单击第二行第一列的单元格,同样,将变量名改为期望面积,然后确认,注意是分组型;最后再定义期望的购房单价,将变量名改为期望单价,注意是数值。如图 13.3 所示。

	Name	Type	Width	Decimals	Label	Values	Missing	Columns	Align	Measure
1	家庭构成	String	8	0		None	None	8	Left	Nominal
2	期望面积	Numeric	3	0		None	None	8	Right	Scale
3	期望单价	Numeric	3	0		None	None	8	Right	Scale
4										
5										
6										
7										
8										
9										

图 13.3　定义变量

13.1.3　输入数据

　　由于已经有现成的 Excel 数据,我们可以省略逐个输入数据的步骤。请打开 Excel 文件,文件中就是要分析的数据,如何将 Excel 中的数据导入 SPSS 中呢?

　　当 Excel 数据较少时,可以直接选用复制粘贴的方法将数据导入 SPSS,再定义相应的变量即可。但是当数据中含有文本时就不能直接粘贴,否则就会丢失数据。这是因为 SPSS 默认的数据格式为数值型,如果将文本粘贴过去就会变为缺失值。解决办法的具体操作是:新建一个文本文件,将表格内容粘贴到文本文件中。选择菜单"FILE"→"READ TEXT DATA",系统就会弹出文本导入向导对话框。

　　第一步,如图 13.4 所示,中部问题为"你的文本文件和预定义格式相一致吗?"下方为按预定义格式读入的数据文件的预览。显然,SPSS 的预定义格式并没有正确识别该文件。因此选择"NO",单击"下一步"。

　　第二步,如图 13.5 所示,最上方问题是"变量是如何排列的?"下面选项分别是 Delimited(用某种字符区分)和 Fixed width(固定宽度),一般都是选择 Delimited;第二个问题是"变量包括在文件最前面吗?"选择"Yes",单击"下一步"。

　　第三步,如图 13.6 所示,最上方的问题为"第一行记录从第几行开始?"右侧是行数,由于我们所用的数据第一行为变量名,因此这里输入 2;下面问题"你的记录是怎样存储文件中的?"我们通常选择第一种情况"每一行代表一条记录";下一个问题是"你想导入多少条记录?"一般选择第一种"所有记录",单击"下一步"。

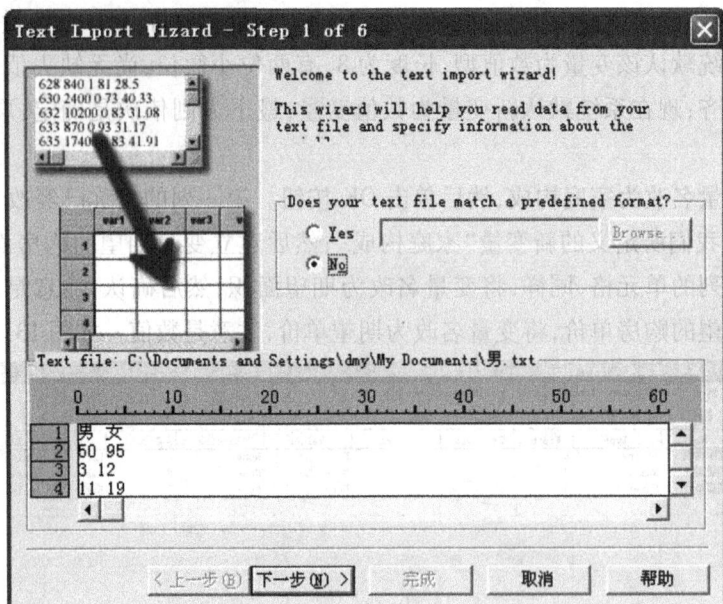

图 13.4　输入数据第一步的界面

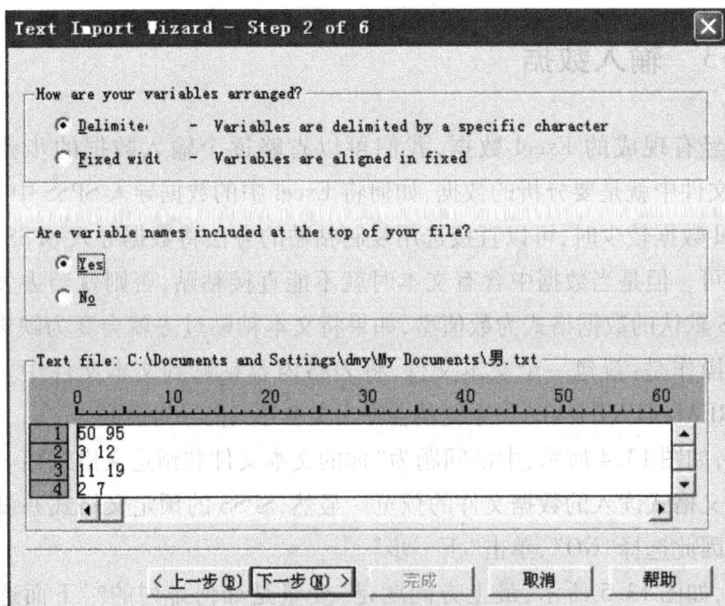

图 13.5　输入数据第二步的界面

第四步,如图 13.7 所示,问题是"变量间用的是哪种分隔符?"本数据采用的是"TAB"键。右上方的提示是定义在数据预览窗口中所选的变量。这里我们不需要,单击"下一步"。

第五步,预览数据。

第六步,最上方的问题"你愿意保存这次的文件格式设置以备下次吗? 第二个问

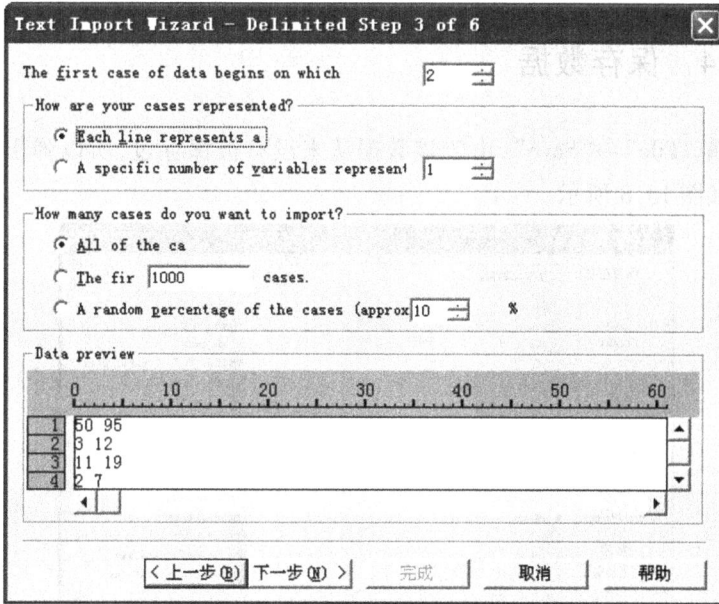

图 13.6　输入数据第三步的界面

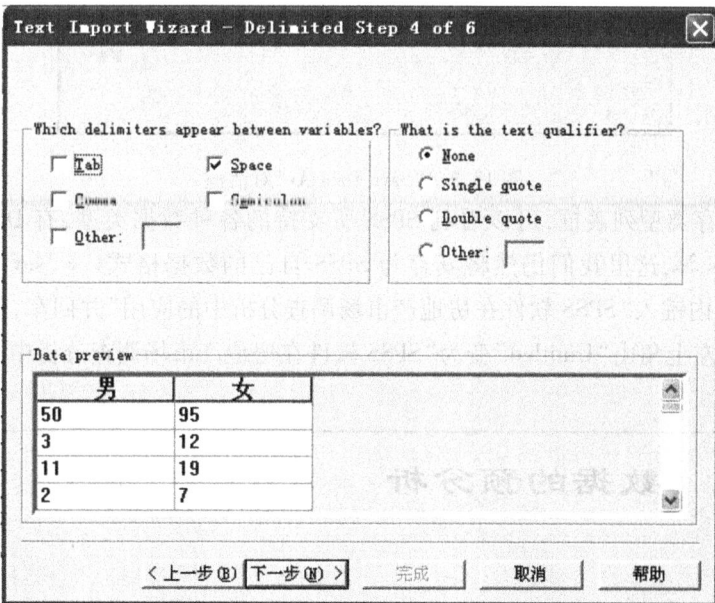

图 13.7　输入数据第四步的界面

题是"你是否愿意将以上操作粘贴为 SPSS 语句",一般我们都不用管,单击完成。系统就成功读入了文件。

　　Word 中也是同样的操作,如果表格中全是数值,就选中整个表格,选择复制粘贴命令,如果数据中有文本就使用文本导入向导。

13.1.4 保存数据

选择菜单"File"→"Save",由于该数据从来没有被保存过,所以弹出"Save Data As"对话框如图 13.8 所示。

图 13.8 "Save Data As"对话框

单击保存类型列衣框,可以看到 SPSS 所支持的各种数据类型,有 DBF、FoxPro、Execl、Access 等,这里我们仍然将其存为 SPSS 自己的数据格式(* . sav 文件)。在"文件名"框内键入"SPSS 软件在房地产市场调查分析中的应用"并回车,可以看到数据管理窗口左上角由"Untitled"变为"SPSS 软件在房地产市场调查分析中的应用"。

13.2 数据的预分析

13.2.1 数据的简单描述

下面我们来学习如何用数字和图形分析单个变量的分布情况。

首先做个频数表来看一下被调查者所期望的购房面积分布情况。请选择"Analyze"→"Descriptive Statistics"→"Descriptives"菜单,系统弹出描述对话框如图 13.9 所示。

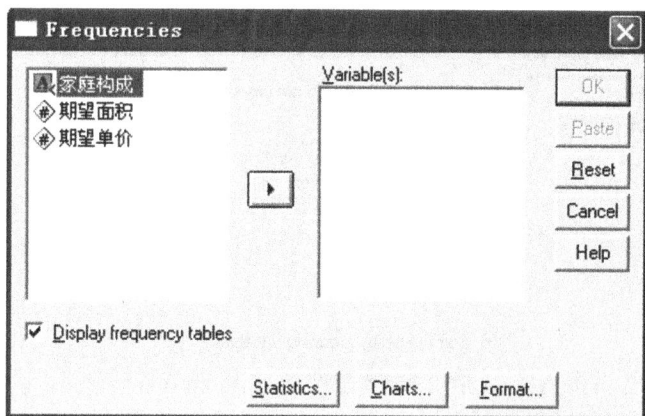

图 13.9　描述对话框

该对话框左侧为所有可用的候选变量列表,右侧为选入变量列表。我们只需要描述期望的购房面积,用鼠标选中期望面积,单击中间的 ▶ ,变量期望面积的标签就会移入右侧,"OK"按钮变黑表明已经可以进行分析了。

单击"OK"按钮,系统会弹出一个新的界面如图 13.10 所示。该窗口是(结果)浏览窗口,整个结构和资源管理器类似,左侧为导航栏,右侧为具体的输出结果。频数表中给出了样本数、最小值、最大值、均数和标准差这几个常用的统计量。平均数用来度量中心,标准差用来表示分布差异,标准差越大,差异越明显。从表中可以看到,数据总的平均数为 110.65,标准差为 32.981,差异还是比较大的。但是只看总的描述是不够的,还应当根据家庭构成人口数目的不同来看看分组的描述情况。

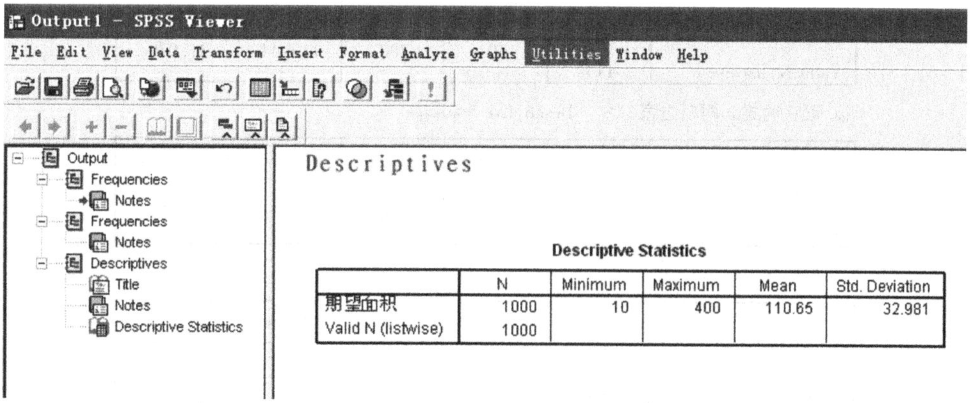

图 13.10　浏览窗口

这里要用到文件分割功能,请切换回数据管理窗口,选择"Data"→"Split File"菜单,系统弹出文件分割对话框,如图 13.11 所示。

选择单选按钮"Organize output by groups",将变量家庭构成选入右侧的选入变量框,单击"OK"按钮,此时界面不会有任何改变。如果再做一次数据描述,就可以看到

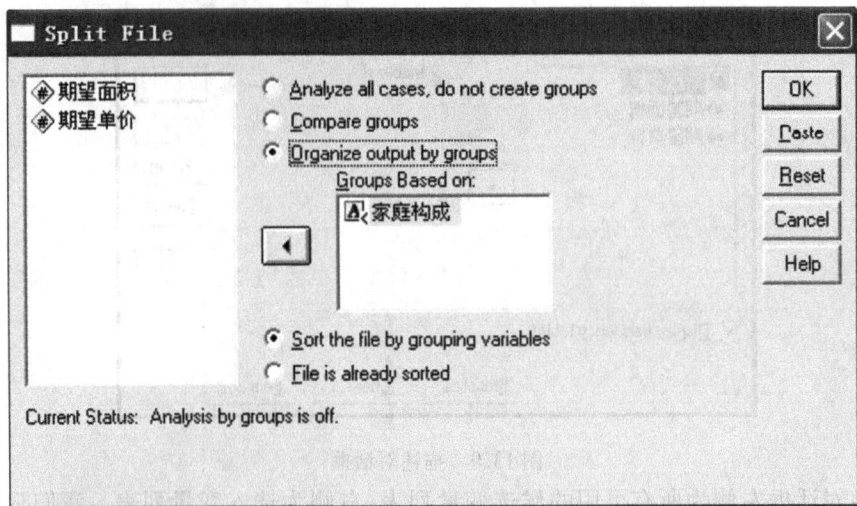

图 13.11　文件分割对话框

现在数据分 4 种情况描述:家庭构成 = 单身、家庭构成 = 两口之家、家庭构成 = 三口之家和家庭构成 = 四口之家,家庭构成 = 五口之家,如图 13.12 所示。

Descriptive Statistics[a]

	N	Minimum	Maximum	Mean	Std. Deviation
期望面积	275	40	400	108.15	35.943
Valid N(listwise)	275				

a. 家庭构成 = 单身

Descriptive Statistics[a]

	N	Minimum	Maximum	Mean	Std. Deviation
期望面积	114	50	200	110.44	31.076
Valid N(listwise)	114				

a. 家庭构成 = 两口之家

Descriptive Statistics[a]

	N	Minimum	Maximum	Mean	Std. Deviation
期望面积	484	10	260	110.75	30.770
Valid N(listwise)	484				

a. 家庭构成 = 三口之家

Descriptive Statistics[a]

	N	Minimum	Maximum	Mean	Std. Deviation
期望面积	86	40	300	117.40	38.828
Valid N(listwise)	86				

a. 家庭构成 = 四口之家

Descriptive Statistics[a]

	N	Minimum	Maximum	Mean	Std. Deviation
期望面积	41	75	200	112.71	28.422
Valid N(listwise)	41				

a. 家庭构成 = 五口之家

图 13.12　数据分 4 种情况描述

从描述可知,样本量最大的三口之家和总体基本一致,差异比较大的就是四口之家,他们期望的购房面积最大,并且这个群体的差异也最大。那么开发商就可以根据这个数据来决定开发多大面积的房子市场需求最大,然后再根据不同的群体决定设计哪种户型最受欢迎。

在分析过程中,我们还要取消变量分割,以避免它影响以后的统计分析。再次调出变量分割对话框,选择单选按钮中的"Analyze all cases, do not creat 家庭构成",单击"OK"按钮就可以了。

13.2.2　绘制直方图

统计指标只能给出数据的大致情况,没有图形直观。下面我们用图形呈现购房面积的分布情况。通常饼状图和柱状图用来描述类别变量,而直方图用于观察某个数量变量的分布情况。请选择"Graphs"→"Histogram",系统会弹出绘制直方图对话框,如图 13.13 所示。

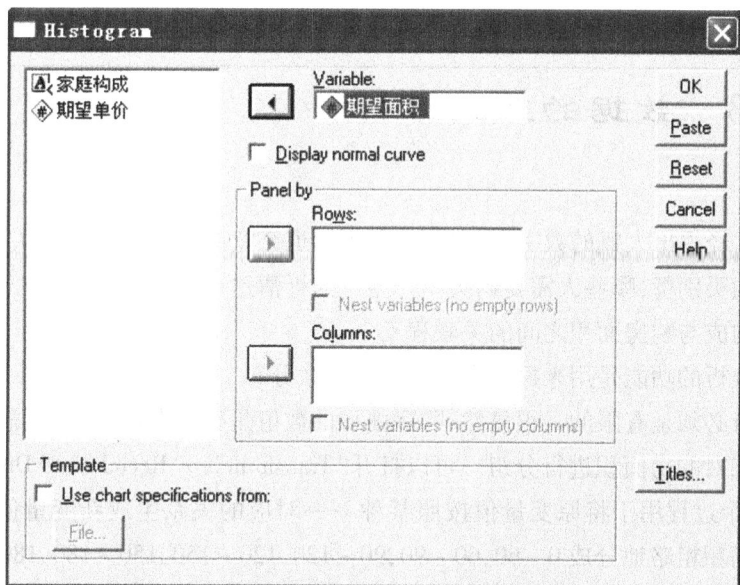

图 13.13　绘制直方图对话框

将变量期望面积选入"Variable"选择框内,单击"OK"按钮。此时结果浏览窗口内会绘制出如图 13.14 所示的直方图。从图 13.14 可知,该图形是右偏的,即直方图的右边延伸出去比左边远得多。由图得出,绝大多数人都选择购买 $50 \sim 200 \ \mathrm{m}^2$ 的房子。其中购买 $100 \ \mathrm{m}^2$ 左右的人占多数。

房地产市场调查与分析

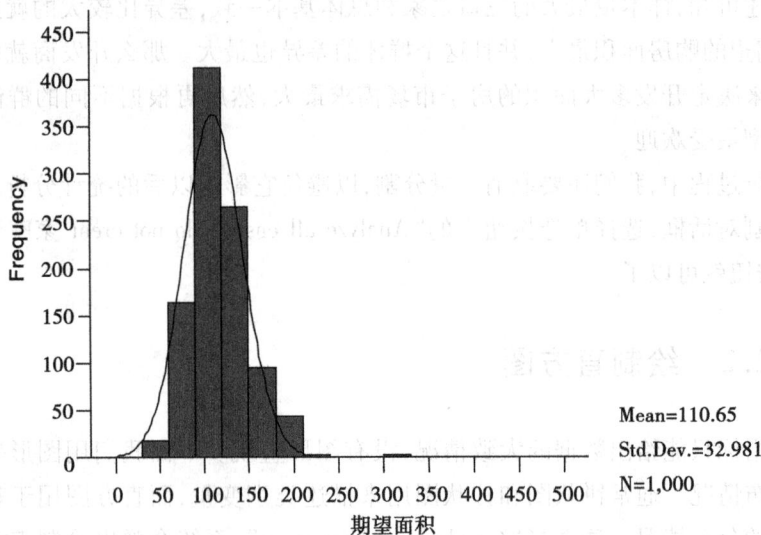

Mean=110.65
Std.Dev.=32.981
N=1,000

图 13.14 直方图

13.3 数据的交叉分析

虽然已经得出大概的数字,但我们还是不知道究竟有哪些人需要购买大房子,哪些人需要购买别墅,哪些人需要购买小户型。为弄清这个问题,我们用交叉分析法来分析家庭构成与购房面积之间的关联程度。

交叉分析的功能是用来探讨多个变量的关联分布,并以表格形式显示,但各个变量值的数目必须是有限的。很显然,购房面积的数值是很繁杂的,这时就需要定义一个新变量来对购房面积进行分组。可以打开"Transform"→"Recode into Different Variables",这个过程用于将原变量值按照某种一一对应的关系生成新变量值。我们可以把期望面积粗略地分成 0~60,60~90,90~120,120~150,150~180,180 以上 5 种类别。

选择菜单"Transform"→"Recode into Different Variables",将期望面积选入"Numeric Variable→Output Variable"框,此时"Output Variable"框变黑,在其中键入新变量名"分组面积"并单击"Change",则原来的"期望面积→?"变成了"期望面积→分组面积",如图 13.15 所示。

现在单击"Old and New Values…",系统弹出变量值定义对话框,如图 3.16 所示。请注意这里分组的范围都是包含了端点的,前面设定的变换会优于后侧的变换,所以为了能正确变换,这里我们应当设定包含端点的变换公式。

258

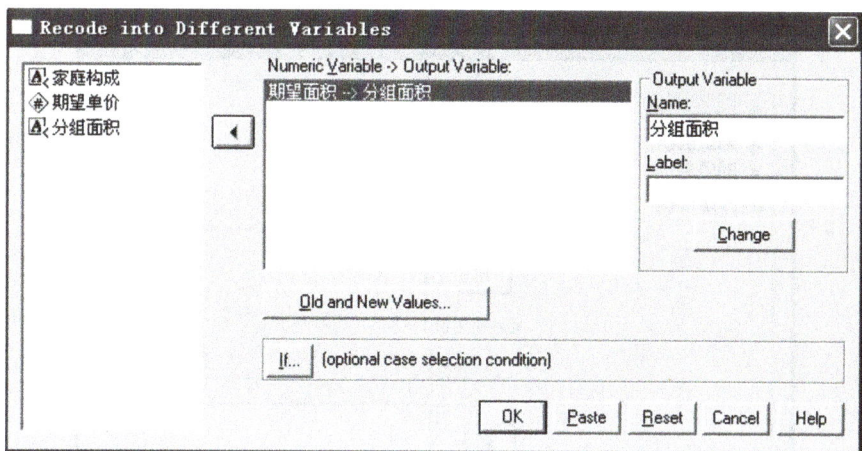

图 13.15　键入新变量名

选择"Range：through"，在左右侧框中分别键入"60，90"，然后"Value"右侧框中键入对应的新变量值"60－90"，点击"Add"，"Old→New"框中就出现了"60thru90→'60－90'"的记录。按照相同的方法依次键入"90－120"，"120－150"，"150－180"三个变量值。接着用类似的方法加入另两条转换规则，选择"Range：Lowest through"，在右侧框内键入"60"，然后将右侧"Output Variables are Strings"选中，在"Value"右侧框中键入对应的新变量值"60 以下"。同理，选择"Range：through highest"，在左侧框内键入"180"，在"Value"右侧框中键入对应的新变量值"180 以上"，最终"Old→New"框中共有 6 条记录，现在单击"Continue"，再单击"OK"，系统就会按照要求生成新变量，如图 13.16 所示。

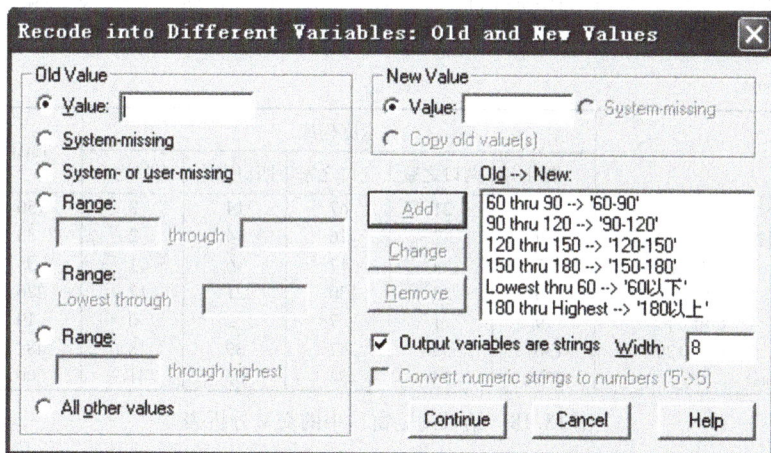

图 13.16　"Old and New Values"对话框

接下来，我们用 Crosstabs 过程来做家庭构成与分组面积之间的交叉分析。选择"Analyze"→"Descriptive Statistics"→"Descriptives"菜单，系统弹出描述对话框如图13.17 所示。

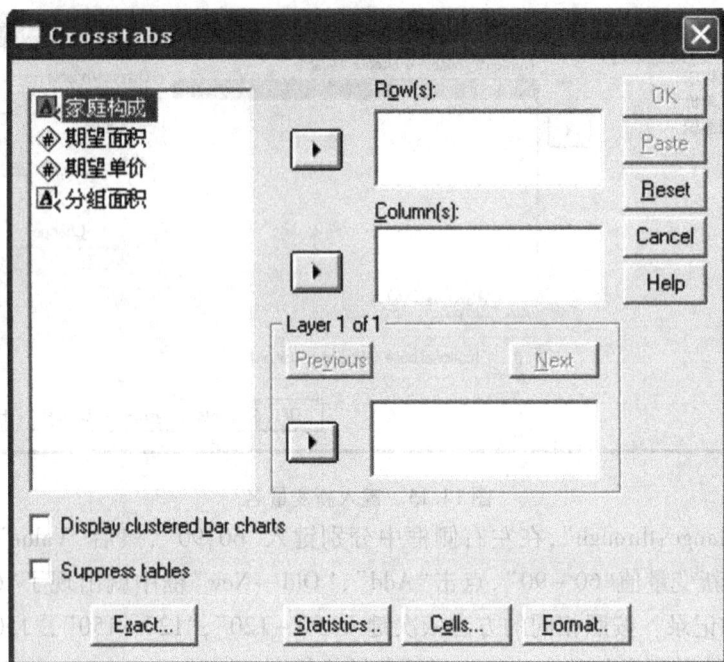

图 13.17　描述对话框

主对话框中的"Rows"框用于选择行×列表中的行变量,"Columns"框用于选择行×列表中的列变量。用鼠标选中分组面积,单击中间的 ▶ ,将分组面积选入"Rows"框中;用鼠标选中家庭构成,单击中间的 ▶ ,将家庭构成选入"Columns"框中。点击"OK"按钮,结果浏览窗口中就出现了如图 13.18 所示的交叉分析表。

分组面积 * 家庭构成 Crosstabulatiion

Count

		家庭构成					Total
		单身	两口之家	三口之家	四口之家	五口之家	
分组 面积	120－150	40	21	67	14	8	150
	150－180	9	2	16	4	2	33
	180 以上	7	4	17	6	1	35
	60－90	80	33	130	21	12	276
	60 以下	9	1	7	2	0	19
	90－120	130	53	247	39	18	487
Total		275	114	484	86	41	1 000

图 13.18　结果浏览窗口中的交叉分析表

通过表格我们可以确切得到不同家庭构成的人群所期望的购房面积,然后依据这些差异进行细分就可以为不同人群设计不同需求的住房。例如三口之家期望的购房面积为 90 ~ 120 m^2,其次是 60 ~ 90 m^2,开发商就应该为这个人群设计中小户型的住房。当然我们再进一步细分后,结果会更加精确,参考价值就更大。

13.4　保存和导出分析结果

13.4.1　保存结果文件

前面我们已经做出分析结果,但是再好的结果只要一断电就会全部消失,最方便快捷的方法就是在结果浏览窗口中(注意:一定要在结果浏览窗口中)选择菜单"File"→"Save",由于该结果从来没有被保存过,所以弹出和图 13.8 保存数据时极为相似的一个"Save as"对话框。和保存数据相似,唯一的区别就是文件的保存类型只有 View Files(* . spo)一种。在文件名框中键入"SPSS 软件在房地产市场调查分析中的应用"并回车,该结果文件就会按文件名"SPSS 软件在房地产市场调查分析中的应用.spo"被存储。

13.4.2　导出分析结果

SPSS 提供了将结果导出为纯文本格式或网页格式的功能,在结果浏览窗口中选择菜单"File"→"Export",系统会弹出"Exprot Output"对话框,如图 13.19 所示。

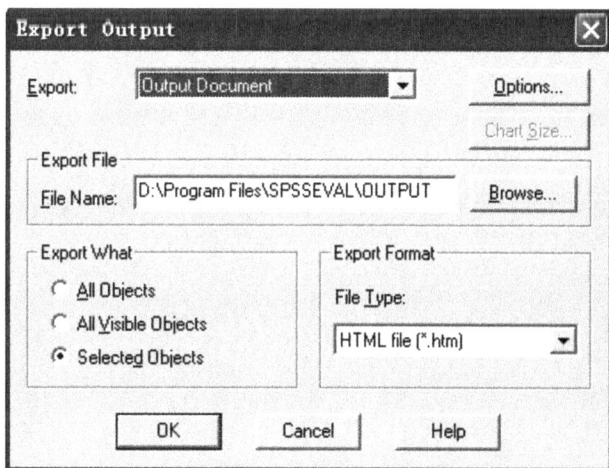

图 13.19　Export Output 对话框

图 13.19 中,"Export"下拉式列表可以选择输出的内容,可以为含图表的输出文档、无图表的输出文档和只有统计图表三种。"Exprot File"对话框则填入输出的目标文件名;"Export What"单选框可以选择输出结果的部分,可以是所有结果、所有可见

结果或只输出选择的结果,一般选输出所有可见结果;"File Type"输出文件类型下拉式列表已被打开,有网页格式和纯文本格式两种,在一切按所需选择完毕后单击"OK"按钮,则结果文件就会输出你想要的类型。

实训任务

利用第 9 章统计整理出的合适数据,使用 SPSS 软件进行统计分析。

复习思考题

1. 简答题

①SPSS 支持的数据都有哪些类型?

②频数表的内容与作用是什么?

③交叉分析有哪些作用?

2. 思考与讨论

①如何定义变量与输入数据?

②如何绘制直方图?

③如何导出和保存分析结果?

参考文献

[1] 余源鹏. 房地产市场调研与优秀案例[M]. 北京:中国建筑工业出版社,2006.

[2] 祖立广. 房地产营销策划[M]. 北京:机械工业出版社,2004.

[3] 范伟达. 市场调查教程[M]. 上海:复旦大学出版社,2002.

[4] 杨汉东. 营销调研[M]. 武汉:武汉大学出版社,2004.

[5] 岑永霆,等. 营销调研实训[M]. 北京:高等教育出版社,2003.

[6] 托尼·普罗克特. 营销调研精要[M]. 北京:机械工业出版社,2004.

[7] 中国房地产估价师学会. 房地产经纪实务[M]. 北京:中国建筑工业出版社,2005.

[8] 陈启杰. 市场调查与预测[M]. 上海:上海财经大学出版社,2004.

[9] 陈祝平. 市场调研与分析[M]. 上海:上海大学出版社,2004.

[10] 艾德·弗瑞斯特. 网上市场调查[M]. 李进,等译. 北京:机械工业出版社,2002.

[11] 刘利兰. 市场调查与预测[M]. 北京:经济科学出版社,2001.

[12] 冯丽云. 现代市场营销学[M]. 北京:经济管理出版社,1999.

[13] 郑华. 房地产市场分析方法[M]. 北京:电子工业出版社,2002.

[14] 孙斌艺. 现代房地产市场研究理论和方法[M]. 北京:世纪出版集团,2003.

[15] 李桂荣. 市场调查与预测[M]. 北京:经济管理出版社,2004.

[16] 刘玉洁. 市场调研与预测[M]. 大连:大连理工大学出版社,2004.

[17] 刘德寰. 市场调查教程[M]. 北京:经济管理出版社,2005.

[18] 龚曙明. 市场调查与预测[M]. 北京:清华大学出版社,北京交通大学出版社,2005.

[19] 王静. 现代市场调查[M]. 北京:首都经济贸易大学出版社,2005.

[20] 于颖,周宇. 房地产市场营销[M]. 大连:东北财经大学出版社,2005.

[21] http://www.emkt.com.cn/article/57/5754.html.

[22] 陆军. 市场调研[M]. 北京:电子工业出版社,2002.

[23] http://www.bioon.com/popular/Class405/network/200405/34129.html.

[24] (澳)艾德·弗瑞斯特. 网上市场调查[M]. 北京:机械工业出版社,2002.

[25] 刘洪玉. 房地产开发[M]. 北京:首都经济贸易大学出版社,2001.

[26] 袁卫,等. 统计学[M]. 北京:高等教育出版社,2000.

[27] 胡健颖,等.实用统计学[M].北京:北京大学出版社,1996.

[28] 王玲玲,周纪芗.常用统计方法[M].上海:华东师范大学出版社,1994.

[29] 何晓群.现代统计分析方法与应用[M].北京:中国人民大学出版社,1998.

[30] 王茂军,栾维新.大连市发展滨海休闲渔业的资源分析和对策[J].人文地理,2002(6).

[31] 李平.试论青岛滨海休闲体育旅游的开发[J].海岸工程,2002(1).

[32] 王茂军,栾维新.大连市滨海休闲渔业的发展设想[J].地域研究与开发,2003(1).